Vereinfachend betrachtet, kann man heute die Wirksamkeit medizinischer Hilfeleistung an ihren Kosten ablesen; und hier verhält sich der Aufwand umgekehrt proportional zum Heilerfolg. Am teuersten sind Apparate-Medizin und Allopathie, die oftmals mehr Schaden als Nutzen bringen. Naturheilmittel sind wesentlich preiswerter und helfen sanfter. Bereits als billig sind homöopathische Mittel zu bezeichnen. Hier genügt oft eine Dosis im Gegenwert von wenigen Pfennigen, um einen dauerhaften Heilungserfolg herbeizuführen. Dies ist auch nicht verwunderlich, denn Homöopathie bewegt sich auf der Grenze zwischen Materie und Geist (bzw. Energie).
Die mit Abstand großartigsten Heilungen wurden und werden jedoch von spirituellen Heilern vollbracht, die sich als Menschheitslehrer betrachten. Jesus war einer dieser Menschheitsheiler, und den »Magus« kann man mit ihm vergleichen. Für sie gibt es keinen geregelten »Praxisbetrieb«; denn sie sind immer im Dienst. »Wunderheilungen« sind für den Magus nichts Außergewöhnliches, da er ihre Gesetzmäßigkeiten kennt wie wir diejenigen der Physik.
Der Magus von Strovolos ist einer jener wenigen Menschen, die sich auf diesem Planeten inkarnieren, um die »Wunder Gottes« zu lehren und zu demonstrieren. Menschen wie er treiben die geistige Evolution voran. Sie wirken wie Leuchttürme in der Dunkelheit.

Kyriacos C. Markides wurde auf der Insel Zypern geboren, wo er auch aufwuchs. 1970 erhielt er seinen PhD-Titel an der Wayne State University. Seit 1972 lehrt er Soziologie an der University of Maine in Orono. Er ist verheiratet und hat zwei Kinder.

Von Kyriacos C. Markides ist außerdem als Knaur-Taschenbuch erhältlich:

»Heimat im Licht« (Band 4191)

Deutsche Erstausgabe 1988

Titel der Originalausgabe »The Magus of Strovolos«

Umschlaggestaltung Dieter Bonhorst
Satz IBV Satz- und Datentechnik GmbH, Berlin
Druck und Bindung Ebner Ulm
Printed in Germany 5
ISBN 3-426-04174-X

Kyriacos C. Markides: Der Magus von Strovolos

Die faszinierende Welt eines spirituellen Heilers

Aus dem Amerikanischen von Karl Friedrich Hörner

Knaur

Dem Andenken meiner Mutter,
meines Vaters,
Emily, Constantine und Vasia

Inhalt

Vorbemerkung des Verfassers

Ich bin mir der feministischen Bedenken hinsichtlich unserer Sprache wohl bewußt und weiß sie zu würdigen. Um jedoch stilistische Mißklänge wie sein/ihre oder er/sie zu vermeiden, habe ich mich dazu durchgerungen, dem traditionellen Stil zu folgen. Wann immer ich also von *dem* Menschen (an sich) oder *der* Menschheit schreibe, meine ich sowohl Männer als auch Frauen. Wenn ich mich mit dem Pronomen »ER« auf Gott beziehe, dann tue ich dies nur, weil es unserem Sprachgebrauch entspricht, ohne dabei zu glauben oder andeuten zu wollen, daß das Göttliche maskulin ist.

Aus den gleichen Gründen entschied ich mich, Eigennamen in Übereinstimmung mit der griechischen Grammatik zu nennen. So nenne ich Daskal*os*, wenn ich von ihm erzähle, im ersten Fall. Wenn ich ihn aber direkt mit seinem Namen anspreche, sage ich Daskal*e*. Entsprechendes gilt für Kost*as* und Iacov*os*. Wenn ich sie anrede, nenne ich sie – wie in unserer Heimat üblich – Kost*a* und Iacov*o*. Bei weiblichen Namen stellt sich dieses Problem nicht. Alle Namen im Text sind frei erfunden, mit Ausnahme historischer Namen und der Namen von Angehörigen meiner eigenen Familie. Von der Namensgebung abgesehen, ist nichts in dieser Arbeit erfunden.

Die vorliegende Schrift will in erster Linie als eine sozial-anthropologische Studie eines geistigen Heilers und seines engsten Umfeldes verstanden sein. Es ist keine parapsychologische Untersuchung. Mir geht es nicht darum, die empirische Gültigkeit paranormaler Phänomene zu prüfen oder festzustellen. Statt dessen versuche ich, so genau wie möglich die Welt darzustellen, wie sie die Personen der Handlung selbst erleben. Das heißt jedoch nicht, daß meine Rolle die eines passiven Beobachters gewesen ist. Wie der Leser selbst feststellen wird, wurde ich zum aktiven Teilnehmer in dieser Gruppe von Heilern durch mein Bemühen, ihre Welt aus ihrer Perspektive und aus ihrem Denken heraus zu verstehen.

Das Material zur vorliegenden Arbeit wurde in vier Zeitabschnitten zusammengetragen: im Sommer 1978, in der Zeit von Dezember 1978 bis September 1979 sowie in den Sommermonaten der Jahre 1981 und 1983.

Ich möchte der University of Maine meine Dankbarkeit dafür zum Ausdruck bringen, daß sie mir ein Sommerstipendium und für meine Abwesenheit 1978/79 ein Ferienjahr geschenkt hat. Ohne so großzügige Unterstützung wäre diese Studie vermutlich nicht zustande gekommen. Dankbar bin ich auch meinen Kollegen an der Abteilung für Soziologie und Sozialarbeit. Weiterhin möchte ich dem Personal des zypriotischen Sozialforschungszentrums danken, das mir den Gebrauch seiner Kopier- und Tonbandgeräte zu jeder beliebigen Zeit freigestellt hat.

Mein Dank gilt auch meinen Freunden Stephen und Joan Marks, die als erste mein Interesse an Themen um Bewußtsein und Spiritualität angeregt haben. Dank sei auch meinen anderen Freunden, Kollegen und Mitdozenten gesagt, die das Originalmanuskript gelesen und mir offen ihre hilfreiche und kritische Bewertung mitgeteilt haben: Stephen Cohn, Richard Fenn, Herbert Maccoby, Leonard Doob, Joanne Green, Erling Skorpen, Jacob Needleman, Marcello Truzzi, Michael Harner, James Laue und Colin Wilson.

Gedankt sei auch Marlene Gabriel, meiner literarischen Agentin, für ihre Freundschaft, für ihr Vertrauen in dieses Buch und für ihre erstklassige, professionelle Fachkenntnis. Ich danke auch Eva Mayn, die das Manuskript so hervorragend getippt hat. Liebevoller Dank gilt meiner Schwester Maroulla Christou dafür, daß sie die große Schwester ist, die sie ist, und für all die

Hilfe, die sie uns immer gewährt hat, wenn wir uns in Zypern aufhielten. Am tiefsten verbunden bin ich meiner Frau Emily für (unter anderem) ihre begeisterte Unterstützung, gescheiten Anregungen und glänzende Überarbeitung des ersten Entwurfes.

Schließlich möchte ich meiner tiefen Verehrung für Daskalos und jene, die um ihn sind, Ausdruck geben. Meine Arbeit mit ihnen war wirklich ein Werk der Liebe. Im eigentlichen Sinne ist dies ihr Buch.

1

Der Magus von Strovolos

Seit meiner Kindheit hatte ich von Spyros Sathi gewußt. Sein Ruf auf der Insel als der führende Experte in Sachen Unterwelt weckte in mir eine Mischung von Faszination, Neugierde und Gruseln. Als Kinder wurden wir vom Priester unserer Gemeinde verpflichtet, dem »Magus* von Strovolos« aus dem Wege zu gehen, dem Mann mit den »satanischen Kräften«. Mit weitaufgerissenen Augen lauschten wir gebannt den Geschichten von Besessenen und Teufelsaustreibungen und den Mythen, die sich um sein Haus rankten, das überfüllt sei von Entkörperten und Geistern. Sein Name war uns gleichbedeutend mit dem Okkultismus, und jeder, der den Wunsch und den Mut hatte, mit seiner verstorbenen Mutter Kontakt aufzunehmen, brauchte nur bei ihm anzuklopfen. Dieses Bild von Spyros Sathi hatte ich also in meiner Vorstellung, als ich 1960 Zypern verließ, um nach Amerika zu ziehen.

Fast zwei Jahrzehnte später erinnerte ich mich kaum noch an den Mann, der in meiner frühen Jugend meine Phantasie beschäftigte, den ich jedoch niemals kennengelernt hatte. Erst bei einem Zypern-Besuch im Sommer 1978 wurde mein Interesse an dem »Magus von Strovolos« wieder von neuem geweckt. Ich unterhielt mich beiläufig mit einer alten Bekannten, einer Philologin, als diese mir im Vertrauen mitteilte, daß sie und ihr Mann, ein

* Alle bei ihrem ersten Erscheinen im Text mit diesem Zeichen versehenen Begriffe werden im Glossar am Ende des Buches erläutert (Anm. d. Ü.)

Richter, einem halbgeheimen »Kreis zur Erforschung der Wahrheit« angehörten. Der geistige Meister dieses Zirkels war – wie ich sehr überrascht war zu erfahren – kein anderer als der »Magus von Strovolos«. Ich äußerte auf der Stelle mein Interesse, ihn kennenzulernen.

Ende August fuhr ich dann mit meiner Bekannten nach Strovolos, einem Vorort Nikosias, um Spyros Sathi zu begegnen. Ich empfand es als eine Ironie des Schicksals, daß es offenbar achtzehn Jahre in Amerika gebraucht hatte, damit ich diesen geheimnisvollen Mann kennenlernen konnte, der nur drei Kilometer von meinem Elternhaus entfernt wohnte. Ich erwartete, einem strengen Menschen mit finsterem Blick zu begegnen, wie es zu seinem Ruf paßte. Aber keine meiner Vorstellungen entsprach der Wirklichkeit. Er war hochgewachsen, sah aus wie ein freundlicher Großvater Mitte Sechzig, ein pensionierter Beamter, der von seiner Staatspension bescheiden lebte. Anstelle eines halbverrückten, bedrohlichen Hexers traf ich einen übersprudelnden, tief religiösen Menschen mit einem stark ausgeprägten Sinn für Humor, zu dessen Hobbys auch Malen und klassische Musik zählten. Er hielt sich selbst für einen Heiler und »Psychotherapeuten«*, einen Seelenarzt, dessen Hauptinteresse im Leben der Linderung der Schmerzen in seiner Umgebung galt, wie er es ausdrückte, sowie der Unterstützung jener, die aufgeschlossen und bereit waren, sich auf eine Reise zur Selbstentdekkung zu begeben.

»Wir sind uns schon früher einmal begegnet!« rief er mir entgegen, als ich das erste Mal mit ihm zusammentraf, und legte seine rechte Hand auf die Stirn.

»Das glaube ich nicht«, erwiderte ich lächelnd und streckte die Hand aus, als meine Bekannte uns einander vorstellte.

»Doch, wir sind uns schon früher begegnet«, wiederholte er voller Überzeugung und lud uns ein, in seinem kleinen Wohnzimmer Platz zu nehmen. Ich nahm an, daß er mich mit jemand anderem verwechselte, und ging der Angelegenheit nicht weiter nach.

Daskalos, wie meine Freundin ihn nannte, bot uns Kaffee an und fragte mich nach meiner Abstammung und Familie. Das ist in Zypern üblich, auf einer Insel, in deren Bevölkerung von etwas über einer halben Million praktisch »jeder mit jedem irgendwie verwandt« ist. Dann stellte ich Fragen nach seinem Leben und seinen Lehren. Ich war angenehm überrascht, als Daskalos sich als gesprächiger Mann entpuppte und meine Fragen ohne jeden Vorbehalt beantwortete. Er lud mich sogar ein, an den Zusammenkünften teilzunehmen, die er alle vierzehn Tage leitete. Bei jener ersten Begegnung erkannte ich, daß seine Lehre eine Verbindung von christlicher Mystik und indischer Religion ist. Die Vorstellung vom Karma*, vom Gesetz von Ursache und Wirkung, wie er es nannte, und die Lehre von der Reinkarnation schienen eine wichtige Rolle bei dem zu spielen, was er seinen Schülern weitergab. Meine Neugier nach der Welt Daskalos' wurde noch stärker, als ich merkte, daß er offenbar keineswegs ein primitiver Schamane war, sondern ein sich klar ausdrückender und intellektuell gebildeter Mann. Trotzdem war die Welt, in der er lebte, aus meiner Sicht geheimnisvoll und exotisch.

»Ich habe von Wunderheilungen gehört, die du vollbracht hast«, bemerkte ich. »Besteht eine Chance, daß ich einmal Zeuge eines solchen Wunders werden könnte?« Ich gestand Daskalos, daß ich große Schwierigkeiten hatte, den Begriff »Wunder« zu akzeptieren. Ich erzählte ihm, daß die anthropologische Literatur voll ist von Berichten außergewöhnlicher Heilungstaten von Schamanen und Heilern. »Aber ich muß selbst Zeuge solcher Phänomene sein, bevor ich davon überzeugt sein kann«, beharrte ich.

»Zunächst einmal«, entgegnete Daskalos mit einem Lächeln, »wurden jene Heilungen, von denen du gehört hast, nicht von mir vollbracht, sondern vom Heiligen Geist.* Ich bin nicht mehr als ein Kanal jener Über-Intelligenz. Ob du ein sogenanntes Wunder selbst erlebst oder nicht, ist nicht von mir abhängig. Wenn es Teil des göttlichen Planes ist, daß du ein Wunder erlebst, dann wirst du das tun. Aber wir können ein Wunder für dich nicht einfach bestellen.«

Bevor ich ihn an jenem Tage verließ, lud Daskalos mich ein, zu einem Treffen zu kommen, das er am folgenden Nachmittag mit einigen seiner Schüler in der Stoa abhalten würde. Diese war ein kleiner Raum auf der hinteren Seite des Hofes, vom übrigen Haus etwas entfernt, wo er seine Schüler ausbildete. Die Stoa bestand aus zwei verschieden großen Räumen: im Hauptraum fanden die Unterweisungen statt, und im Sanktum führte Daskalos seine Meditationen und Gebete durch. Das Sanktum war voll von religiösen Kunstgegenständen, Ikonen von Christus und von der heiligen Jungfrau sowie von weißen Kerzen. Auf dem Altar stand ein silberner Kelch, und daneben lag auf einem Kruzifix ein kleines Schwert ohne Spitze. Dieses Schwert ohne Spitze, so erfuhr ich später, war in Daskalos' Kreisen von großer symbolischer Bedeutung.

Ich nahm seine Einladung an und besuchte das Treffen gemeinsam mit meiner Frau Emily, die Daskalos zum ersten Male begegnete. Als wir an seinem Hause eine halbe Stunde vor Beginn der Zusammenkunft anlangten, hatte Daskalos gerade eine Behandlung beendet und machte einen erschöpften Eindruck; er saß in einem Sessel und trug eine lederne Schürze, die jenem Typ ähnelte, den man auf Zypern von den Metzgern her kannte. Neben ihm saß ein grob aussehender, aber glücklich lächelnder Dorfbewohner.

»Da kommt der zweifelnde Thomas!« begrüßte mich Daskalos freudig, als er mich mit Emily hereinkommen sah. »Wärt ihr zehn Minuten früher hier gewesen, hättet ihr ein Wunder miterleben können.« Daskalos erklärte, daß der Besucher zwanzig Jahre lang unter seiner Wirbelsäule zu leiden gehabt hatte – die Folge von Schlägen, die er von britischen Soldaten im antikolonialistischen Untergrundkrieg in den fünfziger Jahren erhalten hatte. »Jetzt ist er in Ordnung«, bemerkte er zuversichtlich. »Wenn man ihn jetzt untersucht, wird das Röntgenbild eine völlig geheilte Wirbelsäule zeigen.«

Der Bauer schien etwas ungläubig, lächelte aber weiterhin glücklich, als ich ihm Fragen über sein Leiden stellte. Er erzählte mir,

wie wohl er sich nun fühle und daß die Schmerzen, die er so viele Jahre lang gehabt hatte, nun verschwunden seien. »Ich wünschte, ich hätte die Zeit, das weiter zu untersuchen«, murmelte ich, »aber ich muß morgen wieder nach Amerika zurück.«
»Schulde ich dir irgend etwas?« fragte der Dorfbewohner nach einer Weile.
»Aber freilich tust du das!« antwortete Daskalos. »Tue genau das, was ich dir gesagt habe. Iß und trinke weniger, und nimm mehr Vitamine zu dir.« Trotz des Drängens des Bauern weigerte sich Daskalos, ein Entgelt für seine Dienste anzunehmen.
Als die Zeit gekommen war, zu der die Zusammenkunft beginnen sollte, sah Daskalos regelrecht neu belebt aus, als sei er von einer geheimnisvollen Energie neu geladen. Nach einem kurzen Gebet begann er mit der Unterweisung. Der Mensch ist, nach seiner Lehre, ein ewiges Wesen, eine Emanation, eine Ausströmung einer »heiligen Monade«*; nach seinem Weg durch das »Urbild des Menschen«*, einen Archetypus innerhalb des Absoluten, erlangte er Gestalt und Dasein. In dem Augenblick, in dem wir das Urbild des Menschen passieren, begeben wir uns in den Zyklus der Inkarnation. Das Endziel ist die Rückkehr zur Quelle, und auf dem Weg dorthin sammeln wir die Erfahrungen unserer Erdenleben, die wir mitbringen.
Daskalos sprach dann vom Geist* als der Übersubstanz, aus der die »Universen« aufgebaut sind. Er ist jener Stoff, aus dem wir als Menschenwesen »Elementale«* aufbauen. Solche Elementale bringen wir durch unsere Gedanken und Gefühle ins Dasein. Sind sie erst einmal »projiziert«, dann besitzen sie ein Eigenleben und können jene um uns beeinflussen, die ihnen »schwingungsmäßig« entsprechen.
Es fiel uns nicht leicht, seinen Ausführungen zu folgen, da es für uns das erste Mal war, daß wir eine solche Sprache vernahmen. Mir wurde klar, daß es, um Daskalos' Vokabular und Weltanschauung verstehen zu lernen, nötig wäre, ständig in seiner Umgebung zu sein und mit ihm zu sprechen.
Emily und unsere Kinder blieben auf Zypern, während ich nach

Maine zurückkehrte, um im Herbst 1978 Vorlesungen zu halten. Zu Weihnachten wollten wir wieder auf Zypern vereint sein, und dann sollte Anfang 1979 mein Ferienjahr beginnen. Auf diese Weise würden wir uns neun Monate ohne Unterbrechung auf Zypern aufhalten können, was uns eine vortreffliche Gelegenheit böte, uns wieder in die Kultur unserer Heimat einzuleben, alte Freundschaften neu zu beleben und neue anzuknüpfen. In jener Zeit plante ich auch, ein Manuskript über das Problem des internationalen Terrorismus fertigzustellen; das Rohmaterial dazu hatte ich bereits zusammengetragen.

In meinem Hinterkopf jedoch haftete noch Spyros Sathi. Die kurzen Begegnungen mit ihm hatten mich gefesselt und dazu gebracht, mehr über Schamanismus und nicht-medizinische Heilverfahren zu lesen. Mitte des Semesters, als ich gerade Doug Boyds *Rolling Thunder* (deutsche Ausgabe: Droemer/Knaur, München 1986) las – eine Studie über einen indianischen Medizinmann –, war ich geradezu begeistert von der Vorstellung, mein Ferienjahr damit zu verbringen, Material über Spyros Sathi zu sammeln, das ich schließlich zu einem Buch verarbeiten würde. Das Manuskript über den internationalen Terrorismus, dachte ich, konnte noch warten.

Aber ich war mir nicht sicher, ob er erlauben würde, daß ich eine andere Rolle als die eines Schülers annähme. Ich hatte seinen Widerwillen gegen Publizität bemerkt. Doch ich hatte das Gefühl, daß bereits eine gute Beziehung zu ihm bestand, und so hoffte ich, daß er nichts dagegen einwenden würde. Um ihn behutsam vorzubereiten, schickte ich ihm einen Brief und ein Buch über die gesellschaftlichen und politischen Entwicklungen Zyperns, das ich veröffentlicht hatte. In meinem Schreiben erwähnte ich nichts über meine Absichten, sondern teilte ihm einfach mit: »Ich sende Ihnen dieses Buch, weil ich erkannt habe, wie sehr Sie sich für die Probleme Zyperns interessieren. Auf Wiedersehen im Dezember.«

Am Tag nach meiner Ankunft auf Zypern besuchte ich meine philologische Freundin und weihte sie in meinen Plan ein.

»Mach dir keine großen Hoffnungen«, warnte sie mich. »Daskalos wird nicht zulassen, daß jemand über ihn schreibt. Nicht einmal zu Interviews ist er bereit.«
Sosehr mich diese Erwiderung auch enttäuschte, dachte ich, ich sollte mein Glück doch versuchen. Ich hatte Daskalos seit über drei Monaten nicht mehr gesehen und war darauf bedacht, die Verbindung mit ihm so bald wie möglich wiederherzustellen. Als ich sein Haus erreichte, war er gerade mit einer Behandlung beschäftigt. Die Tür zum Wohnzimmer war geschlossen, doch ich konnte deutlich seine Stimme hören. Ich setzte mich auf den Flur und wartete, während Daskalos die Diagnose stellte, daß das Hautleiden seines Patienten psychischen Ursprungs und die Voraussetzung einer Heilung deshalb eine Veränderung der Einstellung sei.
»Wo warst *du* denn die ganze Zeit?« rief er mir zu, als er seine Besucher nach draußen führte und mich dabei entdeckte. Ich war etwas enttäuscht, daß er sich nicht zu erinnern schien, daß ich die letzten vier Monate in Amerika gewesen war.
»Hast du meinen Brief nicht erhalten?« fragte ich erstaunt.
»Welchen Brief?« erwiderte er und gab vor, nicht zu wissen, ob er je ein Exemplar meines Buches bekommen habe.
»Ist es das hier?« fragte ein junger Mann, der wohl zu den Schülern von Daskalos zählte, als er eine Schublade öffnete und mein Buch herausnahm.
»Ja, das ist es«, bestätigte ich.
»Willst du damit sagen, daß *du* das geschrieben hast?« rief Daskalos und zeigte auf das Buch.
Allem Anschein nach hatte er sich nicht nur keine Mühe gemacht, mein Buch anzuschauen und sich für seinen Inhalt zu interessieren, sondern auch nicht einmal bemerkt, wer der Verfasser war. Mein Ego war gekränkt. Ich hatte das Gefühl, daß die Aussicht darauf, daß er mir erlauben könnte, ein Buch über ihn zu schreiben, in diesem Augenblick weiter entfernt lag als alles andere. Doch ich beschloß, hartnäckig zu bleiben, trotz der Peinlichkeit meiner Situation.

»Ich werde mich die nächsten neun Monate auf Zypern aufhalten«, teilte ich mit. »Ich habe mein Ferienjahr von der Universität bekommen und...«

»Was bedeutet das: Ferienjahr?« unterbrach er mich. Als ich es ihm erklärte, schüttelte er ungläubig den Kopf.

»Willst du mir damit sagen«, fuhr er stirnrunzelnd fort, »daß man dich diese ganze lange Zeit bezahlt, ohne daß du arbeitest? – *Das* nenne ich Freizeit!« meinte er, zu seinem jungen Schüler gewandt.

Bevor ich eine Chance hatte einzuwerfen, daß ein Ferienjahr nicht gleichbedeutend sei mit Freizeit, verwirrte er mich mit einer peinlichen Frage.

»Übrigens«, fragte er leise, wie um mich aufzuziehen, »kannst du uns verraten, wieviel du so verdienst, wenn ich fragen darf?«

Ich fühlte mich in die Enge getrieben, er jedoch schien meine Verlegenheit zu ignorieren. Mir war bewußt, daß man solche Fragen eigentlich nicht stellt.

»Gewiß«, antwortete ich, nachdem ich geschluckt und von neuem Luft geholt hatte, und nannte ihnen mein Gehalt.

»So viel Geld!« staunte er und schüttelte verwundert den Kopf.

Etwas unbeholfen beeilte ich mich hinterherzuschicken, daß ein solches Gehalt vielleicht hoch erscheinen könne, aber nach amerikanischen Begriffen wohl kaum auch nur als durchschnittlich gelten könne. Er schien sich nicht dafür zu interessieren. Seine Reaktionen erweckten in mir das Gefühl, Angehöriger einer Schicht von Schmarotzern zu sein. Da wurde mir klar, wie klug die Warnungen meiner Freundin gewesen waren. Ich schätzte, daß meine Chancen, ein Buch über ihn zu schreiben, praktisch gleich Null waren. Daskalos nahm mich überhaupt nicht ernst.

»Ich würde mein Ferienjahr gerne dazu verwenden, ein Buch über dich zu schreiben«, gestand ich, nachdem ich all meinen Mut zusammengenommen hatte, und wußte dabei nur zu wohl, wie seine Antwort lauten würde.

Nachdenklich und ernst blickte er einige Sekunden drein, ohne ein Wort zu sagen.

»Was ist es Wichtiges, das du über mich schreiben willst?« fragte er dann mit ruhiger Stimme.

Ich antwortete, daß wohl viele Menschen in der englischsprachigen Welt, besonders in Amerika, sehr interessiert daran wären, seine Botschaft über das Leben zu erfahren.

»Aber was ich lehre, ist nicht meine Botschaft«, entgegnete er und breitete die Arme aus, um seinen Worten Nachdruck zu verleihen. »Ich bin nur der Kanal für Yohannan und andere unsichtbare Meister.«

»Wer ist Yohannan?«

Daskalos erläuterte, daß Yohannan kein anderer sei als Jesu Jünger, der Evangelist Johannes, der durch den Körper Daskalos' spreche.

»Recht häufig sind die Schwingungen seiner Anwesenheit so intensiv, daß mein materielles Gehirn es nicht leicht hat, seine Lehre weiterzugeben. In solchen Fällen verlasse ich dann einfach meinen Körper und überlasse ihn Yohannan ganz, während ich mich zwischen die Zuhörer setze, um seinen Worten zu lauschen. Verstehst du nun, warum ich keinerlei Anerkennung für die Lehren erhalten sollte?«

Daskalos hielt einen Augenblick inne und sah mich durchdringend an. »Der Ruhm ist eine Falle auf unserem geistigen Weg«, sagte er, als wollte er sich selbst und mich vor den Gefahren warnen, die die Publizität in sich birgt. »Ich muß anonym bleiben.«

Damit ist mein Projekt schon gestorben, dachte ich bei mir und begann mich mit dieser Erkenntnis abzufinden. Aber bevor ich mit meinem Gedanken fertig war, überraschte mich Daskalos.

»Du kannst über die Lehren schreiben, wenn du dies wünschst, unter der Voraussetzung, daß sie nicht mir zugeschrieben werden«, sprach er ruhig. Ich war entzückt und versprach ihm, daß ich seine Anonymität, so weit es mir möglich sei, schützen werde. Der Name Daskalos ist schließlich ein recht gebräuchlicher Titel im Griechischen, mit dem die Leute einen Lehrer anreden.

»Ich bin sehr glücklich, daß du mir gestattest, über deine Welt zu schreiben«, sagte ich rasch. »Aber ich bin etwas verwirrt: Warum mir? Ich weiß, daß du bisher selbst ein einfaches Interview abgelehnt hast.«

Er lächelte und blickte mir tief in die Augen. »Bevor ich diese Frage beantworte – sage du mir: Glaubst du an Reinkarnation?«

Ich war verblüfft über diese unmittelbare Frage und wußte einen Augenblick nicht, was ich sagen sollte. In meiner Ausbildung als Soziologe habe ich gelernt, Skeptiker zu sein und metaphysischen Fragen aus dem Weg zu gehen, da solche nicht zu beantworten seien. Diese Fragen, so lehrte man uns zu glauben, stehen der Objektivität und Unvoreingenommenheit im Wege, die für stichhaltige Beobachtungen unumgänglich seien.

»Ich habe keinen Grund, daran zu glauben oder nicht zu glauben«, erwiderte ich; »sondern bin bereit, mich überzeugen zu lassen.« Ich erwähnte weiter, daß ich immer beeindruckt war von der beredsamen Argumentation zugunsten der Reinkarnation, wie sie uns aus alten Zeiten, von Plato bis hin zu den Theosophen und Madame Blavatsky entgegenkommt.

Daskalos nahm meine Antwort auf und nickte zustimmend. Dann ging er daran, meine Frage zu beantworten.

»Dies ist nicht das erste Mal, daß wir einander begegnen«, sagte er sehr ernst. »Wir kannten uns bereits in vier früheren Inkarnationen. Unsere Begegnung in diesem Leben«, fuhr er fort, wobei ich einen unheimlichen Zug in seinem Antlitz wahrnahm, während ich selbst wohl sehr perplex und ungläubig ausgesehen haben muß, »ist kein Zufall, und es ist auch nicht zufällig, daß du ein großes Interesse für Politik und Mystik zeigst. Du lebtest in Indien zu einer Zeit, als ich ein Yogi war, und wir kannten einander. Dein größtes Interesse in jener Inkarnation galt der Rolle eines Vermittlers zwischen mehreren einander bekriegenden Stämmen. Aber du warst so dumm« – Daskalos brach in lautes Lachen aus –, »daß du trotz deiner guten Absichten dafür sorgtest, daß ein Krieg zustande kam. In der Zeit der Königin Isabella von Kastilien«, sprach er weiter, »als die Spanier die Mauren von der iberischen Halbinsel vertrieben, warst du wieder mitten im

politischen Getümmel. Deine Mutter war maurisch, dein Vater ein Spanier. Du versuchtest, zwischen den beiden Seiten zu vermitteln – und abermals ohne Erfolg. Das war ein Abenteuer, das dich fast das Leben kostete.
Dein Interesse an der Mystik entwickelte sich in Tibet, wo du mehrere Male inkarniertest. Du warst so besessen von dem Wunsch, die Wahrheit zu finden, daß du von einem Lamakloster zum anderen wandertest. In deiner derzeitigen Inkarnation ist die Universität, an der du dozierst, dein Lamakloster.«
Bei der letzten Bemerkung konnte ich ein Lächeln nicht unterdrücken. Die Vorstellung der University of Maine als meinem derzeitigen Lamakloster war in der Tat sehr erheiternd.
»Du bist schon in der Vergangenheit der Erleuchtung mehrere Male sehr nahe gekommen«, fuhr Daskalos fort und blickte mich eindringlich an, »aber du wendest dich regelmäßig im letzten Augenblick wieder um.«
»Wie meinst du das?«
»Indem deine Aufmerksamkeit von anderen, irdischeren Überlegungen abgelenkt wird. Übrigens«, warf Daskalos unvermittelt ein, bevor ich auch nur eine Chance hatte, meine inkarnatorische Vorgeschichte zu verdauen, »habe ich dich eigentlich schon mit Iacovos bekannt gemacht?«
Der junge Mann, der ruhig zugehört hatte, lächelte, als wir einander vorgestellt wurden.
»Iacovos«, stellte Daskalos quasi-selbstverständlich fest, als wolle er mich noch mehr schockieren, »ist übrigens viertausend Jahre alt.«
»Merkwürdig«, konterte ich humorvoll. »Er sieht kaum älter als zwanzig aus.«
Daskalos erklärte, daß er und Iacovos »alte Freunde« seien, und ihre Freundschaft reiche Jahrtausende zurück.
»Aber wem kann ich schon solche Geschichten erzählen, ohne für verrückt gehalten zu werden?« fragte Daskalos lachend und klopfte mir aufs Knie. »Selbst einige aus unserem Kreise«, fuhr er fort und wandte sich seinem jungen Schüler zu, »fragen sich

zuweilen – trotz unserer Erfahrungen –, ob die Kräfte, die wir besitzen, echt sind oder nicht. Iacovos ist erst neunzehn« – Daskalos wandte sich wieder mir zu –, »und er stellt oft die Realität seiner eigenen Erlebnisse in Frage. Ich habe in diesem Alter auch manche Zweifel gehabt.«

»Diese Logik kommt einem manchmal in die Quere«, murmelte Iacovos, als denke er nur laut.

»Logik, Logik...«, echote Daskalos ungehalten und schüttelte den Kopf. »Wenn du an der Logik hängenbleibst, kannst du nicht weit kommen. Was ist Logik denn anderes als die herkömmliche Art, zu einer bestimmten Zeit und an einem bestimmten Ort zu denken? Uns geht es doch um den Logos, den Sinn, die Wahrheit – und diese stehen über Zeit und Raum.«

Dann erwähnte er, daß er und einige seiner Schüler jede Nacht zu »unsichtbaren Helfern« würden. Sie praktizierten »Eksomatose«*, das heißt, sie verließen ihren Körper und begaben sich zu weit entfernten Orten, um dort »zu Diensten zu sein«. Jene, die die Eksomatose beherrschten, waren seine am weitesten fortgeschrittenen Schüler; sie trugen das »weiße Gewand« zum Zeichen, daß sie die Einweihung und Aufnahme in den geschlossenen inneren Kreis hinter sich hatten.

»Mit meinen unsichtbaren Helfern«, erläuterte Daskalos, »gehen wir in das ganze Gebiet des Nahen Ostens, einschließlich des Irans und der Türkei. Für unsere Arbeit dort gibt es keine Unterschiede der Nationalität, Religion oder Rasse.«

Als ich ihn fragte, wie Eksomatose möglich sei, antwortete Daskalos, daß jedes Menschenwesen drei Körper besitze – und nicht nur einen, wie die Leute gewöhnlich meinen. Zusätzlich zu unserem »grobstofflichen Körper«*, erklärte er, haben wir einen »psychischen Leib«*, den Körper der Empfindungen, und einen »noetischen Leib«*, der unseren mentalen Zustand widerspiegelt. Jeder dieser drei Körper lebt in einer anderen Daseinsdimension – also in der grobstofflichen Dimension, der psychischen Dimension und der noetischen Dimension. Die drei Körper drücken unsere »derzeitige Persönlichkeit«* aus, die wiederum eine Manifestation unseres inneren Selbst ist, der »permanenten Persönlichkeit«*. Wenn unser grobstofflicher Körper stirbt, leben wir in der psychischen Welt mit unserem »psychonoetischen Körper« weiter. Laut Daskalos kann ein erfahrener Mystiker seinen materiellen Körper nach Belieben verlassen und mit seinem psychonoetischen Körper bei vollem Bewußtsein seiner selbst auf Reisen gehen und danach in seinen materiellen Leib zurückkehren. Was er im Zustand der Eksomatose erlebt hat, bleibt in seinem Bewußtsein gespeichert.

Jeder der drei Körper, erklärte Daskalos weiter, hat sein jeweiliges »ätherisches Doppel«*, ein Energiefeld, das die drei Körper am Leben und miteinander verbunden hält. Ätherische Vitalität*, die eine Heilung möglich macht, ist die kosmische Energie, die die Wissenschaftler erst noch entdecken müssen. Diese Energie nehmen unsere Körper durch bestimmte psychonoetische Zentren auf, die auch »Chakras«* oder »heilige Scheiben«* genannt werden.

Daskalos sagte, daß dies Tatsachen seien, die ich eines Tages selbst als Wahrheiten erfahren würde, wenn ich mich auf den Pfad der Wahrheitssuche begebe.

»Es ist besser«, bemerkte er bedächtig, »über solche Dinge nicht in der Öffentlichkeit zu sprechen, weil die Menschen daran Anstoß nehmen könnten.«

Ich teilte ihm mit, daß in Amerika das Interesse an Mystik wächst und die Leute sich nicht so leicht empören.

»Vielleicht ist das in Amerika so, aber das gilt nicht hier auf Zypern.«

»Ich verstehe, was du meinst«, pflichtete ich bei und dachte dabei an die verschiedenen Versuche seitens der hiesigen Kirche, Daskalos zu exkommunizieren.

»Aber sage mir«, wollte Daskalos auf einmal wissen, »warum bist du daran interessiert, dieses Buch zu schreiben?«

Seine Frage überraschte mich, da ich meinte, meine Beweggründe bereits dargelegt zu haben.

»Ich kann nicht wissen«, antwortete ich mit Bestimmtheit, »ob die Welt, in der du lebst, real ist oder nicht. Aber ich muß gestehen, daß ich fasziniert bin von dem, was du mir bisher davon erzählt hast. Ich wäre ein Heuchler, würde ich nicht zugeben, daß ich den Ehrgeiz habe, ein gutes Buch zu schreiben, das die Welt, wie du sie erlebst, so genau wie möglich wiedergibt. Ich will auch lernen, wie ich vorzugehen hätte, um ähnliche Erlebnisse wie du zu haben. Ich bin bereit, deinen Anweisungen über Meditationsübungen zu folgen, und versuche, deine Worte über das Wesen der Wirklichkeit zu verstehen.«

»Was noch?« fragte Daskalos sanft und blickte mir ernst in die Augen. Ich merkte, daß er meine Antwort für nicht ausreichend hielt.

»Nun«, sagte ich, etwas verwirrt – ich glaubte, in etwa zu wissen, was Daskalos im Sinne hatte –, »für den Fall, daß ich mich entwickle und psychonoetische Kräfte erlange, würde ich selbst gerne ein Heiler werden und meinen Mitmenschen dienen.«

»Gut!« rief Daskalos und lehnte sich zufrieden zurück. »Das ist unsere Aufgabe im Leben: unseren Mitmenschen zu dienen. Denke daran: Die Ernte ist groß, aber wenig sind der Arbeiter. Du« – fuhr er fort und deutete mit dem Finger auf mich – »mit deinem Wissen von der Gesellschaft könntest besonders nützlich sein. Du könntest wunderschöne Welten einrichten, in denen die Menschen in Frieden und Harmonie miteinander leben würden.«

»Ich werde versuchen, mein Bestes zu tun«, sagte ich gehorsam, ohne die leiseste Ahnung, was Daskalos mit dieser überidealistischen Äußerung wohl meinte.

Er sprach weiter und sagte, daß der ganze Nahe Osten von Gewalt und Leid heimgesucht werde und daß es dringlicher denn je sei, zu handeln und zu helfen. Moralische Maßstäbe, bemerkte er mit trauriger Miene, brächen in sich zusammen, wohin man auch sehe, und es gebe soviel Grausamkeit und Unrecht.

Als ich an jenem Abend nach Hause ging, dachte ich über meine Begegnung mit Daskalos nach; sie schien die Art meiner Beziehung zu ihm für die nächsten Monate und Jahre bestimmt zu haben. Meine spontanen Reaktionen auf seine Fragen verschafften mir im nachhinein eine ungefähre Vorstellung von der geeignetsten Methode, der ich bei der Beschäftigung mit der Welt Daskalos' folgen würde.

Bereits vor unserer jüngsten Zusammenkunft war mir klargeworden, daß der herkömmliche soziologische Zugang zur Untersuchung der Kreise um Daskalos wohl zum Scheitern verurteilt sei. Eine solche Methode, erkannte ich, hätte mich gezwungen, Fragen zu stellen, die andere ausschlössen, welche mir wesentlich wichtiger und verlockender erschienen. Statt dessen zog ich es vor, im wahrsten Sinne des Wortes teilhabender Beobachter zu sein. Um die Realität Daskalos' zu verstehen, mußte ich selbst sein Schüler werden und versuchen, seine Welt aus dem Innern seines Erlebniskreises heraus zu beobachten. Ich beschloß, beim Gespräch mit ihm seine eigene Sprache zu gebrauchen und mich von jeglichen vorgefaßten Meinungen hinsichtlich der objektiven Gültigkeit seiner Realität frei zu halten. Statt meine eigenen Theorien aufzuzwingen, um die Welt Daskalos' zu erklären, hielt ich es für angemessener, phänomenologisch vorzugehen und ihn seine Welt in seiner eigenen Sprache und Begrifflichkeit, nach seinem eigenen Verständnis erklären zu lassen. Mein Ehrgeiz als Wissenschaftler galt daher dem Einsatz dessen, was ich in der Feldforschung und Beobachtung gelernt hatte, um an die Oberfläche des gesellschaftlichen Bewußtseins zu bringen, was sich mir als das Leben, das Wirken und die Weltanschauung eines außerordentlich begabten geistigen Meisters offenbaren würde.

2

Austreibung der Nazi-Geister

Ich wachte frühmorgens auf und fing an, meine Notizen zu bearbeiten. Daskalos sollte ich erst nachmittags um vier Uhr, bei einem Treffen mit seinen Schülern, wiedersehen. Tags zuvor hatte er mir gesagt, daß er mich nicht früher empfangen könne, weil er noch mehrere Besorgungen zu erledigen habe.

Ungefähr um acht Uhr klingelte das Telefon. Es war Maro, eine Freundin meiner Schwester. Sie wollte wissen, ob ich für einige Bekannte von ihr einen Termin bei Daskalos vereinbaren könne. Sie sagte, es seien Juden, die gerade erst aus Israel angekommen seien. Die Tochter der Leute hätte schwere psychische Probleme. Die Ärzte könnten ihr nicht helfen, und auch zahlreiche Psychiater, die man im Laufe der Zeit aufgesucht hatte, wüßten keinen Rat. Das Mädchen, so erfuhr ich, war ganz normal gewesen, bis sie eines Nachts träumte, daß Dämonen* sie quälten. Seit jenem Zeitpunkt hörte sie deren Stimmen und sah sie in ihren Träumen. Sie brauchte dringend Hilfe, denn ihre Situation wurde immer schlimmer. Das Mädchen war mit seiner Mutter nach Zypern gekommen, um eine Tante zu besuchen. Maro fragte, ob es möglich sei, daß ich noch für denselben Tag ein Treffen mit Daskalos arrangieren könne.

Nach mehreren Telefonaten gelang es mir, Daskalos aufzuspüren. Wir vereinbarten einen Termin für elf Uhr dreißig. Bis dahin, sagte er, sei er mit seinen Besorgungen fertig. Maro kam mit ihren Bekannten kurz vor dem Besuch bei Daskalos bei unserem Hause an. Sie stellte mich den drei jüdischen Frauen – Mutter, Tochter und Tante – vor. Sie sprachen gebrochen Englisch, und in Anbetracht ihrer Unsicherheit war es nicht einfach, mit ihnen ein Gespräch zu führen. Das Mädchen machte einen »normalen« Eindruck, aber ich konnte die Spuren tiefverwurzelter Angst und Traurigkeit in ihrem Gesicht erkennen.

Wir brauchten nur eine Viertelstunde, um zum Hause Daskalos' zu fahren. Maro kam nicht mit uns hinein; sie sagte, »solche Dinge« würden sie vor Schreck erstarren lassen. Sie war Daskalos noch nie begegnet, wußte aber von seinem Ruf als Spezialist für Okkultes. Schon der bloße Gedanke an ihn erfüllte sie mit Grauen.

Daskalos war mit Loizos zusammen, einem Medizinstudenten von der Athener Universität, der zu seinem engeren Schülerkreis zählte. Ich bat die drei Frauen, sich selbst vorzustellen. Dann erklärte ich Daskalos kurz den Grund unseres Besuches. Er machte es sich in seinem Sessel bequem und blickte das Mädchen intensiv an.

»Du trägst einen Talisman bei dir«, sagte er, »genau über dem Herzen. Es ist ein sechszackiger Stern.«

Ich sah, wie die Augen der drei Frauen aufleuchteten. Die Mutter des Mädchens erklärte in ihrem schwerfälligen Englisch, daß genau an der von Daskalos bezeichneten Stelle unter dem Kleid ein Talisman in der Form eines Davidssternes sei, den ein Rabbi für ihre Tochter gemacht habe. Dieser Beweis seiner psychischen Fähigkeiten war aus ihrer Sicht anscheinend das Zeichen von Daskalos' Glaubwürdigkeit als Heiler. Dann bat er Hadas, das Mädchen, ihm zu schildern, was geschehen sei. Mit Hilfe ihrer Mutter und der Tante erzählte sie, daß sie jedesmal, wenn »sie« kämen, das Gefühl habe, als nähmen sie ihr die Seele fort und ihr Körper sei tot. Jedesmal, wenn das geschehe, habe sie Schmerzen im Bauch und im Hinterkopf.

»Ich bin nicht normal«, bemerkte sie schließlich; »diese Dämonen lassen mich keinen Augenblick in Ruhe.«

»Wie kommst du dazu zu sagen, du seist nicht normal«, warf Daskalos ein, »wenn du mir das, was geschieht, so klar und verständlich schildern kannst?«

»Ihre Mutter glaubt aber«, meinte die Tante aufgeregt, »sie bilde sich das alles ein.«

Ich bemerkte, daß sich Daskalos von dieser Diagnose der Situation von Hadas nicht beeindrucken ließ; er stellte weitere Fragen.

»Hast du diese Geister jemals gefragt, wer sie sind und was sie von dir wollen?«

»Nein, das habe ich nicht«, antwortete Hadas.

»Wie alt bist du?«

»Sechsundzwanzig.« In Wirklichkeit sah sie nicht älter als zwanzig aus.

»Welcher Religion gehörst du an?«

»Der jüdischen.«

»Schließe jetzt bitte die Augen.« Sie verstand offenbar nicht, was Daskalos gesagt hatte, und ihre Tante übersetzte es ihr ins Hebräische. Hadas zeigte sich sehr kooperativ und schloß ihre Augen, während Daskalos sich auf ihr Gesicht konzentrierte. Nach wenigen Sekunden öffnete sie die Augen wieder, und Daskalos begann wieder zu sprechen.

»Wenn du willst, daß ich dir helfe«, sagte er, »dann mußt du mir sagen, ob du wirklich an Gott glaubst oder nicht.«

»Ja, ich glaube an Gott«, antwortete sie ernst.

»Gut! Anders hätte ich dir nicht helfen können.« Daskalos bot dann seine Diagnose des Problems an.

»Deine Tochter«, erklärte er, zur Mutter gewandt, »leidet nicht an Besessenheit durch Dämonen.« Dann blickte er zu mir und fuhr fort: »Sie ist auch nicht durch Elementale besessen.« Schließlich sprach er Hadas selbst an und sagte: »Jene, die du siehst und deren Stimmen dich quälen, sind keine Illusionen. Es sind menschliche Wesen. Es sind Nazis.« Ich sah, wie Schrecken die Züge der drei Jüdinnen verzerrte. »Es sind«, sprach Daskalos weiter, »zwei Geistwesen, Mann und Frau, die in Hamburg während der Bombardierung durch die Alliierten ums Leben gekommen sind. Sie waren am Holocaust beteiligt und haben selbst eine große Zahl von Juden körperlich gefoltert. Als sie in die andere Welt hinübergingen, nahmen sie ihren Haß gegen die Juden mit. So ist es ihnen gelungen, von dir Besitz zu ergreifen zu einer Zeit, als ihre und deine Schwingungen einander entsprachen. Der Mann hat sich dein Sonnengeflecht vorgenommen, und seine Frau hat sich an das Chakra deiner Geschlechtsorgane gehängt. Aber das Chakra, das für dein Gehirn zuständig ist, haben sie nicht übernehmen können. Es ist ihnen bereits gelungen, vier andere jüdische Frauen ins Irrenhaus zu bringen. Aber du brauchst keine Angst zu haben, weil wir heute diese Verbindung durchtrennen werden und sie fortschicken. Da du dich zum jüdischen Glauben bekennst, werde ich den Exorzismus nach der jüdischen Kabbalah durchführen.«

Dann bat Daskalos Loizos, nach oben zu gehen und aus dem Schlafzimmer den weißen Adler zu holen, eine kleine Statue, die Daskalos bei seinem Bett stehen hatte. Sie war Daskalos' Symbol der Weißen Magie, wie ich später herausfand, ein sehr altes mystisches Symbol. Loizos erhielt auch Anweisung, einen silbernen Davidsstern zu bringen, den Daskalos von einem jüdischen Mystiker geschenkt bekommen hatte. In der Mitte des Sterns waren in hebräischer Schrift die zehn Gebote aufgezeichnet. Daskalos hieß Loizos, bei seiner Rückkehr ins Wohnzimmer die Arme über der Brust gekreuzt zu halten, den weißen Adler in der einen und den sechszackigen Stern in der anderen Hand. Er trug Loizos auch auf, kein Wort zu sprechen, während er die beiden Gegenstände so trug. Loizos ging nach oben, und Daskalos begann seine Vorbereitungen. Zuerst zündete er eine weiße Kerze an und füllte ein Glas mit Wasser, das Glas stellte er auf den Tisch, neben die Kerze. Dann nahm er ein Stück weißes Papier und Filzstifte verschiedener Farben. Er ging in das Sanktum, kam mit dem Schwert ohne Spitze zurück, küßte es und legte es auf das Blatt Papier. Als Loizos wiederkam, sah er ernst und still aus, wie ihm geheißen war. Daskalos nahm die Statue, stellte sie neben die Kerze und nahm den sechszackigen Stern mit der anderen Hand.

»Komm herüber«, sprach er zu dem Mädchen. Sie stand auf und kam zu dem Tisch.

»Kannst du Hebräisch lesen?« fragte Daskalos.
»Ja«, antwortete das Mädchen leise. Dann streckte Daskalos den Arm aus und hielt den sechszackigen Stern vor ihr Gesicht. Er forderte sie auf, die Zehn Gebote laut vorzulesen. Nachdem sie fertig war, gab er ihr den Stern und hieß sie, sich zu setzen und den Stern mit der rechten Hand fest über die Stelle ihres Herzens zu halten.
»Nun sprich mir nach«, befahl Daskalos: »Schalom alechem, schalom alechem.«
»Schalom alechem, schalom alechem«, wiederholte das Mädchen mit gebrochener Stimme. Ich sah die ehrfurchtsvollen Blicke der beiden anderen Frauen, als diese die hebräischen Worte vernahmen.
Dann setzte sich Daskalos vor seinen Tisch, küßte das Schwert ohne Spitze und bat Hadas, das gleiche zu tun. Dann forderte er sie auf, ein hebräisches Gebet zu sprechen, das sie kannte. Während sie ihr Gebet sprach, murmelte Daskalos weiterhin »Schalom alechem, schalom alechem«, und mit dem Schwert und einem roten Stift begann er, mehrere Linien zu zeichnen, die aus meiner Sicht wie mehrere sechszackige Sterne aussahen, einer über dem anderen. Seine Bewegungen waren langsam und bestimmt. Nach wenigen Minuten hörte er auf, »Schalom alechem« zu murmeln, und fing an, langsam zu sprechen; weiterhin zeichnete er rote Linien. Ich konnte nicht verstehen, was er sagte, ich konnte nur sehen, daß seine Lippen sich bewegten. Loizos stand hinter Daskalos und murmelte leise und monoton »Schalom alechem«, während er seinen Blick auf die Zeichnungen konzentrierte. Hadas betete weiter, drückte den sechszackigen Stern fest an ihre Brust und blickte starr in die Flamme, wie Daskalos sie geheißen hatte. Die beiden anderen Frauen saßen eng nebeneinander auf der Couch, hielten einander fest die Hände und beobachteten mit Tränen in den Augen, was geschah. Es war eine sehr bewegende Szene. Daskalos erschien mir eher als ein Rabbi denn als griechisch-zypriotischer Medizinmann. Indem er jüdisch-mystische Prozeduren durchführte, konnte er

offensichtlich die Spannung der jüdischen Frauen vermindern; so war es ihnen leichter, sinnvoll an der Heilungssitzung teilzuhaben. Ich denke, wenn das Mädchen Moslem gewesen wäre, hätte Daskalos Sufi-Methoden angewandt, um das gleiche Ziel zu erreichen.

»Nein, ihr seid keine Christen. Ihr seid Schweine und habt kein Verständnis zu erwarten«, sagte er mit lauter, strenger Stimme auf englisch, während er sich auf die Flamme konzentrierte und seine Hände um sie herum bewegte. Die Flamme verhielt sich recht eigenartig. Ich hatte das schon bei mehreren Gelegenheiten beobachtet. Daskalos konzentrierte seinen Blick auf die Kerze und bewegte aus einer Entfernung von in der Regel ungefähr sechzig bis neunzig Zentimetern seine Hände rasch, wie zitternd, nach links und rechts. Wenn er das tat, wurde die Flamme dünner und länger, und schwarzer Rauch stieg empor. Dann wurde sie kleiner und begann heftig zu schwanken. Die Flamme schien auf die Handbewegungen Daskalos' zu reagieren. Danach näherte er seine Hand dem Licht und strich darüber hinweg, als versuchte er, die Flamme zu fassen. Dann öffnete er die Faust über seinen Zeichnungen, als ließe er etwas auf das Papier fallen, und murmelte Worte, die keiner vernehmen konnte.

Daskalos schüttelte mißbilligend den Kopf, während er sich auf die Flamme konzentrierte und sie bearbeitete. »Sie sind stur«, bemerkte er, wie um seinen Zuschauern mitzuteilen, vor welchen Schwierigkeiten er stand. »Nein, ihr seid keine Christen«, wiederholte er laut und streng. »Jetzt bin ich jüdisch. Schalom alechem.«

Daskalos arbeitete noch etwa zwanzig Minuten mit der Flamme – recht lange im Vergleich zu anderen Gelegenheiten, bei denen ich Zeuge ähnlicher Prozeduren wurde. Als er aufhörte, sah ich den Ausdruck von Erleichterung und Zufriedenheit auf seinem Gesicht. Ich bemerkte auch, daß die Flamme in dem Augenblick, als er nicht mehr an ihr arbeitete, ruhig wurde.

Hadas wiederholte weiterhin ihr Gebet, und Daskalos faltete das weiße Papier zu einem Dreieck. Dann hielt er eine Ecke des zu-

sammengefalteten Blattes über die Flamme, so daß sie Feuer fing. Loizos, der nach wie vor »Schalom alechem« murmelte, nahm das brennende Papier aus der Hand Daskalos' und legte es draußen in einen besonderen Behälter, wo es restlos verbrannte. Dann forderte Daskalos das Mädchen auf, die Flamme selbst auszulöschen und von dem »magnetisierten« Wasser zu trinken.
»Jetzt brauchst du dir keine Sorgen mehr zu machen«, erklärte er ihr mit Bestimmtheit. »Sie können jetzt dir und keinem anderen mehr etwas zuleide tun. Beide sind jetzt an einem Ort, wo sie in Frieden ruhen können, bis sie wieder bei Verstand sind. Du wirst vielleicht noch das Schweregefühl im Kopf haben, aber mach dir nichts daraus. Das sind Nachwirkungen, die allmählich verschwinden werden. Die beiden aber können niemals mehr von deiner Aura Besitz ergreifen. Sie können wohl versuchen, dich telepathisch zu beeinflussen, aber Besitz ergreifen können sie von dir nicht mehr. Wenn du das Gefühl hast, sie sind dir nahe, dann sprich das Gebet, das du eben gesprochen hast, und besinne dich auf das Licht, auf die Flamme der weißen Kerze. In dem Augenblick, da du dies tust, werden sie erschreckt und lassen von dir ab.«
Dann kehrte Daskalos zu seinem Sessel zurück. Er sah müde aus. Der kleine Marios, sein dreijähriger Enkel, der inzwischen hereingekommen war, kletterte auf Daskalos' Schoß und legte seinen Kopf an Großvaters Brust. Daskalos begann dem Jungen über den Kopf zu streicheln. Nach einigen Augenblicken der Stille sagte er zu den drei Frauen, die überwältigt sitzen geblieben waren: »Das ist erstaunlich, nicht wahr? Die Menschen nehmen ihren Haß selbst über das Grab hinaus mit.«
Hadas' Tante, die neben mir saß, beugte sich dicht an mein rechtes Ohr herüber und fragte flüsternd, wieviel sie Daskalos für seine Dienste schuldig seien. Offensichtlich war es das, was sie noch erfahren wollten, bevor sie ihrer Wege gingen. Ich hatte halbwegs damit gerechnet und antwortete halb ernst, halb ironisch: »Warum fragst du ihn nicht selbst?« Dann erklärte ich Daskalos, worüber wir gesprochen hatten. »Du schuldest mir

nichts«, war seine Standarderwiderung. »Erinnerst du dich an den Fall des syrischen Königs im Alten Testament«, fuhr Daskalos fort, »der aussätzig war und von dem jüdischen Propheten geheilt wurde?« Die jüdische Dame entschuldigte sich, das Alte Testament nicht gut genug zu kennen. Also erläuterte Daskalos kurz, worauf er sich bezog.

»Als der syrische König fragte, wieviel er dem Propheten schuldig sei, war dessen Antwort: ›Nichts. Die Gnade Gottes kann man nicht mit Geld bezahlen.‹ Aber einer seiner Anhänger war habgierig. Als dann der König mit seinem Gefolge abzog, ging ihm der Jünger nach und sagte dem König, daß der Prophet seine Meinung geändert habe. Da gab ihm der König Gold. Aber der Prophet sah auf seine Weise, was vorgefallen war, und als der Jünger zurückkam, sprach er zu diesem: ›Der Aussatz des Königs ist nun dein.‹ Und der Jünger wurde tatsächlich aussätzig. – Wir können kein Geld annehmen für etwas, das nicht unser ist.«

»Meinst du damit, Daskale«, warf ich ein, »daß der Prophet seinen Jünger verflucht hat?«

»Nein, natürlich nicht«, antwortete Daskalos. »Der Prophet war gut und liebte seinen Schüler. Aber er sah, was kommen mußte. Es war die Habgier des Jüngers, die ihn aussätzig werden ließ, nicht der Prophet.«

»Ich verstehe nicht«, bemerkte Daskalos nach einer Weile, »wie ein Seelenarzt für etwas Geld verlangen kann, das nicht von ihm ist: den lebenspendenden Äther des Heiligen Geistes. Umsonst habt ihr's empfangen, umsonst gebt es auch«, schloß er.

Nach dieser kurzen Lektion standen die drei Frauen auf, dankten Daskalos, und wir gingen. Als wir aus dem Haus herauskamen, fragte mich die Tante noch einmal, ob sie wirklich nichts schuldig seien. Irgendwie erschien ihr das unglaublich. Ich erinnerte sie an die Geschichte im Alten Testament und stieg ins Auto.

Eine Woche danach besuchte ich die jüdischen Damen. Ich wollte wissen, wie sich Hadas seit ihrer Begegnung mit Daskalos fühlte. Maro hatte mir schon mitgeteilt, daß Hadas die Stimmen seit jenem Tag, an dem sie bei Daskalos war, nicht mehr gehört hatte.

Ich erfuhr auch, daß sie mit einem jungen Mann in eine Diskothek ausgegangen war und auch keine Angst mehr hatte, allein auf die Straße zu gehen. »Alle sind sehr glücklich«, faßte Maro zusammen.

Am Tag bevor sie mit ihrer Mutter wieder nach Israel zurückkehren sollte, sah ich Hadas noch einmal. Im Gegensatz zum letzten Mal, als ich sie gesehen hatte, war sie nun recht gesprächig und schilderte mir bereitwillig ihre Erlebnisse in Einzelheiten. Ihre Mutter und Tante waren anwesend, und alle drei schienen erfreut.

»Hadas«, fragte ich, »kannst du mir genau beschreiben, was mit dir geschehen ist?« Mit gelegentlicher Hilfe ihrer Mutter oder Tante erzählte Hadas mir ihre Leidensgeschichte.

»Mein Problem fing vor vier Jahren an, als meine Mutter auf einer Reise in Rumänien war. Eines Abends ging ich mit meinen Freunden aus. Irgend etwas ist zwischen mir und meinem Freund passiert, und ich verließ ihn. Ich ging nach Hause und duschte. Als ich ins Bett ging, hatte ich das Gefühl, daß etwas in meinen Kopf eindrang; ich war sehr verstört. Ich fühlte mich verändert. Ich ging zu einem Arzt, der sagte, es seien nur die Nerven. Er gab mir Tabletten. Als meine Mutter aus Rumänien zurückkam, brachte sie mich von einem Arzt zum anderen. Alle sagten sie, es seien nur meine Nerven. Ich konnte nicht mehr schlafen, trotz der vielen Pillen, die ich einnahm. Dann ging ich zu einem Rabbi. Er sagte, ich müsse beten, weil so etwas wie ein Dämon in mich gelangt sei. Ich fing an zu beten, und jeden Morgen mußte ich alles wieder erbrechen, was ich zu mir nahm.«

»Aber Stimmen hast du da noch nicht gehört?« wollte ich wissen.

»Nein, zuerst nicht. Aber ich träumte, daß ich in zwei verschiedenen Welten lebte, in dieser und in einer anderen, in einer Unterwelt. Ein Rabbi sagte mir, daß ich nach vierzig Tagen etwas sehr Großes, Gelbes erbrechen würde, auch andere Farben seien dabei. Er sagte auch, danach sei ich wieder ich selbst – und genau das geschah. Ich erbrach mich jeden Morgen, und am vierzigsten

Tage erbrach ich ganz viel, und fühlte mich dann wieder gut. Ich ging mit meinen Freundinnen aus und hatte auch wieder einen neuen Freund. Aber wieder ist etwas zwischen uns vorgefallen, und wir trennten uns. Ich war sehr durcheinander. Dieses Mal war es für mich schwieriger, weil all meine Freundinnen verheiratet waren und ich mich sehr einsam fühlte. Ich erinnere mich noch, daß ich auf dem Sofa schlief, als etwas in meinen Körper eindrang. Es fing in den Beinen an und kam dann in meinen Bauch. Ich spürte, wie es mich durchdrang, aber ich vernahm dabei keine Stimmen. Danach fing es an, mich zu quälen. Ich ging zu vielen Rabbis und erzählte ihnen, was geschehen war. ›Du bist nur verwirrt‹, sagten sie, ›vergiß es wieder.‹ Aber ich konnte das nicht vergessen. Es tat zu sehr weh. Dann versuchte ich mir einzureden, daß das ganze Problem nur psychologisch sei und daß ich es doch vergessen sollte, und ich schlief ein. Aber nun begann ich Stimmen zu hören, hier unten am Hals, und dann kamen die Stimmen in meinen Kopf herein. Die Stimmen sagten mir im Traum: ›In der Welt, in der du bist, kannst du kein Leben wie die anderen haben. Wir werden dich von deiner Welt fernhalten. Wir werden dich quälen, bis du verrückt wirst. Wir werden dich in unserer Welt festhalten und dich hier verheiraten.‹ «

»Sie haben dich in der anderen Welt verheiratet?« fragte ich sie.

»Ja, das taten sie. Sie verheirateten mich mit einem großen Mann mit Schnurrbart. Ich hatte ihn nie zuvor gesehen. Wenn ich ihm jetzt begegnen würde, würde ich ihn auf der Stelle wiedererkennen. Ich kenne ihn so gut! Und sie sagten mir: ›Weil wir dich gezwungen haben, in unserer Welt zu heiraten, kannst du in deiner Welt nicht mehr heiraten.‹ Jeden Morgen, wenn ich aufwachte, ging ich zum Bett meiner Mutter und bat sie: ›Bitte, hilf mir. Etwas sehr Eigenartiges ist mit mir passiert. Kannst du mir helfen?‹ Sie konnte es nicht. Keiner konnte mir helfen! Ich merkte, daß die Stimmen mich um den Verstand brachten. Ich wußte nicht, was ich tun sollte. Ich ging zu einem weiteren

Psychiater. ›Dir fehlt nichts‹, sagte der. ›Du bildest dir das alles bloß ein.‹«

Hadas' Mutter erwähnte, daß ihre Tochter auch in eine psychiatrische Klinik eingewiesen worden war, aus der sie nach einer Woche davonlief.

»Sie gaben mir starke Drogen«, fuhr Hadas fort. »Mein Rücken fing an zu schmerzen, ich hatte Mühe zu gehen, und die Stimmen peinigten mich unaufhörlich. Meine Mutter brachte mich dann zu einem anderen Psychiater, der mir mitteilte, ich sei so normal wie jeder andere. Ich suchte diesen Psychiater regelmäßig auf, aber er konnte mir nicht helfen.«

»Hast du«, fragte ich sie, »dem Arzt deine Situation genauso beschrieben, wie du mir deine Erlebnisse jetzt schilderst?«

»Nein. Ich spreche darüber nur zu Menschen, die für solche Dinge offen sind. – Ich ging wieder zum Rabbi. ›Wenn du nicht aufhörst, daran zu denken‹, sagte er, ›wirst du noch verrückt.‹ Ich konnte nicht aufhören. Jede Nacht suchten sie mich heim. Sie wollten mich dazu bringen, Selbstmord zu begehen. Jetzt höre ich sie nicht mehr. Ich spüre, daß mein Körper frei ist. Aber ich bin noch nicht völlig wieder in Ordnung. Mein Kopf fühlt sich leer an.«

Ich erinnerte Hadas an das, was Daskalos gesagt hatte: Sie werde noch einige Nachwirkungen spüren, die sich aber allmählich zurückziehen würden. Ihre Mutter fügte hinzu, daß sie eine große Veränderung bei ihrer Tochter feststellen könne. Die anderen bestätigten das. Ich dankte ihnen für dieses Gespräch und sagte Lebewohl. Meine nächste Aufgabe war es nun, Daskalos zu treffen und seine Version der Geschichte zu hören.

Am nächsten Morgen nahm ich den Bus und fuhr nach Strovolos. Als ich ankam, bemerkte ich, daß Daskalos Besuch hatte, und so wartete ich in der Stoa, bis die Besucher ihn verließen. Später ging ich ins Wohnzimmer, wo Daskalos wartete. Als ich ihm sagte, daß ich die junge Jüdin gesehen hatte und daß es ihr ganz gutgehe, schien er weder überrascht noch besonders interessiert. »Ich weiß«, sagte er wie selbstverständlich. Daskalos war ein Heiler, der sich seiner Kunst sicher fühlte, und so brauchte er keine Bestätigung der Erfolge seiner Eingriffe. Als er zu Hadas sagte »Du bist geheilt«, hatte er nicht nur versucht, sie zu beeindrucken und positiv zu stimmen, damit sie sich leichter erholen könnte. Daskalos selbst war absolut überzeugt, daß sie, objektiv gesehen, geheilt war, daß die Geister ausgetrieben waren und sie deshalb nichts mehr zu fürchten brauchte. Ich war ganz sicher, daß Daskalos nicht schauspielerte.

Auf die Einzelheiten meiner Unterredung mit Hadas ging ich nicht ein, als ich mit Daskalos sprach. Ich erwähnte nur, daß ich sie gesehen hatte und sie sich wohl fühlte. Jetzt wünschte ich, daß Daskalos etwas über die Details des Exorzismus mitteilte, den er durchgeführt hatte.

»So einen Fall«, begann Daskalos, »habe ich schon mehrmals erlebt. Bis heute sind es sechs oder sieben Juden – Männer und Frauen –, die von Israel gekommen sind, damit ich sie von ihrer ›Besessenheit‹ befreie.« Daskalos lehnte sich in seinem Sessel zurück und erzählte weiter: »In diesem Fall haben wir es mit verstorbenen Menschenwesen zu tun, die während ihres Lebens erbarmungslosen Haß gegen bestimmte Menschen oder Situationen gehegt haben und denen der vollständige Hinübergang in die psychische Welt nicht gelungen ist. Statt dessen schwanken sie zwischen dem ätherischen Bereich der grobstofflichen Welt und der psychischen Welt hin und her. Somit befinden sie sich in einer Situation, die es ihnen ermöglicht, in Verbindung mit dieser Welt zu kommen. Das tun sie, indem sie Besitz ergreifen von einem Menschenwesen, das hier auf der Erde lebt und gewisse Phobien oder Ängste hat oder sich in einem psychischen Zustand befindet, der es diesen Geistern erlaubt, in den Menschen einzutreten.«

»Aber nach dem, wie ich es verstehe«, warf ich ein, »kann Besessenheit auch durch einen Dämon oder ein Elemental erfolgen.«

»Aber natürlich!« rief Daskalos. »Aber zu einer Besessenheit – sei es durch einen Dämon, ein Elemental oder einen Verstorbenen – kann es nur kommen, wenn es Gründe dafür gibt, das heißt, wenn der Betroffene in einer Weise ›schwingt‹, die dem Wesen entspricht, das versucht, in ihn einzudringen. Mit anderen Worten: Der Mensch muß selbst eine gewisse Neigung besitzen, anderen Leid anzutun.«

»Heißt das also, Daskale, daß das jüdische Mädchen auch eine solche Anfälligkeit besaß?«

»Das Mädchen hatte gewisse Phobien, die – hätte man sie nicht unter Kontrolle gebracht – möglicherweise gewachsen wären und bestimmte Menschen verletzt hätten. Damit eine Besessenheit möglich ist, muß also der Same von etwas Ähnlichem in dem angelegt sein, von dem Besitz ergriffen wird. Jene Nazi-Geister versuchten allmählich und Schritt für Schritt, den Körper des Mädchens unter ihre Kontrolle zu bringen, und sie hatten Erfolg. Diese Geister trieben die junge Frau zur Selbstzerstörung. Siehst du, das waren keine Elementale, die sie selbst geschaffen hatte, die sie verlassen hatten und nun zurückkehrten. Es waren auch keine Elementale, die durch schwarzmagische Praktiken erzeugt wurden und ihr von jemandem geschickt waren, der ihr etwas antun wollte. Besessenheit also kann vorkommen durch Dämonen, durch Menschen, die gestorben sind, oder durch Elementale. Die schwierigste Kategorie ist die Besessenheit durch verstorbene Menschenwesen. Diese Geister sind besonders hartnäckig. Es ist nicht einfach, sie fortzuschicken. Und man kann sie auch nicht vernichten oder auflösen. Sie sind ewige Wesen und können nicht vernichtet werden. Das ist das Problem. Ich kann zum Beispiel – und habe auch das Recht dazu – ein Elemental vernichten und auflösen, ganz gleich, wie mächtig und schrecklich es auch sein mag. Aber hast du gemerkt, wie hartnäckig die Geister in diesem Falle gewesen sind?«

Daskalos erwartete von mir offenbar eine bejahende Antwort, wobei er im Moment vergaß, daß ich nicht hellsehen konnte wie er, und somit nicht wahrnehmen konnte, was er sah. Es muß also in seinen Ohren recht töricht geklungen haben, als ich zurückfragte: »*Was* gemerkt, Daskale?«

»Hast du gemerkt, daß sie sich geweigert haben, sie zu verlassen? Ich habe sie aus dem Mädchen hinausbefördert, und sie kehrten zurück. Es war harte Arbeit, sie durch das Feuer zu bringen.«

»Hat sich die Kerzenflamme deshalb so eigenartig verhalten?« fragte ich.

»Ja. Ich versuchte, sie durch das Element Feuer zu bringen, um sie isolieren und dann in den Erebos werfen zu können.«

»Wohin zu werfen?« fragte ich überrascht. Ich hatte diesen Begriff noch nie zuvor gehört.«

»In den Erebos«, sagte er nachdrücklich. »Das ist eine Art psychonoetischer Abgrund – keine Strafe, sondern ein notwendiger Zustand, ähnlich – würde ich sagen – der Vergessenheit, in dem ihre Erinnerungen ausgelöscht werden, so daß sie, wenn sie ins Bewußtsein zurückkehren, sich an nichts erinnern werden. Sie werden sehen, daß das, was die verschiedenen Welten voneinander trennt – die ätherische von der grobstofflichen, die psychische und die noetische, der Schleier des Erebos, des Abgrundes ist. Wenn man sich dort hineinbegibt, erinnert man sich an nichts mehr, entsinnt sich keiner Eindrücke mehr, man weiß aber noch, daß man ist. Recht häufig gehen Menschen dorthin, während sie tief schlafen. Die alten Griechen nannten das ›den Bodensatz des Wassers‹. Es ist ein notwendiger Zustand, der menschliche Geister, die, wenn wir es so ausdrücken wollen, satanisch schwingen, zwingt zu vergessen.«

»Aber das Karma«, bemerkte ich, »wird nichts vergessen.«

»Nein, natürlich nicht. Sie werden wieder herunterkommen, um ihre Erfahrungen zu machen und ihre Schulden abzuzahlen. Erebos ist nur ein weiterer Aspekt der göttlichen Gnade.«

»So«, fuhr Daskalos fort, »versuchte ich, sie in den Erebos zu zwingen. Jetzt sind sie in einem tiefen Schlaf. Sie haben nicht mehr das Verlangen, und sie haben nicht mehr die Macht, jemandem Leid zuzufügen. Deshalb hat das jüdische Mädchen nichts mehr zu befürchten. Weil sie sich aber so lange in ihr aufgehalten haben, brachten sie ein gewisses Maß an Verwirrung in ihr Unterbewußtsein. Sie besitzt immer noch Erinnerungen an das, was jene ihr angetan haben. Nun wirst du fragen, ob ich nicht auch sie in einen solchen Zustand hätte bringen können, in dem sie alles vergißt? Das wäre sehr gefährlich gewesen. Sie muß ihre Erinnerungen schrittweise selbst abbauen. Und sie *ist* jetzt imstande, sich zu verteidigen und zu erkennen, daß *jene* es waren, die diese Pseudo-Elementale in ihr geschaffen haben. Hätte ich aber ihre Erinnerungen, eine nach der anderen, ans Tageslicht gebracht, hätte ich vielleicht ihre Persönlichkeit durcheinandergebracht.«

»Was du damit sagst, Daskale«, bemerkte ich, »ist, daß dieses Mädchen vielleicht wieder Stimmen hören wird. In diesem Falle aber werden es Elementale sein, die von ihrer Besessenheit übriggeblieben sind. Das Gebet, das sie nach deiner Anweisung sprechen soll, ist gedacht, solche Elementale aufzulösen, sobald sie das Gefühl hat, sie kommen ihr zu nahe.«

»Ganz genau! Deshalb zeigte ich ihr eine Methode, die sie selbst anwenden kann, um diese Pseudo-Elementale aufzulösen.«

»Das ist eine Form von Autosuggestion«, stellte ich fest.

»Genau, das stimmt. Das ist es. Aber was ist Autosuggestion? Die bewußte Erschaffung von Elementalen für einen bestimmten Zweck. Deshalb hat dieses Mädchen die Möglichkeit, sich selbst in dem Maße, wie sie es wünscht, zu heilen. Jesus sagte einmal: Wenn wir entdecken, daß in dem frisch besäten Feld Unkraut wächst, sollten wir das Unkraut nicht sofort herausreißen. Wir müssen warten, bis die gute Saat reift.«

»Daskale«, sagte ich, »du führtest eine Unterredung mit jenen Geistern. Und dabei hast du gewisse Dinge gesagt, zum Beispiel: ›Ihr seid keine Christen, ihr seid Schweine.‹ Hast du sonst noch etwas gesprochen?«

»O ja, viel sogar, in Gedanken. Ich sprach jene Worte in englischer Sprache, nicht wegen der Geister – mit diesen konnte ich mental kommunizieren –, sondern damit das Opfer, das jüdische Mädchen, verstehen konnte, als was ich die beiden bezeichnete. Verstehst du jetzt? Ich arbeitete auf beiden Seiten.«

»Worüber hast du sonst gesprochen?« fragte ich weiter.

»Einer der beiden sagte: ›Du bist ein Christ. Was kümmerst du dich um die Juden? Sie sind Feinde des Christentums. Wir sind Christen.‹ Ich erwiderte: ›Ihr seid keine Christen, ihr tretet alle christlichen Werte mit Füßen!‹ – ›Doch, wir *sind* Christen!‹ beharrten sie. Ich bemerkte, daß sie in einer früheren Inkarnation Mitglieder einer fanatischen protestantischen Sekte gewesen waren.
So«, fuhr Daskalos fort, »brachte ich die beiden in eine Situation, in der sie erkennen mußten, daß sie nicht nur keine Christen, sondern tatsächlich Schweine waren – wie jene Geister, die Jesus in eine Schweineherde bannte, um sie zu vernichten.«
»Als du sagtest, Daskale, daß du sie in den Erebos geworfen hast – meintest du, daß du Engel-Elementale erzeugtest, die sie dorthin gebracht haben?«
»Genau.«
»Und um das zu vollbringen«, fuhr ich fort, »hast du sie durch das Element Feuer bringen müssen?«
»Ja, natürlich. Und ich mußte selbst durchs Feuer gehen, das heißt, im Bewußtsein, so daß ich sie in einen hypnotischen Zustand versetzen und mit Erebos umgeben konnte. Der Erebos, in den sie gelangt sind, ist dreifach. Erstens ist es der ätherische Erebos, den sie nicht durchdringen können, um auf die grobstoffliche Ebene herunterzugelangen. Zweitens ist der psychische Erebos, der genau jene psychischen Umstände schaffen wird, die sie zu ihrer Ernüchterung brauchen, das heißt, um das in ihnen wach werden zu lassen, was wir Gewissen nennen. Drittens ist es der noetische Erebos, der sie beruhigen wird und dem Einfluß der Vernunft aussetzt, so daß sie sich der Verruchtheit ihres Denkens und Tuns bewußt werden. Hätte ich sie in den Erebos des völligen Vergessens geworfen, hätten sie überhaupt nichts davon gehabt. Ich brachte sie in den Erebos des Vergessens bestimmter Dinge und Geschehnisse, hielt sie aber durch entsprechende Umstände in dem Sinne wach, daß der Einfluß des Gewissens sich in ihnen bemerkbar machen kann. Ich ersetzte die Schwingungen des Hasses, der Antipathie und so weiter durch

Schwingungen des Mitgefühls und – wenn nicht der Liebe, so doch zumindest – der Toleranz. Deshalb werden die beiden durch die Elementale, die ich in sie geschickt habe, arbeiten. Schau, es ging nicht nur darum, dem jüdischen Mädchen zu helfen, sondern auch den beiden Nazis. Und so pflanzte ich ihnen ein Elemental ein, ähnlich einem strafenden Engel, der sie aber nicht bestraft um einer Strafe willen, sondern sie für die Realität ihrer eigenen Situation erweckt. Verstehst du jetzt, was da geschieht? In ihren Gedanken verband ich sie mit einem Elemental, das hinsichtlich seiner Schwingungen drei Dimensionen besitzt. Die erste Dimension – ich habe es bereits gesagt – ist die ätherische. Hier wird es nicht zulassen, daß sie wieder einen menschlichen Organismus mit Beschlag belegen, was übrigens in der Regel über die Leber und die Milz geschieht. Dort dringen sie ein. Im psychonoetischen Erebos werden bestimmte Geschehnisse in Vergessenheit geraten, aber die Umstände werden nicht vergessen.«

»Was bedeutet das, Daskale?« wollte ich wissen.

»Mit anderen Worten«, erklärte Daskalos rasch, »die Erinnerung ›Ich bin eine böse Person, weil ich gehaßt habe, weil ich versucht habe, einen anderen zu töten, weil ich versucht habe, einen anderen zu behindern und zu vernichten‹ wird bleiben. Und dann gab es bestimmte Erlebnisse mit Orten, Namen, Umständen und so weiter. Diese lassen wir nun im psychischen und noetischen Erebos beiseite, und wir kehren die Rollen um. In ihren Gedanken werden sie nun die Verfolgten statt der Verfolger. Sie werden diejenigen sein, die sich vor anderen zu schützen suchen, weil diese ihnen Leid zufügen wollen. Du siehst, daß ich einfach die Rollen vertausche. Das ist es schließlich, was das Karma Tag für Tag und Nacht um Nacht tut. Sie erinnern sich nicht in Einzelheiten daran, wer sie sind. Sie erleben einfach indirekt ein zweites Mal, wie ein Kind, das im Kino einen Film gesehen hat und dann in der Nacht davon träumt, der Held des Streifens zu sein und dies oder jenes zu tun. Da hat man gewisse Erlebnisse und wacht dann wieder auf, ohne sich an die Personen zu erinnern, die man dachte, selbst zu sein. Du siehst, es ist ein Charakteristikum des Menschen, daß die Leute sich mit der Rolle jener identifizieren, die ihnen imponieren oder die sie fürchten. In diesem Falle also schaltete ich die Erinnerung daran aus, daß sie Deutsche waren, die gegen Juden kämpften, so daß andere intensive Gedanken und Gefühle des Nationalismus nicht mehr vorhanden sind. Statt dessen pflanzte ich ihnen ein Elemental ein, das im Laufe der Zeit den Verfolger in den Verfolgten verwandelt. Der Verfolger ist kein wirklicher, sondern ein Elemental. Deshalb nenne ich es einen strafenden Engel. Es wird das Gewissen in diesen Leuten wecken, so daß es ihnen möglich wird, zwischen Gut und Böse zu unterscheiden und den Sinn für das Gute zu entwickeln. So wirkt Karma.«

»So, scheint es«, fügte ich hinzu, »sind sie in einer Art Purgatorium.«

»Das ist es. Ich schuf die Umstände, die sie in das Purgatorium führen werden, das sie, *sie selbst*, erschaffen haben. Der göttliche Plan wird sie dahin bringen. Ich schaffe nicht das Karma für sie. Ich nehme sie lediglich an der Hand und beschleunige ihren Eintritt in die Situation, in der sie zu leben haben und die sie sich selbst erschaffen haben. Nun, wenn sie das als relative Hölle oder als Fegefeuer empfinden, dann ist das ihre Sache. Sie haben es geschaffen, und sie allein sind dafür verantwortlich. Hätte ich ihnen jedoch erlaubt, in dem Mädchen zu bleiben, hätten sie sie nicht nur zerstört, sondern auch selbst wertvolle Zeit verloren, indem sie ihr Karma noch verschlimmerten. Sehr wahrscheinlich hätten sie noch viele andere Menschen ins Unglück gestürzt.

Aber ich will dir etwas sagen: Jene Menschen, die besessen werden, sind nicht die heiligmäßigen Typen, von denen man annimmt, daß sie das bevorzugte Ziel für die Quälereien jener sind, die wir böse nennen. Ich glaube nicht, daß irgend jemand von einem Bösen Leid erfahren kann, der nicht in sich selbst etwas Entsprechendes hat. Verstehst du jetzt, was geschieht?

Doch wir sollen nie richten über Personen oder Situationen oder

Umstände. Statt dessen sollten wir eingreifen, um das Böse zu mildern, und an seiner Stelle sollten wir die Umstände vorbereiten, die das Verständnis für Güte, Hilfsbereitschaft und Kreativität in den Menschenherzen dämmern lassen, die die Destruktivität ablösen, die vorher dort herrschte. Wer auch immer also in diesem Bereich arbeitet, muß sich zuerst von seinen eigenen Vorstellungen und Gefühlen über Politik, Religion und soziale Fragen befreien. Er muß hoch über solchen Fragen stehen, damit er unparteiisch und objektiv jeden Fall – dessen eigenem Wesen gemäß – einschätzen kann. Hätte ich zum Beispiel jetzt eine Vorliebe für die Deutschen gehabt und noch eine Antipathie gegen Juden, dann hätte ich dem Mädchen nicht helfen können. Wenn man nämlich Empfindungen für oder gegen die eine oder andere Seite hat, muß man sich vernunftmäßige Begründungen dafür erfinden, daß man verurteilt oder entschuldigt. Du siehst, unsere Arbeit als Wahrheitsforscher ist recht vielgestaltig. Wir bekämpfen die schwarze Magie, wir führen Exorzismen durch, wir heilen, wir bekämpfen das Unrecht, wir bekämpfen böse Elementale, lösen sie auf und ersetzen sie durch gute. All dies sind Aspekte der Pflichten eines unsichtbaren Helfers.«

»Daskale«, fragte ich, »was hast du getan, als du den sechszackigen Stern mit dem roten Filzstift zeichnetest?«

»Ich zeichnete den sechszackigen Stern, weil ich mich für eine Vorgehensweise aus der jüdischen Kabbala entschieden hatte. Ich wählte somit eine Methode, die für das Mädchen als Jüdin geeignet war und die zugleich den größten Einfluß auf sie haben würde. Natürlich ist der sechszackige Stern auch unser Symbol.«

»Aber was genau ist geschehen, als du die Linien gezogen hast?« fragte ich weiter.

»Hast du das nicht gemerkt? Ich sprach, entweder in Gedanken oder in Worten. Zuerst trachtete ich, jene Geister zu fangen und sie dorthin zu setzen, wo ich sie haben wollte. Dann setzte ich sie in ein symbolisches Raum-Gefängnis, so daß sie nicht reagieren konnten. Wie du weißt, ist der Raum für den grobstofflichen

Körper. Wie aber steht es mit dem psychonoetischen Körper? Dort entsprechen Sinn und Begriff dem Raum. Also baute ich ein symbolisches Gefängnis und setzte sie hinein. Danach aber – nachdem ich sie aus dem Mädchen ausgetrieben und dorthin versetzt hatte, wo ich sie haben wollte – verbrannte ich den sechszackigen Stern, um sie zu erlösen und in den Erebos zu werfen. Und wieder mußte ich es durch das Element Feuer tun, damit dieses symbolische Gefängnis, das ich gebaut hatte, nicht auf der grobstofflichen Ebene bestehen bleibt. Natürlich ist die Kabbala sehr kompliziert. Bei der ägyptischen Kabbala beispielsweise muß man wieder anders vorgehen. Das gleiche gilt für die christliche Kabbala.«

»Daskale«, bemerkte ich, »es hat den Anschein, daß nur sehr wenige Menschen in der Lage sind, das zu tun, was du neulich mit dem jüdischen Mädchen getan hast. Angenommen, sie wäre nie zu dir gekommen. Hätte das bedeutet, daß sie nie geheilt worden wäre?«

»Nein. Es gibt gewisse Rabbis in Israel, die ihr auch hätten helfen können.«

»Dann bist du an jenem Tag also regelrecht ein jüdischer Rabbi geworden«, stellte ich fest.

»Das ist richtig. Man kann niemandem helfen, wenn man nicht zuerst wird wie er. Wie du bemerkt hast, bat ich sie, mit mir in hebräischer Sprache zu beten. Der Umstand, daß ich Christ bin, spielt dabei keine Rolle. Hätte ich christliche Symbole und Gebete benutzt, hätte sie sie nicht akzeptiert. Sie hätte es nicht verstehen können. Und ihre Schwingungen, die der pan-hebräischen Art zu denken angepaßt sind, hätten die Elementale, die ich für sie schuf, nicht eingelassen. Deshalb mußten wir mit dem ›Schalom alechem‹ beginnen, was bedeutet ›Friede sei mit dir‹. Vielleicht ist dir aufgefallen, daß alle drei Frauen überrascht waren, als sie mich die hebräischen Worte sprechen hörten.

So konnte ich also«, fuhr Daskalos fort, »mit dem ›Schalom alechem‹ Frieden bringen zwischen die drei Frauen einerseits und die Geister der Deutschen andererseits. Aus welchen Gründen

auch immer, das Karma hat Deutsche und Juden zusammengebracht. Ich wollte die Beziehungen auf beiden Seiten harmonisieren. Ich wollte diese feindseligen Geister aus dem Mädchen herausholen und sie zunächst isolieren, aber dazu mußte ich sicherstellen, daß die jüdischen Frauen nicht selbst zu feindseligen Aggressoren würden. Verstehst du nun, was da geschah?
Wäre das Mädchen Christin gewesen, hätte ich das Kreuz und den Kreis verwendet. Ich hätte auch den sechszackigen Stern nehmen und Kreuze auf seine oberen drei Spitzen setzen können. In diesem bestimmten Fall verwendete ich nicht die Kreuze, damit die Juden nicht ablehnend reagierten. Nun wirst du wissen wollen, warum wir die Kreuze auf den Davidsstern setzen. Im sechszackigen Stern symbolisiert das oberste Dreieck das Absolute. Die beiden benachbarten Dreiecke beziehungsweise Spitzen sind der Heilige Geist und der Christus-Logos. Dann haben wir die drei unteren Dreiecke, die den Abstieg des niederen Selbst in die Materie versinnbildlichen.«
Dann sprach Daskalos noch in Einzelheiten über die Unterschiede zwischen den verschiedenen Kabbalahs, anschließend drehte sich unser Gespräch um die Frage des Talismans. Ich erwähnte, daß jeder der Anwesenden, auch ich selbst, überrascht war, als er den Talisman des jüdischen Mädchens ›sah‹. Er antwortete, er hätte ihn in dem Augenblick gesehen, als er sie betrachtete. »Aber«, fuhr er fort, »das war kein sehr starker Talisman. Er war wie ein Schild, der nur teilweisen Schutz im Bereich der Brust gewährte. Wie aber steht es mit dem Rest des Körpers? Talismane, wie wir sie anfertigen, sind ein allgemeiner Schutz und wappnen nicht nur den ganzen physischen Körper, sondern auch den psychischen und den noetischen. So ein Talisman ist wie ein Taucheranzug, der den ganzen Körper schützt. So etwas nenne ich einen richtigen Talisman. Die alten Ägypter pflegten solche anzufertigen.«
Unser Gespräch endete, als Loizos eintraf. Daskalos teilte mir mit, daß er mit ihm ins Krankenhaus fahren müsse, um einige Patienten zu besuchen. Er versprach mir, unsere Besprechung

zum Thema Besessenheit zu einem späteren Zeitpunkt fortzusetzen, denn dieses Thema sei wirklich unerschöpflich.
»Kyriako«, sagte Daskalos lachend, »du kannst den Rest deines Lebens damit verbringen, ein Buch nach dem anderen über diese Dinge zu schreiben.«

3

Elementale

Iacovos rief mich frühmorgens an und sagte, er würde mir gerne erzählen, wie er zu einem Mitglied des inneren Kreises von Daskalos geworden sei. Er war einer der ihm am nächsten stehenden Schüler, und der Meister bereitete ihn vor, sein Nachfolger zu werden. Ich hatte Daskalos mehrfach meinen Wunsch geäußert, ihn zu treffen und über sein Leben zu sprechen, aber es war schwierig, ihn zu erreichen. Drei Wochen waren vergangen, seit ich ihn das letztemal gesehen hatte, und so freute ich mich sehr, von ihm zu hören. Trotz seiner Jugend wußte er anscheinend erstaunlich viel von Daskalos' Lehren. Am wichtigsten aber war mir, daß er einer von Daskalos' Lieblingsschülern war, und ich nahm an, daß ich über den jungen Adepten einen noch leichteren Zugang zum Meister erlangen könnte. Im Laufe der Zeit erwiesen sich beide Vermutungen als zutreffend.

Daskalos hatte einmal erwähnt, daß Iacovos während der türkischen Invasion 1974 von den Türken gefangengenommen wurde und fünf Monate in der Türkei geblieben war. In jener Zeit bewies er sehr großen Mut, und obwohl er erst vierzehn Jahre alt war, gab er vielen anderen Lagerinsassen ein Beispiel, das sie aufrichtete. Es heißt, daß er sich vor den Wachen aufzustellen pflegte, um ihnen den Weg zu versperren, wenn sie kamen, um einen seiner Mitgefangenen zu mißhandeln. Als Folge seines Einschreitens wurde Iacovos schlimm verprügelt. Zu einem der Wachleute, der ihn schlug, soll er gesagt haben: »Du schlägst dich nur selbst, aber das weißt du nicht.« Daskalos sagte, daß einer der unsichtbaren Helfer, die Iacovos während seiner Lei-

denszeit beistanden, »Bruder Ismail« gewesen sei, ein Sufi-Meister, der seine letzte Inkarnation als Türke verbracht hatte.
In einem Café im Ort erzählte mir Iacovos von seiner Beziehung zu Daskalos: Sie nahm ihren Anfang, als dieser den Vater von Iacovos von einer Krebsgeschwulst am Nacken heilte. Seit jenem Tage wurde Iacovos einer der Schüler, die Daskalos am nächsten stehen. Seine psychonoetischen Fähigkeiten begannen sich schon zu entwickeln, bevor er in die Türkei gebracht wurde. Von dort aus hielt er die Verbindung mit Daskalos durch Hellsehen und Eksomatose aufrecht und hielt seine Mitgefangenen über die Ereignisse auf Zypern auf dem laufenden.
»Weißt du«, sagte Iacovos, »als ich das erste Mal bewußt meinen Körper verließ, wurde ich ziemlich verwirrt. Ich kam an einen Punkt, wo ich nicht sicher war, welche Welt realer ist – die, in der wir uns jetzt aufhalten, oder die verschiedenen psychonoetischen Ebenen, auf denen ich mich während der Eksomatose befand. Später lernte ich, daß sowohl diese Welt als auch die psychonoetischen Ebenen letzten Endes Illusion sind und daß die Wirklichkeit jenseits aller Welten liegt.«
Das Erlebnis von Iacovos erinnerte mich an die klassische Geschichte aus China von Tschuang Tse, der eines Morgens sehr verwirrt erwachte. Er hatte geträumt, ein Schmetterling zu sein, war aber nicht sicher, ob er es war, der geträumt hatte, Schmetterling zu sein, oder ob er in Wirklichkeit ein Schmetterling war, der träumte, Tschuang Tse zu sein. Ob Tschuang Tse und Iacovos womöglich ähnliche Erlebnisse hatten?
Iacovos erzählte mir weiter, daß ihm, als er auf dem Schiff war, das ihn in die Türkei bringen sollte, Erinnerungen an ähnliche Erlebnisse in früheren Leben in den Sinn kamen. »Während die anderen Gefangenen weinten und schrien, erlebte ich plötzlich, daß der Logos in Gestalt eines weißen Lichtes auf mich zukam, und ich fühlte mich von tiefem Frieden erfüllt.«
»Bist du dem Logos jemals wieder begegnet?« fragte ich.
»Ja, kurz vor dem Tag, an dem ich eingeweiht und in Daskalos' inneren Kreis aufgenommen werden sollte.«

»War das in einem Traum?«

»Nein. Ich war hellwach, als Christus in einer Vision vor mir erschien. Von diesem Augenblick an konnte ich bestimmte Dinge in meinem Leben verstehen.«

»Und was hat er dir offenbart?« fragte ich und merkte, daß Iacovos zögerte.

»Er stand vor mir«, sagte er mit leiser, trauriger Stimme, »und zeigte mir die Narben von der Kreuzigung an seinen Händen.«

»Was bedeutete das für dich?« verlangte ich zu wissen.

»Daß auch ich ein Kreuz in meinem Leben zu tragen habe«, antwortete Iacovos sanft. Ich spürte, daß er über diesen Punkt nicht weiter sprechen wollte, und wechselte das Thema. Wir vereinbarten, uns am nächsten Tag in Strovolos wiederzusehen, wenn Daskalos seinen vorgesehenen Vortrag halten würde.

Ich kam bei Daskalos schon lange vor dem Termin der Zusammenkunft an. Vor dem offiziellen Beginn eines Treffens der Schüler saß Daskalos meist mit einigen seiner Vertrautesten zusammen und diskutierte zwanglos über eine Vielfalt von Themen, angefangen bei der Lokalpolitik bis hin zu den unterschiedlichen Techniken, sich auf Reisen außerhalb seines Körpers zu begeben. Als ich ankam, saß Daskalos gerade mit Iacovos und Kostas beim Mittagessen. Kostas gehörte auch zum engsten Kreis um Daskalos, er war Ingenieur und vierzig Jahre alt. Ich fand sie mitten in einer Diskussion über die Griechen der Antike. Höflich lehnte ich ihre dringende Einladung ab, an ihrem Mahl teilzuhaben, stürzte mich aber desto lieber in ihre Debatte. Daskalos rätselte über den Übereifer der antiken Mystiker, mit dem sie ›die Geheimnisse‹ hüteten.

»Sie hätten versuchen sollen, die Leute zu erziehen, besonders die Philosophen«, sprach er eindringlich, »statt das Wissen egoistisch selbst zu behalten.«

»Aber, Daskale, wie ist das mit Plato?« warf ich ein. »Soweit ich weiß, hatte er doch mit den eleusinischen Mysterien zu tun. Vieles von dem, was du über die höhere noetische Welt sagst, erinnert mich an Platos Welt der Ideen.«

»Es gibt wohl gewisse Ähnlichkeiten, aber unsere Lehre ist nicht ganz die gleiche. Plato hatte übrigens keine Verbindung zu den Mysterien von Eleusis.«

»Einige Quellen sagen das aber«, bemerkte ich.

»Sie irren sich. Plato ging nach Ägypten und wurde in die ägyptischen Mysterien eingeweiht. Auf diese Weise kam er auch zu seinem Namen: Plato.«

»Ich verstehe nicht, was du damit meinst«, gab ich zu. Ich hatte auf der Schule gelernt, daß er so genannt wurde, weil er einen großen Brustkorb hatte. Der Name Blaton (Platon) war angeblich von einem griechischen Wort abgeleitet, das ›der Breite‹ oder ›der Breitschultrige‹ bedeutet.

»Das ist, historisch gesehen, Unsinn«, wies mich Daskalos zurecht. »Sein Name leitet sich ab von *Baal* – was Gott bedeutet – und *Aton*; das hieß im antiken Ägypten ›der unsichtbare Gott‹. Baalaton wurde zusammengezogen zu Blaton und uns schließlich als Plato oder Platon überliefert.« Dann überraschte uns Daskalos mit einer ähnlichen Analyse des Namens eines anderen Weisen der griechischen Antike: Pythagoras, so Daskalos, war es, der den Gedanken der Reinkarnation nach Griechenland gebracht hat.

»Pythagoras reiste nach Indien und wurde in die orientalische Mystik eingeführt. Er wählte sich einen Namen nach einem Sanskrit-Wort, das die Bedeutung hatte ›der, der in den Tempel eingeweiht wurde‹.«

Ich bemerkte, daß diese Deutung der Namen der antiken Philosophen von so manchem Gelehrten unserer Zeit vermutlich mit Stirnrunzeln aufgenommen würde. Daskalos bekümmerte dies nicht im geringsten. Seine Information, behauptete er, basiere auf der »Akasha-Chronik«* und nicht auf den Deutungen von Historikern. Er erklärte, daß die Akasha-Chronik nur ein anderer Begriff für das universale Gedächtnis sei: Was auch immer existiert, existierte und existieren wird, ist in diesem universalen Super-Computer gespeichert. Darüber hinaus enthält aber bereits jedes einzelne Atom alles Wissen des Kosmos. Deshalb ist es möglich, durch Konzentration auf ein einzelnes Atom Informationen zu erlangen über etwas oder ein Geschehen, das irgendwann in ferner Vergangenheit einmal war oder stattfand. Das erreicht man, indem man sich in die Akasha-Chronik versenkt – wie ein Wissenschaftler, der in die Bibliothek geht und dort seine Nachforschungen anstellt. Wie der Wissenschaftler, muß aber auch der Mystiker zuerst über das, was er erforschen will, Wissen besitzen. Andernfalls wird es ihm nicht möglich sein, weitere Informationen zu erlangen. Wenn man also beispielsweise die Akasha-Chronik studiert, um Informationen über die Naturwissenschaften im neunzehnten Jahrhundert zu finden, ist es zunächst einmal notwendig, mit den Naturwissenschaften vertraut zu sein.

»Ich bin froh«, sagte ich scherzhaft, »daß es in der Weltordnung auch noch Platz gibt für herkömmliches Wissen. Sonst wäre es ganz sinnlos, Universitäten zu besuchen und Bücher zu lesen.«

Während ich noch sprach, parkte ein weißer Mercedes vor der Tür. Ein hochgewachsener, grauhaariger, sanft blickender Mann stieg aus und kam mit langsamen Schritten ins Haus. Daskalos blickte freudig auf. »Theophani, was führt dich nach Nikosia?« Alle drei Männer freuten sich, den neuen Gast zu sehen, der ungefähr das gleiche Alter wie Daskalos haben mußte, rund sechzig Jahre.

»Kyriako«, sagte Daskalos, »ich will dich Theophanis vorstellen, dem ›Magus von Paphos‹.« Wir schüttelten einander die Hände, und ich gab meiner Freude darüber Ausdruck, ihn kennenzulernen, und erwähnte, daß ich von Daskalos und Iacovos schon viel über ihn gehört hatte.

Theophanis ist vermutlich der älteste Schüler und Freund von Daskalos; ihre Beziehung reichte über 40 Jahre zurück. Er stammte aus Paphos, der Hafenstadt im Südwesten der Insel, rund 160 km von Nikosia entfernt. Paphos ist der Ort, wo Paulus verhaftet und ausgepeitscht wurde, weil er den Heiden das Christentum gepredigt hatte. Die Einwohner von Paphos waren bekannt als fromme Anbeter Aphrodites.

Theophanis hatte selbst einen Ruf als Heiler – er hatte auch eigene Schüler –, aber zugleich war er auch ein Mitglied von Daskalos' »innerem Kreis«. Im Laufe der langen Zeit hatte sich eine starke Freundschaft zwischen den beiden – nun alten – Männern entwickelt. Theophanis, sagte man mir, hing besonders an Daskalos. Im Gegensatz aber zu ihm, einem sehr lebendigen, aktiven, überschwenglichen Menschen, war Theophanis ein stiller Mann, der nur redete, wenn er selbst angesprochen wurde. Später erfuhr ich, daß er nie geheiratet hatte. Im Alter von fünfundzwanzig Jahren war er mit einem Mädchen verlobt, das er über alles liebte, aber sie starb noch vor der Hochzeit an Tuberkulose. Theophanis hat sich von diesem Verlust nie ganz erholt und zog es dann vor, mit der Erinnerung an sie zu leben. Er weihte sein Leben dem Heilen und seinem Beruf. Er hatte eine hohe Position in der Verwaltung der kooperativen Bewegung, einer Institution, die sich im Leben Zyperns so gut entwickelt und festgesetzt hat, daß sie häufig als Vorbild zur Entwicklung anderer Gesellschaften diente.
Als wir uns unterhielten, fragte Theophanis, ob Daskalos in den Sommermonaten nach Griechenland zu reisen gedenke. Daskalos verbrachte jeden Sommer einige Wochen in Athen, wo er seinen dortigen Schülern »Schnellkurse« gab. Während des übrigen Jahres schickte er ihnen Tonbänder. Die Erfindung des Kassettenrecorders, sagte Daskalos, habe ihm seine Arbeit wesentlich erleichtert. Jetzt konnte er eine viel größere Zahl von Menschen erreichen.
»Ich werde mir zehn Tage Urlaub nehmen und mit dir gehen«, sagte Theophanis.
»Sehr schön – aber wir müssen mit dem Schiff fahren.« Daskalos wandte sich mir zu und bemerkte, daß Theophanis jede Schiffsreise fürchtete. Sein Magen brachte es nicht fertig, mit dem Seegang klarzukommen.
»Aber«, fügte Daskalos hinzu, »er sollte sich keine Sorgen wegen der Seekrankheit machen. Wir werden sicherstellen, daß die Wogen sich glätten, auf daß Seine Exzellenz eine angenehme Reise genießen können.«

Ich dachte, daß Daskalos entweder scherze oder in Bildern spreche. Aber das war ein Irrtum. Er meinte es ganz ernst, auch wenn eine starke Dosis Ironie mit seiner Bemerkung verbunden war.

»Ich hoffe, du wirst das Meer so beruhigen können, wie du es damals tatest, als wir nach Tinos fuhren«, antwortete Theophanis, als er meinen ungläubigen Blick bemerkte. Eines Sommers, fuhr er fort, segelten er und Daskalos auf einer Pilgerreise zu der griechischen Insel Tinos, die berühmt ist für ihre wunderbare Ikone der Jungfrau Maria. Ebenso berühmt ist das Meer um Tinos herum für seinen Seegang. Daskalos, erzählte Theophanis, setzte seine speziellen Kräfte ein und glättete die Wellen. Als sie an Land gingen, waren die Fischer und Seeleute verwundert über die plötzliche Stille der See.

»Wie hast du das bewirkt?« fragte ich.

»Ich wollte einfach, daß die See sich beruhigt, im Interesse meines Freundes Theophanis – und das Meer hat gehorcht«, antwortete Daskalos ernsthaft.

»Aber *wie* hast du das gemacht?« fragte ich wieder.

»Das ist doch typisch: Du stellst mir immer wieder die gleiche Frage. Wie hast du das getan, wie hast du jenes gemacht? Stell dir vor, du hast Paganini mit seiner Geige vor dir, und du fragst ihn: ›Herr Paganini, *wie* spielen Sie diese Geige?‹ Was für eine Antwort würde er dir wohl geben? Meinst du, er könnte dir erklären, wie er sein Instrument spielt? Bei mir ist das der gleiche Fall. Ich *tue* es einfach – aber frage mich nicht, wie. Ich kann es dir nicht erklären.«

An solchen Phänomenen, sagte Daskalos, sollten wir nicht Anstoß nehmen. Hinter ihnen stehen Kräfte, die in jedem Menschen latent vorhanden sind. Schließlich hat auch Jesus das Meer beruhigt und die Wogen geglättet. Da jeder Mensch den Christus-Logos in sich trägt, verfügt jedes Menschenwesen potentiell über solche Kräfte.

Es war schon vier Uhr nachmittags, und Daskalos' Schüler hatten sich in der Stoa versammelt und warteten darauf, daß ihr

Meister den vorgesehenen Vortrag hielt. Wir beendeten unsere Unterhaltung mit einem kurzen Abstecher in das gegenwärtige Durcheinander der örtlichen Politik. Es hatte den Anschein, daß es niemandem auf Zypern möglich war, eine Diskussion über die politische Lage zu vermeiden. Sie war das zentrale Thema bei jung und alt. Angesichts der Besatzungsmacht im Norden gewann die Politik geradezu existentielle Bedeutung.

Das Thema von Daskalos' Vortrag waren Elementale. Zu Beginn faßte er viele der Gedanken, über die er im Laufe früherer Zusammenkünfte schon gesprochen hatte, zusammen. Es war seine pädagogische Methode, regelmäßig den Inhalt früherer Lektionen zu wiederholen, bis seine Schüler diesen Inhalt ganz aufgenommen hatten.

Elementale, sagte er, haben ihr eigenes Leben, wie jedes andere Lebewesen; sie können eine Existenz unabhängig von ihrem Erzeuger, also dem, der sie ausgesandt hat, besitzen. Jeder Gedanke und jedes Gefühl, das einer ausstrahlt, ist ein Elemental. Dann fuhr er fort und erklärte, daß es zwei Arten von Elementalen gebe: solche, die unterbewußt erzeugt werden – er nannte sie Elementale von »Wunschgedanken« –, und jene, die bewußt erzeugt werden; diese nannte er die Elementale der »Gedankenwünsche«.

Das Individuum, sprach er weiter, kann durch Gedanken und Gefühle Schwingungen aussenden. Die Weise, wie ein Mensch schwingt, bestimmt Typ und Qualität des Elementals, das er erschafft. Schwingt ein Mensch in erster Linie durch Gefühle, dann steht er unter dem Einfluß von Emotionen und Wünschen; das Denken spielt hier nur eine nebengeordnete Rolle. So werden Elementale von Wunschgedanken erschaffen. Wenn ein Mensch unter dem Einfluß des Denkens steht, erzeugt er Elementale aus noetischer Substanz und wird die Kraft der bildlichen Vorstellung zu meistern lernen. Ein Wahrheitsforscher sollte sich üben, mächtige, aber gutartige Elementale zu erzeugen, die aus starken Gedanken aufgebaut sind, wobei Wünsche, Begierden und Gefühle einen untergeordneten Rang einneh-

men. Solche Elementale von Gedankenwünschen leben länger, sind stärker und neigen dazu, die Aufgabe, für die sie erzeugt wurden, viel rascher zu erfüllen.
Elementale von Wunschgedanken sind charakteristisch für gewöhnliche Menschen, die nicht viel von dem Wesen von Denken und Wünschen verstehen. Infolgedessen fallen sie häufig gerade jenen Elementalen zum Opfer, die sie selbst erzeugt haben. Es ist ein Naturgesetz, daß Elementale, die ausgesandt, die geschaffen worden sind, eines Tages zum Unterbewußtsein ihres Erzeugers zurückkehren müssen. Dann steigen sie vom Grund seiner Erinnerungen an den Oberspiegel des Bewußtseins auf, um neue Energie zu erhalten, und sie ziehen sich wieder zurück. Der gleiche Kreislauf wiederholt sich so lange, bis es solchen Elementalen gelingt, im Bereich des Unterbewußten des Menschen auf größere Dauer zu bleiben. Dann nehmen sie Energie vom ätherischen Doppel des Menschen auf und verlängern ihr Leben auf diese Weise. So bilden sich Gewohnheiten, Süchte und Besessenheiten wie Rauchen, Spielen und Trinken.
Die Tendenz der Elementale, zu ihrem Ursprung zurückzukehren, ermöglicht erst das Karma-Gesetz. So wird der Mensch früher oder später mit den Elementalen konfrontiert, die er bewußt oder unterbewußt schafft. In einem Gespräch, das ich einmal mit Daskalos führte, behauptete dieser, daß Elementale sehr starker Wünsche zu ihrem Erzeuger zurückkehren und die Verwirklichung ihres Inhalts, ihres Ziels, selbst dann erzwingen können, wenn der Mensch es am wenigsten wünscht. Daskalos sagte dann, daß er in einer früheren Inkarnation im Italien der Renaissance geradezu besessen war von dem Gedanken, eine Druckmaschine zu erfinden. Das habe dazu geführt, daß er sein derzeitiges Leben als Schriftsetzer in der Staatsdruckerei verbringen mußte.
Unsere heutige Persönlichkeit, fuhr Daskalos fort, und die Umstände, in denen wir leben, sind die Summe der Elementale, die wir erzeugt haben, seit wir in die dreidimensionale Welt herabgestiegen sind und uns in den Kreislauf der Inkarnationen bege-

ben haben. Elementale werden aus genau der gleichen Substanz geschaffen, aus denen auch Persönlichkeit und Universen im großen und allgemeinen erschaffen werden, das heißt aus ätherischem Stoff von der noetischen, der psychischen und der grobmateriellen Welt.

»Laßt uns«, sprach Daskalos, während seine etwa dreißig Zuhörer aufmerksam seinen Ausführungen lauschten, »den Vorgang der Erschaffung eines Elementales untersuchen. Ihr werdet mir folgen können, wenn ich sage, daß es keinem Menschen möglich ist, etwas zu wünschen, bevor er nicht dessen Existenz gewahr geworden ist. Wenn ich zum Beispiel einen Gegenstand sehe, dann bedeutet dies, daß die ätherischen Schwingungen des Lichtes auf dessen Oberfläche auftreffen und Bilder und Gestalten zu meinem Auge übertragen. Diese bilden einen Reiz auf den Sehnerv, der zum Gehirn weitergeleitet wird und dort als ›gesehen‹ wahrgenommen wird. Gehen wir davon aus, daß ich einen Gegenstand sehe, den die Menschen für kostbar halten, sagen wir ein Brillantkollier. Ich werde der Existenz dieses Gegenstandes durch mein Sehen gewahr. Gehen wir weiter davon aus, daß ich ein Mensch bin, der ein starkes Verlangen nach Brillantkolliers besitzt. Was geschieht nun? Psychische Materie sammelt sich um das Bild der Halskette. Ein starker Wunsch entsteht. Ja, es ist die psychische Materie, die die Geburt eines starken Verlangens ermöglicht, dem die Gedanken folgen, wie es zu befriedigen sei – in diesem Falle: wie ich an die Halskette gelangen könnte. Um den Gegenstand entstehen eine Reihe von Elementalen, deren letztes Ziel das Erlangen dieses Gegenstandes durch jene Person ist, die sie ausgesandt hat. Das Gewahrsein seiner Existenz und der Wunsch, es kennenzulernen oder zu besitzen, sind allein noch nicht ausreichend. Gedanken dazu müssen nachfolgen, damit ein solches Elemental erschaffen werden kann. Das Individuum beginnt unterbewußt den Prozeß der bildlichen Vorstellung.

Stellen wir uns vor, wir nehmen diese Person mit an einen Ort, wo sie entfernt ist von der ersehnten Halskette, und bitten sie, sich ihres Wunsches zu erinnern. Höchstwahrscheinlich wird sich der Mensch an das begehrte Ziel in allen Einzelheiten erinnern können. Ein anderer, der den gleichen Gegenstand gesehen hat, aber nicht davon beeindruckt war, wird große Schwierigkeiten haben, das Bild des Gesehenen in Gedanken so genau wiederzubeleben. Deshalb sind es Konzentration und Verlangen, die uns zur Erschaffung von Bildern bringen, die aus noetischer Materie bestehen. Denn etwas anderes ist das Denken ja nicht als die Kondensation, die Verdichtung von noetischer Materie. Wir fangen an, jenen Gegenstand durch noetisches Licht zu sehen. Doch jetzt paßt auf: Was ist echter Besitz? Ist Besitztum jener Gegenstand, den man gemeinhin als real bezeichnen würde? Oder besteht der Besitz in den Elementalen, die wir in uns gebildet haben? Nehmen wir einmal an, wir besitzen einen kostbaren Gegenstand, und wir sperren ihn in einen Safe. Das Elemental dieses Gegenstandes ist in unserem Innern, ist Teil von uns. Es existiert in der Tiefe unserer Erinnerung, und wir können es uns jederzeit nach Belieben an die Oberfläche unseres Bewußtseins emporholen. Es gehört uns. Und doch scheint es euch, daß es nicht real ist. Aber wenn wir es nicht in unser Gedächtnis bringen können – wie sollten wir um den materiellen Gegenstand im Safe Wissen besitzen? Denkt darüber nach.

Laßt es mich anders ausdrücken. Stellen wir uns vor, ein sehr reicher Mensch weiß, daß er in einem geheimen Safe einige sehr kostbare Gegenstände hat, und er erleidet einen Gedächtnisausfall. Alles entfällt seiner Erinnerung und geht dieser verloren, löst sich auf. Welchen Wert, meint ihr, werden die Gegenstände, die ihm aus dem Sinne sind, noch besitzen? Keinen. Was ist also die eigentliche Quelle des Wertes von Dingen?

Denkt sorgfältig über diese Punkte nach, ihr müßt euch noch weiter damit beschäftigen. Andernfalls werdet ihr nicht das Wesen des Lebens durchdringen und verstehen können. Was ist Leben in Wirklichkeit anderes, als Eindrücke zu empfangen und zu deuten? Denkt doch nur an die Welt, die euch umgibt! Könnt ihr sie ohne diese Elementale wahrnehmen?

Ihr müßt jetzt erkannt haben, daß, ob wir die Welt als gut oder böse wahrnehmen, abhängig sein wird von der Art von Elementalen, die wir in uns erzeugen und nach außen richten. Nichts, absolut nichts, hat in der Welt der drei Dimensionen irgendeinen Wert, wenn es nicht auch einen Wert *in* uns besitzt. Das, was in uns Wert hat, verleiht Wert all dem, was außerhalb von uns ist. Was bedeutet zum Beispiel der Begriff ›mangelndes Interesse‹? Wenn ein Gegenstand außerhalb von uns nicht sein Gegenstück in unserem Innern hat, besitzt er keinen Wert. Woher ist diese Gegebenheit gekommen? Von dem Gegenstand oder aus unserem Innern? Alles ist in uns.«

Daskalos hielt einige Augenblicke inne und fuhr dann fort, über das Aussehen von Elementalen zu sprechen, genauer gesagt, darüber, wie Elementale von einem Hellsichtigen wie ihm selbst wahrgenommen werden.

»Wenn ein Elemental erschaffen wird, erscheint sein Bild an der Nasenwurzel, im Bereich des Chakras, das zwischen den Augenbrauen liegt. Ein Hellsichtiger wird wahrnehmen können, daß es zuerst in Gestalt eines Nadelkopfes erscheint. Sowie es aus dem ätherischen Doppel des Menschen herausgedrängt wird, fängt es an, seine natürliche Größe und Gestalt anzunehmen. Dann bewegt es sich weiter in die psychischen Welten und beginnt einen Kreislauf, dessen Umfang von der Stärke und Intensität des zugrunde liegenden Verlangens abhängig ist. Dann kehrt das Elemental zu seinem Erzeuger zurück. Dabei dringt es in dessen psychischen Körper ein, aber nicht an der gleichen Stelle, an der es ihn verlassen hat. Es wird durch ein anderes Chakra hereinkommen, und zwar am Hinterkopf.

Die Gestalt eines Elementals ist von seinem Typ abhängig. Das kann ein ersehntes Haus, ein Fahrrad, ein Auto oder etwas anderes sein. Das sind Beispiele konkreter Bilder von Wunschgedanken, die relativ kurze Zeit im Unterbewußtsein verweilen. Das ist so, weil die Elementale, wie ich gesagt habe, ein neues Leben anstreben – in der gleichen Weise, wie ein Embryo Nahrung sucht. Das Elemental kommt also in dem Chakra zwischen den

Augen wieder zum Vorschein und sucht einen Ausgang. Dann setzen die entsprechenden Schwingungen im psychischen Körper der Person wieder ein. Der Mensch wird sich erinnern, und sein Wunsch wird stärker. Das Elemental wird sich von neuem lösen und auf seine zyklische Flugbahn begeben. Ein gewöhnlicher Mensch wird diese Dinge gar nicht bemerken. Das Elemental neigt dazu, ihn zu beherrschen. Es kann so viel Macht gewinnen, daß er keine Kontrolle mehr darüber hat. In einem solchen Fall ist der Mensch zum Sklaven seiner Wünsche geworden, die manchmal so übermächtig werden, daß er in der Irrenanstalt enden kann. Es ist möglich, daß dieses Elemental so viel ätherische Substanz von seinem Erzeuger absorbiert, daß es sich sogar buchstäblich materialisieren kann. Über diese unglückselige Entwicklungsmöglichkeit wollen wir aber heute vorerst nicht sprechen.

Wie aber steht es mit den krankhaften Umständen, die die unmittelbare Folge unseres Egoismus sind, wie zum Beispiel Wut, Prahlerei, Haß, Verletztheit, Angeberei und ähnliches? Diese Elementale entstehen auf die gleiche Weise wie alle anderen. Denkt daran, daß schon der Egoismus an sich ein Elemental ist, das in der selbstbewußten Persönlichkeit bereits Form angenommen hat. Er ist das Produkt der Wiederholung vieler Elementale. Er ist so empfindlich, daß die kleinste Provokation ihn schon in Bewegung setzt. Der Egoismus wiederum kann eine Vielzahl von Elementalen erzeugen. So wissen wir beispielsweise aus Erfahrung: Wenn ein Mensch böse und gehässige Gedanken gegen einen anderen hat, nehmen die Elementale, die er damit erzeugt, die Gestalt von Schlangen verschiedener dunkler Färbungen an; im allgemeinen sind sie ekelhaft grün. Sie kommen entweder aus dem Herzen oder bei der Nasenwurzel hervor. Sie bewegen sich in Richtung auf die Person, gegen die wir bewußt oder unterbewußt die entsprechenden Gedanken aussenden, und hängen sich an die Aura jenes Menschen. Manchmal werden solche Elementale so groß und stark wie eine Anakonda, und wenn sie zu uns zurückkehren, spüren wir, wie sich das Herz zusammenzieht.

Habt ihr euch jemals Gedanken darüber gemacht, wie viele solcher Elementale man täglich in die Welt setzt? Könnten die Menschen sehen, welche Gestalt die Elementale annehmen, die sie aussenden, wären sie zu Tode erschreckt. So etwas nennt man gemeinhin den ›bösen Blick‹. Ich sah einmal das Gemälde von einem Mann, der seine Sünden bekannte, und da waren Schlangen abgebildet, die aus seinem Mund hervorquollen. Glaubt nicht, daß das nur die Phantasien des Künstlers waren! Ein Hellsichtiger kann diese Schlangen tatsächlich sehen. Wie oft seht ihr solche Elementale, wenn sie im Schlaf auf euch kommen und euch erschrecken? Sie sind entweder von anderen zu euch geschickt worden – oder sie sind eure eigenen Geschöpfe. Es ist auch möglich, daß ihr sie im Schlaf aus der Fülle der Elementale mitgebracht habt, die sich in der ätherischen Welt aufhalten und bewegen. Elementale von Wunschgedanken haben Gestalt, Macht und eigenes Leben. Sie können Schlangen, Bären und andere Tiere werden. Kinder sehen sie oft im Schlaf und haben dann Alpträume.«

Daskalos erklärte im folgenden, daß wir die Pforten zur Wahrnehmung solcher Elementale verschließen können, indem wir eine geeignete Autosuggestion vornehmen oder vor dem Einschlafen beten. »Wir können auch zur Ruhe finden, indem wir Gedanken der Liebe aussenden, selbst zu jenen, die uns nicht mögen. Indem wir das tun, entwaffnen wir sie. Sie können uns dann keine Elementale mehr schicken, die uns im Schlaf verfolgen.«

»Daskale«, unterbrach ich ihn, »warum sehen Elementale von Haß und Eifersucht ausgerechnet wie Schlangen aus und nicht anders? Ist die äußere Gestalt durch die Wesensart eines Elementals vorgegeben?«

»Elementale von Haß und Eifersucht sehen aus wie Schlangen, weil wir in unserem Kulturkreis diese Art von Assoziationen haben. Es ist an sich nichts Böses an Schlangen, auch (in diesem Zusammenhang) an keinem anderen Tier. Als was uns das Elemental erscheint, hängt von der Sprache des einzelnen ab und von dem Ort, woher er stammt. Elementale sind psychonoetische Energieladungen, die jede Gestalt annehmen können, je nachdem, wer sie erschafft. Ein Hellsichtiger kann sie in der Form sehen, die seinem eigenen assoziativen Hintergrund entspricht.«

»Das heißt also«, fuhr ich fort, »daß ein Hellsichtiger aus einem anderen Kulturkreis die gleichen Elementale, sagen wir, als Kojoten statt als Schlangen wahrnehmen wird?«

»Genau. Aber beide werden die gleiche kausale Verbindung zwischen den projizierten Elementalen und ihren Auswirkungen sehen.«

»Daskale«, fragte ein Mann mittleren Alters, »wie können wir die Macht von Elementalen auflösen und neutralisieren, die wir selbst unbewußt geschaffen haben?«

»Du mußt wissen«, antwortete Daskalos, »daß die Macht und Gestalt von Elementalen sich nicht auflöst, bevor sie nicht die Aufgabe erfüllt haben, für die sie erschaffen worden sind. Aus diesem Grunde müssen wir bereit sein, uns den Folgen unserer Gedanken und Handlungen zu stellen. Ein Elemental wird uns nicht nur in diesem Leben, sondern auch in späteren Inkarnationen rechenschaftspflichtig halten. Deshalb wird der Erzeuger eines Elementals früher oder später den Elementalen gegenüberstehen, die er selbst in die Welt gesetzt hat.

Vielleicht fragt ihr euch, ob wir heute dem Einfluß früherer Gegebenheiten ausweichen können. Ja – vorausgesetzt, daß wir die gleiche Kraft aufwenden wie jene, mit der wir das Elemental ausgestattet haben. Aber wir brauchen Weisheit dazu und den inneren Wunsch, Fehler der Vergangenheit wiedergutzumachen. Wir können der Einwirkung alter Elementale widerstehen, oder wir unterliegen ihr vielleicht – indem wir ähnliche Elementale erzeugen und die alten verstärken.«

»Wie können wir«, fragte jemand, »Elementale des Rauchens oder Trinkens bekämpfen? Heißt das, daß wir Situationen aus dem Weg gehen, wo Menschen rauchen oder trinken?«

»Zuallererst: Ihr dürft solche Elementale nicht bekämpfen. Der

Feind ist unsichtbar, er wird euch gewiß besiegen. Indem ihr euch auf einen Angriffskrieg gegen ein Elemental einlaßt, gebt ihr ihm mehr Energie. Um die Macht eines Elementals zu neutralisieren, ignoriert man es.

Ich will euch ein Beispiel geben: In unserer heutigen Gesellschaft bekommen wir sehr viele Menschen zu sehen, die sich fanatisch über Politik streiten. Politische Kämpfe, die täglich ausgetragen werden, lassen oft Familien auseinanderbrechen. Das sind schreckliche Dinge, die aus Menschen Narren machen. Ich kenne jemanden, der wiederholte Male versucht hat, politischen Streitereien aus dem Wege zu gehen, ohne Erfolg. Irgendwie schaffte er es immer wieder, in politische Streitigkeiten hineingezogen zu werden, bis er vor Wut zitterte. ›Ich halte es nicht mehr aus, sie so reden zu hören‹, gestand er mir.

Seht, das narzißtische Elemental hatte große Macht über ihn. Er wollte angeben, er wollte beweisen, daß er mehr wußte als andere, und er wollte den anderen seine Ansichten aufdrängen. Ich erklärte ihm, daß es sich um eine persönliche Schwäche auf seiner Seite handelte, die er durch Selbstanalyse überwinden könne. Ich gab ihm den Rat, seinen Drang nicht mehr zu bekämpfen, sondern bewußt zu versuchen, sich anders zu verhalten. ›Morgen‹, schlug ich vor, ›wenn du ins Büro gehst und deine Kollegen mit ihren politischen Auseinandersetzungen anfangen, wirst du höchstwahrscheinlich das Verlangen haben, dich daran zu beteiligen. In diesem Moment aber versuche dich daran zu erinnern, daß du vermeiden mußt, die Kontrolle über dich selbst zu verlieren. Das Elemental in dir wird dich drängen, in die Debatte einzugreifen, um dein Wissen und deine Klugheit unter Beweis zu stellen. Höre gut zu, beurteile und wäge ihre Argumente ab, sage aber nichts.‹ – ›Aber ist es nicht besser, einfach zu gehen?‹ fragte er. ›Nein‹, erwiderte ich, ›du wirst überhaupt nichts gewinnen, wenn du nur davonläufst.‹

Natürlich war es schwer für ihn, diese Übung durchzuführen. Zuerst konnte er der Versuchung nicht widerstehen. Aber am Abend überdachte er seine Handlungsweise. Nach drei oder vier

Versuchen konnte er sein Problem meistern. Eines Tages kam er zu mir und dankte mir für meine Hilfe, seine Freunde zurückzugewinnen.
Durch Gleichgültigkeit entzieht ihr dem Elemental die Kraft und neutralisiert es. Entweder löst es sich dann auf, oder es schwebt in die ätherische Welt weiter, wo es von einem anderen mitgenommen werden kann. Wenn wir spirituell weitergelangen, erkennen wir mehr und mehr unsere Verantwortung für das Stolpern unseres Nächsten, das bewirkt wird durch Elementale, die wir in der ätherischen Welt zurückgelassen haben. Versteht ihr jetzt, warum Christus sagte: ›Richtet nicht, auf daß ihr nicht gerichtet werdet‹? Denn ihr werdet gerichtet von eurem eigenen, inneren Selbst. Ihr habt diese Elementale erzeugt ohne Rücksicht darauf, ob ihr den Umstand, der euch zu ihrer Erschaffung führte, überwunden und hinter euch gelassen habt.
Ich flehe euch an: Macht euch keine Sorgen darüber, wie andere euch beurteilen oder über euch denken. Respektiert allein das Urteil eures inneren Selbst. Jemand fragte mich einmal, ob ich Gott fürchte. Ich sagte nein; ich liebe Gott und versuche, seiner Liebe würdig zu sein. Wie, fragte er dann, ist es mit den Menschen, die um dich sind? Nein, antwortete ich, ich bilde mir kein Urteil über sie, und was sie von mir halten, ist mir gleichgültig. Fürchtest du dich denn vor gar nichts? Ich fürchte mich vor mir selbst, weil ich mich selbst nicht täuschen kann. Wenn ich mich hinsetze und meditiere und mich analysiere, fragt mein inneres Selbst: ›Was hast du gesagt? Was hast du getan? Was hättest du tun sollen und hast es nicht getan?‹ Wenn wir anfangen, auf unser inneres Selbst zu lauschen, dann sind wir auf dem richtigen Weg. Wir werden dann keine bösen Elementale mehr erschaffen, die in die ätherischen Bereiche schweben und die Menschen unserer Umgebung quälen. Der Wahrheitsforscher muß an einen Punkt gelangen, wo er keine Elementale aus Wunschgedanken mehr erzeugt, sondern vielmehr Elementale, die bewußt erschaffen und unter seiner vollen Kontrolle sind. Wenn sie ihn verlassen, wird er sie lenken und führen können,

ganz gleich, wie weit entfernt sie sein mögen. Solche Elementale von Gedankenwünschen sind konkreter, effektiver und beständiger. Aus diesem Grunde sind wir für sie auch verantwortlicher. Der wohlmeinende Mensch muß sicher sein, daß das, was er erzeugt, den Segen der höheren Sphären empfängt. Kein Gebet ist je unbeantwortet geblieben – und kein Fluch unbestraft.«

»Was geschieht«, fragte ein Zuhörer, »wenn wir einen guten Gedanken zu jemandem schicken, der dafür nicht empfänglich ist?«

»Wie ich schon früher erklärt habe, gilt das Gesetz, daß jedes Elemental, das wir aussenden, schließlich zu uns zurückkehren wird. Im Falle böser Elementale – seien sie unterbewußt oder bewußt erzeugt – heißt dies, daß sie ihre eigene Strafe mitbringen. Kehren sie zurück, dann sind sie stärker und werden länger leben. Der Mensch, gegen den wir ein böses Elemental richten, wird nur in dem Maße davon betroffen, in dem auch er auf der gleichen Frequenz schwingt wie wir, als wir das Elemental erzeugt haben. Ansonsten wird es auf seine Aura treffen, abprallen und mit dem Siebenfachen seiner ursprünglichen Kraft zu uns zurückkommen. Das sind jene Arten von Elementalen, die ein Wahrheitsforscher lernen muß, *nicht* zu erschaffen. Jesus nannte sie ›stumme und taube Geister‹, die aus dem menschlichen Wesen hervorkommen, keine Ruhe finden und zum einzelnen zurückkehren, wobei sie weitere ihresgleichen mitbringen.

Entsprechend gilt: Wenn wir ein gutes Elemental aussenden, und der Empfänger noch nicht bereit ist, es anzunehmen, prallt es von dessen Aura ab und kehrt zu uns zurück. Aber in diesem Falle wird das Elemental seine Spur in der Aura des anderen hinterlassen. Seine Kraft wird dort bleiben, um jenem Menschen in dem Augenblick Hilfe zu sein, in dem er bereit ist, entsprechende Schwingungen zu erzeugen. Deshalb – das sollt ihr immer wissen – geht Gutes nie verloren. Und wenn ihr jemanden liebt, der es nach eurem Dafürhalten nicht verdient, dann gebt nicht auf und verzweifelt. Schickt ihm weiterhin Elementale von Liebe und Güte. Früher oder später werden sie eine Wirkung bei ihm erzielen, sei es in dieser oder einer späteren Inkarnation. Denkt daran, Christus sagte: ›Liebet eure Feinde.‹ Vergeßt nicht, daß jene, die wir als unsere Feinde betrachten, in Wirklichkeit Menschen sind, die an Unwissenheit leiden. Für uns gibt es das Wort ›Feind‹ nicht. Die Gedankenlosen werden wir nicht unsere Feinde nennen. Ihr sollt wissen: Wenn wir jene lieben, die uns ebenfalls lieben, so ist das verständlich und sehr menschlich. Aber wenn wir jene lieben, die uns hassen, dann ist dies ein göttlicher Zustand. Er erhebt uns geistig. Wenn wir aber jene verletzen, die uns lieben, so ist dies satanisch. Leider gibt es davon in unserer heutigen Zeit viel zuviel.«

»Erzeugt man auch Elementale, während man schläft?« fragte jemand.

»Ja, natürlich. Wenn wir sagen, ein Mensch schläft, so ist es nur sein grobmaterieller Körper, der schläft. Als selbstbewußte Persönlichkeit aber gebraucht er sein Denken für Gefühle und abstrakte Gedanken. Er mischt sie miteinander und erzeugt unterbewußt Elementale, die er auch aussendet. Ich möchte hinzufügen, daß man im Schlaf mehr unter dem Einfluß seiner eigenen Elementale steht als im Wachzustand, wenn einen die Angelegenheiten des täglichen Lebens beschäftigen. Ihr werdet selbst schon festgestellt haben, daß viele Dinge, die ihr ersehnt, die euch aber im Wachzustand gewöhnlich nicht bewußt sind, wieder in Erinnerung kommen, bevor ihr einschlaft oder während ihr schlaft. Wenn man sich in diesen empfänglichen Bewußtseinsstadien befindet, steht man geradezu unter einem Bombardement seines eigenen Selbst, das heißt der Elementale, die man früher erschaffen hat. Aus diesem Grunde muß jeder Wahrheitsforscher unter anderem versprechen, daß er jeden Abend vor dem Einschlafen einige Minuten der Selbstanalyse widmet. Denn genau zu diesem Zeitpunkt beginnt man sich zu öffnen und empfänglich zu werden für seine eigenen Gedanken und Wünsche und Sehnsüchte. Es wird nicht schwierig sein, sie aus dem Erinnerungsteich herauszufischen. Zu diesem Zeitpunkt nämlich ist es einfacher, diese Gedanken und Wünsche zu studieren, kennenzulernen und zu meistern. Indem wir lernen, unser Denken richtig einzusetzen, werden wir entdecken, wer wir wirklich sind, und wir werden unterscheiden zwischen unserem wahren Selbst und den Zuständen, die uns umgeben und versklaven. Jetzt möchte ich, daß ihr euch bequem hinsetzt«, schlug Daskalos vor.

Bewegung ging durch den Raum, als jedermann versuchte, seine Glieder zu entspannen und eine bequeme Position zu finden. Daskalos wollte eine Übung durchführen lassen.

»Schließt jetzt die Augen. Ich möchte, daß ihr euch in Gedanken eine Schlange vorstellt.« Nach einigen Augenblicken der Stille fuhr Daskalos fort. Er sprach langsam und beschwörend. »Haltet die Schlange mit beiden Händen. Sie ist nicht so schrecklich, wie ihr euch vorstellt. Sie ist ein Elemental, das euch gehorchen kann. Stellt euch vor, daß ihr es an Hals und Schwanz festhaltet. Die Schlange bewegt sich. – Da haben wir es«, bemerkte er mit Enttäuschung in der Stimme: »Ihr seid erschrocken! Hätte ich euch gebeten, eine unbelebte, goldene Schlange zu halten, wärt ihr jetzt nicht erschreckt. Aber ihr fürchtet euch, den Atem des Lebens in euren Händen zu halten. Nun gut. Haltet in euren Händen eine goldene Schlange. Das ist einfacher für euch«, bemerkte Daskalos mit leichter Ironie. »Ich möchte, daß jetzt einige unter euch der Schlange Leben verleihen. Sie kann euch weder beißen noch weh tun. Sie ist ein unschuldiges Elemental. Laßt sie auf die Erde hinunter und sagt in Gedanken: ›Keine Schlange wird mich je verletzen können.‹ Ich sage euch, ihr werdet von jetzt an nichts mehr von Schlangen zu fürchten haben. Dieses Elemental wird in jede Schlange eingehen, die vielleicht bereit ist, euch zu verletzen, und wird sie beruhigen. Vergeßt nicht, daß wir selbst dafür verantwortlich sind, wenn wir Tiere zu unseren Feinden machen.«

Daskalos hatte schon bei mehreren Gelegenheiten darüber gesprochen, daß der Mensch sich die anderen Geschöpfe der Erde zu Feinden gemacht hat und daß es eine Zeit gegeben hat, in der Tiere und Menschen in Frieden und Harmonie miteinander lebten. Wenn man ein Tier wirklich liebe, sagte er, dann habe man nichts von ihm zu befürchten, ganz gleich, was für ein Tier es sei. Es ist unsere Feindseligkeit gegenüber den Tieren, die sie uns angreifen läßt.

Daskalos behauptete, sich mit Tieren – auch Schlangen – verständigen zu können. Er erzählte mir einmal, wie eine Schlange auf einem Ölbild lag, an dem er gerade arbeitete. Er nahm etwas Zucker auf seine Zunge, speichelte ihn ein und lud die Schlange ein, sich davon – direkt aus seinem Munde – zu bedienen. Die Schlange nahm die Einladung an und leckte mit ihrer Zunge den Zucker auf. Es gab einen Augenzeugen dieser Begegnung, der fast ohnmächtig geworden sein soll.

Bei einer anderen Gelegenheit – Daskalos war gerade zehn Jahre alt – schlüpfte er in den Käfig eines Zirkuslöwen und spielte mit ihm. Er behauptete, der Löwe habe ihn zuerst eingeladen. Als Erwachsener – er war bereits Großvater – unternahm er bei einem Besuch im Britischen Zoo etwas Ähnliches. Laut Aussage seines Schwagers, der dabei war, kletterte er wie ein übermütiger Bursche in die Löwengrube und spielte mit den Großkatzen. Er legte sogar seinen Kopf in das Maul eines der Löwen. Das tat er unter den entsetzten Blicken der Zoobesucher. Der Zoodirektor war so beeindruckt, daß er Daskalos einen Job anbot.

Wenn wir uns erst einmal dahin entwickelt haben, sagte Daskalos, unser Leben und die Erschaffung mächtiger Elementale unter Kontrolle zu haben, können wir so etwas auch erreichen. Auf diese Weise konnte Daniel in der Löwengrube überleben. Daniel schuf in seinem Denken Elementale zahmer Löwen und projizierte sie in die hungrigen Bestien, die ihn umgaben.

»Nun«, sprach Daskalos weiter, während alle noch die Augen geschlossen hatten, »stellt euch vor, daß ihr in der linken Hand eine schöne Apfelsine haltet. Stellt sie euch so vollkommen wie möglich vor. Ritzt die Orangenschale mit einem Fingernagel der rechten Hand und nehmt den Duft wahr, den die Frucht aus-

strömt. Ihr könnt ihn riechen. Haltet die Apfelsine fest in der Hand, und stellt sie euch ganz echt und so schön wie möglich vor. Jetzt habt ihr das ätherische Modell geschaffen, durch das die Orange materielle Existenz annehmen kann. Bis zur nächsten Unterweisung möchte ich, daß ihr euch in gleicher Weise jeden Tag einen oder auch zwei Gegenstände vorstellt; konzentriert euch jedesmal einige Minuten ausschließlich auf diese Aufgabe. Sammelt all eure Vorstellungskraft ganz auf den Gegenstand, den ihr euch bildet. Macht ihn so vollkommen, wie ihr vermögt. Fangt zunächst mit Dingen wie einer Blüte oder einer Frucht an. Doch dann geht einen Schritt weiter und stellt euch ein lebendiges Wesen – einen Sperling oder eine Taube – vor. Aber ich muß euch warnen. Macht nicht den Fehler eines anderen Schülers, der das Elemental eines Hundes erschuf und es nicht unter Kontrolle halten konnte. Dieser höchst naive Mensch hatte gelernt, wie man starke Elementale schafft, und dieser Narr nahm an, es sei eine gute Idee, einen Hund aus noetischer Materie herzustellen, der sein Haus bewachen würde, ohne daß man ihn zu füttern bräuchte. Vierzig Tage lang gab er durch starke Konzentration ätherische Materie in sein Elemental. Dann kam er an einen Punkt, an dem er es nicht mehr beherrschte. Das Elemental wurde so kräftig, daß die Nachbarn es sogar nachts heulen hören konnten.
Ihr müßt wissen: Wenn ein solches Elemental erschaffen wird, dann bekommt es die Charakteristika dessen, der es erzeugt. Wenn dieser Mensch eine Antipathie gegen irgend jemanden hat, wird das Elemental diesen angreifen. Wenn umgekehrt jemand negative Gedanken oder Gefühle gegen den Schöpfer des Elementals hegt, wird dieses ihn angreifen. Und genau dies ist in jenem Falle passiert. Eines Nachts kam jener Schüler ganz verzweifelt zu mir. ›Rette mich‹, flehte er mich an. Er konnte den Hund nicht mehr unter Kontrolle halten, und dieser fiel sogar seinen Erzeuger an. Mit großer Mühe gelang es mir, das Elemental aufzulösen. Ich hatte keine andere Wahl und mußte den Mann, so leid es mir tat, aus unserem Kreise ausschließen. Ich

nahm ihm sein weißes Gewand ab, um es so auszudrücken. Aber ich nahm ihm nur das Stück Tuch weg. Das weiße Gewand wird immer um ihn sein, um ihn durch alle Zeiten zu schützen.
Ihr müßt euch darüber im klaren sein: Wenn ihr Elementale von Gedankenwünschen erschafft, bearbeitet ihr göttliche Substanz. Ihr hantiert nicht nur mit Lehm. Der Erwerb solcher Kräfte bringt eine sehr große Verantwortung mit sich. Wir sollten experimentieren, aber wir müssen klug genug sein, Elementale aus Gedankenwünschen zu erschaffen, die unserem Mitmenschen helfen und nicht nur unsere egoistischen Vorstellungen erfüllen. Unser Ziel ist es, Psychotherapeuten, Seelenpfleger also, zu werden – nicht etwa Schwarzmagier. Möge die Liebe des Höchsten mit euch sein, in eurem Heim und in der ganzen Welt.«
Nachdem Daskalos seine Unterweisung beendet hatte, unterhielt ich mich noch ein paar Minuten mit Iacovos in der Stoa, während die meisten anderen draußen unter der weintraubenbewachsenen Laube miteinander redeten. Eine Frau mittleren Alters, die Iacovos gut zu kennen schien, kehrte in die Stoa zurück und bat ihn um Hilfe. Sie sollte ins Krankenhaus und operiert werden und fragte sich, ob es möglich sei, dies durch eine Heilbehandlung zu umgehen. Daskalos gab ihr den Rat, sich keine Sorgen zu machen und zur Operation zu gehen. Dann schickte er sie zu Iacovos, daß er ihr beistehe. Ich nehme an, daß es Teil von Daskalos' Methode war, Iacovos das Heilen beizubringen – in ähnlicher Weise, wie ein Chirurg seinem Assistenten gewisse Arbeiten überläßt.
Die Frau erläuterte Iacovos kurz ihr Problem und ihre Angst, auf dem Operationstisch unters Messer zu kommen. Iacovos versuchte, ihre Angst zu zerstreuen, gab ihr Zuspruch und tröstende Worte und bat sie dann, auf einem Stuhl Platz zu nehmen. Dann legte er ihr die Hände auf den Kopf, schloß die Augen und atmete tief. In dieser Haltung blieb er ungefähr fünf Minuten.
»Denke an mich, wenn du die Operation vor dir hast, und ich werde dasein«, sprach Iacovos zu der Frau.

»Was hast du jetzt mit ihr getan?« fragte ich ihn neugierig, nachdem die Frau sich bedankt und sich den anderen draußen vor dem Haus angeschlossen hatte.

»Ich habe einfach ein therapeutisches Elemental erschaffen«, sagte Iacovos zuversichtlich. »Die Patientin wird kurz vor der Operation an mich denken. Wenn sie das tut, wird das Elemental, das ich erzeugt habe, aktiviert und wird genau das tun, was ich tun würde, wenn ich an Ort und Stelle wäre. Ihr Gedanke wird die Verbindung zwischen ihr und mir herstellen. Das Elemental wird die Energie zu seiner Arbeit von meinem ätherischen Doppel beziehen.«

»Was wirst du in diesem Moment dann denken?« fragte ich.

»Vielleicht werde ich eine gewisse Erschöpfung fühlen oder geistesabwesend wirken. Das ist schwer zu erklären.«

»Wie hast du dieses Elemental aufgebaut?« fragte ich weiter, als ich sah, daß die meisten von Daskalos' Schülern bereits gegangen waren.

»Ich habe mir gewisse Eigenschaften der ätherischen Vitalität zunutze gemacht, um ein Elemental zu bilden, das für ihre Situation das richtige sein würde.«

»Heißt das, daß ein therapeutisches Elemental sich von einem anderen unterscheidet?« wollte ich wissen.

»Ja, gewiß. Es unterscheidet sich bezüglich seiner Gestalt und des Wunsches, der es erfüllt.«

»Was genau hast du getan in dem Augenblick, als die Frau dich um Hilfe gebeten hat?«

»Ich schuf eine Kugel von weißblauem Licht, die ich auf ihr ätherisches Doppel projizierte. Diese Lichtkugel wird in dem Augenblick Energie erhalten, wenn die Patientin vor ihrer Operation an mich denkt.«

»Das klingt ja ganz einfach«, bemerkte ich etwas hilflos.

»Es ist nicht so einfach, wie es vielleicht den Anschein hat. Man muß dazu sehr starke Konzentration aufwenden, um ein solches Elemental aufzubauen. Ansonsten würde es sich auflösen.«

»Komm«, meinte ich, »Daskalos wartet auf uns.«

4

Überzeugung aus eigener Erfahrung

Als Zoe, die gute Freundin von Emily, von meinem »Geheimprojekt« erfuhr, hatte sie den starken Wunsch, Daskalos kennenzulernen. Sie war eine intelligente Frau Anfang Dreißig, Schriftstellerin und hatte einmal bei Piaget in der Schweiz studiert. Zoe war durch und durch weltlich und tief durchdrungen vom zeitgenössischen französischen Denken und Leben. Obwohl sie die Möglichkeit einräumte, daß der Mensch verborgene Kräfte besitze, waren ihr die Vorstellungen einer Seele, eines Lebens nach dem Tode und einer Reinkarnation Albernheiten. Der Besuch bei Daskalos geschah mehr aus Neugierde, wie sie zugab, als aus dem inneren Verlangen heraus, einen Meister zu finden.

Ich suchte Daskalos am frühen Abend mit Zoe auf. Emily wollte später nachkommen, zusammen mit Stelios, einem guten Freund meinerseits, und dessen Frau. Unterwegs kam mir Zoe etwas voreingenommen und unsicher vor. Als Kind war sie von Angst erfüllt, wann immer der Name Daskalos von ihren Eltern erwähnt wurde, vertraute sie mir an. Sie wußte, daß ihr Vater mit Daskalos bekannt war, nicht aber, auf welcher Ebene oder in welcher Funktion er ihn kennengelernt hatte. Die Angst, die sie in ihrer Kindheit vor Daskalos hatte, war die Folge einer Geschichte, die im Freundeskreis der Familie die Runde machte. Er habe, hieß es, eine Schere dazu gebracht, sich von selbst zu bewegen, um Freunde zum besten zu halten. Das Kunststück fand mitten in der Nacht statt, als jedermann schlief. Die Schere flog quer durch das Zimmer und blieb im Fußboden stecken. Bei diesen Erinnerungen aus der Kindheit fühlte Zoe sich ungemütlich. Ich versicherte ihr, daß Daskalos' Ruf als furchterregender Zauberer, wie er in manchen Kreisen kursierte, jeglicher Grundlage entbehre. Wenn sie ihn erst einmal kennengelernt habe, sei sie gewiß ganz beruhigt. Sie gab zu, daß ihre Angst völlig irrational war.

Daskalos war besonders freundlich zu Zoe, und nach dem einleitenden Austausch von Höflichkeiten erwähnte er beiläufig, daß ihr Vater, ein prominenter Architekt und früher Minister in der Regierung, jahrelang zum Kreise seiner Schüler gezählt habe. Diese Enthüllung traf sie wie ein Schock. Inzwischen kamen die anderen an, und so saßen wir zu fünft da, voller Vorfreude auf einen bezaubernden Abend, den wir hier erwarteten.

»Daskale«, ergriff ich das Wort, »vor kurzem hatte ich mit Zoe eine Diskussion über das Wesen der Mystik und die Beziehung zwischen Körper und Geist. Sie sagt, daß sie die Möglichkeit paranormaler Phänomene leicht akzeptieren könne, aber die Idee ablehnt, daß Seele und Körper zwei unterschiedliche Realitäten sind. Vielleicht können wir unser Gespräch heute abend an diesem Punkt beginnen.«

Daskalos machte einen sehr leutseligen Eindruck und schien Gefallen an Zoe zu finden. Er hatte mir bei einer anderen Gelegenheit bereits mitgeteilt, daß er über spirituelle Fragen lieber mit gutwilligen, offenen Atheisten diskutierte als mit religiösen Fanatikern. Mit einem kritischen Atheisten, meinte er, könne man sich wenigstens vernünftig austauschen. Mit eingebildeten Fanatikern sei das nicht möglich.

»Weißt du, was Materie ist?« fragte Daskalos zuversichtlich und blickte Zoe tief in die Augen. Ohne auf eine Antwort zu warten, sprach er weiter: »Meinst du, daß die Chemiker mit ihren komplizierten Formeln wissen, was Materie ist? Für uns hier gibt es keine Materie. Es gibt nur Geist.« Zoe stellte einige Fragen in dem Versuch, die Sprache und Begriffe Daskalos' zu verstehen und seine Negation der Existenz von Materie auf die Probe zu stellen.

»Was hast du gegen Materie?« protestierte sie.
»Materie als Herr ist schlecht. Materie als Diener ist ein Segen«, antwortete Daskalos und erläuterte genauer, was er damit meinte.
»Was ist der Sinn der Materie?« fragte Zoe, die ihre anfängliche Zurückhaltung rasch überwunden hatte.
»Ihr Zweck ist es, uns als ewigen Wesenheiten zu ermöglichen, Erfahrungen zu sammeln. Sie ist eine Manifestation des Absoluten, die uns die Möglichkeit gibt, unsere Selbstbewußtheit zu entfalten.« Dann faßte Daskalos seine Ansichten über das Wesen des Seins, des Denkens, über Elementale, den Unterschied zwischen permanenter und derzeitiger Persönlichkeit und so weiter zusammen. Er erklärte, daß Materie nicht sei, was sie scheinbar ist. Wir stellen uns etwas als fest vor, weil wir mit der gleichen Frequenz schwingen wie dieser Gegenstand.
»Ist es möglich«, fuhr Daskalos fort, »eine Stadt ohne Architekten zu bauen? Ist es möglich, ein Haus ohne einen Plan zu bauen?« Nach diesen Fragen dozierte er weiterhin, daß es unveränderliche Gesetze gebe, Ursachen, die auf der höheren noetischen Ebene, im Reich der Urbilder, entstehen. Diese archetypischen Urbilder sind die eigentlichen Ursachen der Phänomene, des im Äußeren Erscheinenden.
»Es fällt mir sehr schwer«, meinte Zoe dazu, »die Vorstellung zu akzeptieren, daß meine Gedanken und Gefühle von einem anderen außer mir selbst wahrgenommen werden können.«
»Viele meiner Schüler stellen mir diese Frage: ›Fühlt, sieht, hört der Absolute so, wie wir fühlen, sehen und hören? Hört Christus uns jetzt zu, wenn wir miteinander sprechen? Weiß er, welche Unterweisung wir gerade jetzt erhalten?‹ Meine Antwort ist ein kategorisches Ja. Er hört und fühlt diese Unterweisung sowohl aus seiner eigenen Sicht als pan-universaler Logos als auch aus der Perspektive eines jeden von uns, wie wir selbst verstehen und empfinden. Und warum? Weil er das Licht ist, das jeden Menschen erleuchtet, der auf die Erde herabkommt. Dieses Licht ist es, das es uns möglich macht, zur selbst-bewußten Intelligenz zu

gelangen. Niemals hat es ein Gespräch zwischen Menschen gegeben, das Er nicht gehört hat. Niemals hat die Intelligenz eines Menschen einen Gedanken oder eine Idee empfangen, die Er nicht weiß. Glaubt mir, es gibt kein Geheimnis, das nicht eines Tages durch das Karma enthüllt wird, weil wir, als Erscheinungsformen des Lebens, unser Dasein nicht in toter Materie haben. Das Universum ist keine unbelebte Maschine. Tote Materie kann kein Leben hervorbringen. Früher oder später wird jeder erkennen, daß wir als menschliche Intelligenzen auf einer gewissen Stufe unserer Entwicklung zugleich auch innerhalb einer Überintelligenz leben. Es wäre töricht anzunehmen, daß der Schöpfer von Augen und Ohren nicht selbst sehen und hören kann. Und es wäre gleichermaßen unvernünftig zu meinen, daß er, der uns die Fähigkeit des Selbstgewahrseins schenkte, seiner selbst nicht gewahr ist.«

Wir lauschten aufmerksam dem weiteren Gespräch zwischen Daskalos und Zoe. Diese hatte ihre anfänglichen Bedenken hinter sich gelassen und stellte Daskalos nun ihre Fragen wie ein guter Forscher. Es hatte den Anschein, daß die ganze Unterweisung in erster Linie für sie bestimmt sei.

»Welche Beweise«, fragte sie, »hast du dafür, eine Seele zu besitzen, und woher willst du wissen, daß die Welt, die du uns beschrieben hast, real ist und nicht eine Illusion oder Halluzination?«

Zoes Frage entsprach offensichtlich der Art, die Daskalos erwartet hatte und die nach einer ausführlichen Antwort verlangte. Ich war sicher, daß Daskalos nicht zum ersten Male solche Fragen gestellt wurden.

»Vielleicht«, antwortete Daskalos lächelnd, nachdem er es sich in seinem Sessel bequem gemacht hatte, »ist die beste Erwiderung auf deine Frage, daß ich einige eigene Erfahrungen schildere. Einmal war ich auf dem Schiff nach Griechenland unterwegs. Es regnete sehr stark, und ich ging in meine Kabine, um mich hinzulegen. Dann kam ich aus meinem Körper heraus. Ich breitete mich über das ganze Schiff aus. Ich sah alles, was auf dem Schiff

geschah. Ich sah, was in der Kajüte des Kapitäns vor sich ging, ich sah in die Küche, in den Speisesaal, auf das Deck. Dann stieg ich weiter hinauf und breitete mich über einen größeren Bereich. Ich sah Seemöwen, die dem Schiff folgten. Ich drang in die Tiefe vor und beobachtete das Leben unter Wasser. Ich schmeckte die Salzigkeit des Meerwassers. Ich war eins mit dem Schiff. Ich ging weiter und höher hinauf und erblickte vor mir eine Insel. Die kleinsten Einzelheiten auf jener Insel konnte ich sehen, kleine Bäche, Kaninchen, die über die Hügel huschten, die Bäume dort. Das Schiff sah von dort oben aus wie eine winzige Streichholzschachtel. Stell dir vor, das Schiff wäre untergegangen und alle Passagiere ertrunken – was wäre mir passiert? Nichts. Ich hätte überhaupt nichts davon gespürt. Das ist es, was Christus wirklich meinte, als er sagte, daß jene, die ihm nachfolgen, den Tod nicht kosten. Christus pflegte seine Jünger mit in die Olivenhaine zu nehmen, wo sie Übungen durchführten und auch Erfahrungen in Eksomatose sammelten.
Als ich in meinen Körper zurückgekehrt war«, fuhr Daskalos fort, »trat ich aus meiner Kabine heraus und ging auf Deck. Der Regen hatte wieder aufgehört, und die Sonne war herausgekommen. Der Kapitän, ein Athener, stand an Deck und blickte zum Horizont. Ich fragte ihn, ob wir eine kleine Insel vor uns hätten. ›Ja, Daskale‹, antwortete er, ›da ist eine kleine Insel, ein paar Meilen voraus. Hast du sie gesehen?‹ – ›Woher kennst du meinen Namen?‹ fragte ich ihn. Er sagte, sein Bruder sei einer meiner Schüler, und er habe zufällig einige hektographierte Bände meiner Vorträge in seiner Kabine liegen. Später, als wir an der Insel vorüberkamen, erkannte ich, daß es genau das gleiche Eiland war, das ich schon in der Eksomatose gesehen hatte.« Daskalos hielt inne, blickte Zoe an und fragte sie: »Nun, sag mir: Ist das Halluzination oder echtes Erlebnis, eigene Erfahrung, die die Realität meiner Welt bestätigt?«

»In diesem Fall«, bemerkte Stelios aus der Ecke, »konntest du dein Erlebnis bezeugen, weil das, was du gesehen hast, sich auf der materiellen Ebene befindet. Wie aber bezeugst du Erlebnisse, die nicht von dieser Welt sind und zu denen das Bewußtsein gewöhnlicher Sterblicher keinen Zugang hat?«

»Man kann auch überprüfen, was man auf der psychonoetischen Ebene erlebt.«

»Können zwei Menschen in der psychischen Dimension identische Erlebnisse haben und damit einander bestätigen? Können sie die gleichen Dinge sehen?« fragte Stelios wieder.

»Sie könnten die gleichen Dinge verschieden sehen. Nehmen wir an, ich bäte zehn Menschen, eine Landschaft zu betrachten und danach zu beschreiben, was sie gesehen haben. Meinst du, daß alle zehn die gleiche Landschaft in der gleichen Weise beschreiben würden? Oder werden sie nicht vielmehr betrachten und bemerken, was ihr jeweiliges Interesse anzieht? Sie werden die Landschaft sehen. Aber sie werden sie nicht übereinstimmend schildern, wenn sie nicht identische Interessen haben. Wenn zwei Wahrheitsforscher sich mit den gleichen Intentionen auf einer psychischen Zwischenebene befinden, sehen und beobachten sie in jeder Einzelheit die gleiche Landschaft. Auf diese Weise bestätigen wir die Echtheit unserer psychischen Erlebnisse, die durch die fünf Sinne nicht verifizierbar sind.«

Dann wandte sich Daskalos Zoe zu und erzählte von einem weiteren psychischen Erlebnis, das er einst hatte: »Rund sechs Kilometer von Strovolos ist ein Hof, der einem Freund von mir gehört. Er lud mich einmal ein, das Wochenende mit seiner Familie zu verbringen, und bot an, mich mit dem Wagen abzuholen. Ich zog es vor, zu Fuß zu seinem Haus zu gehen. Am nächsten Tag, kurz vor dem Aufwachen am Morgen, ging ich aus mir heraus und überblickte das Gelände zwischen meinem Haus und dem Hof meines Freundes. Ich bemerkte, daß auf der Straße vor seinem Hof zwei Schlangen miteinander kämpften. Ich sah eine große Schlange, die eine kleinere jagte. Sie bekam sie am Schwanz zu fassen, biß sie und schlang sie langsam in sich hinein. Dann versuchte sie, die Straße zu überqueren, aber in demselben Augenblick kam ein Auto aus Richtung Tseri, überfuhr sie und brach der Schlange das Genick. Ich sah, wie sie sich noch

krampfartig hin und her wand und sich mit letzter Kraft in den Straßengraben hinüberschleppte.
Dann wachte ich auf, zog mich an und machte mich auf den Weg zu der Farm. Ich brauchte ungefähr eine Stunde, bis ich zu der Stelle kam, wo ich den Kampf der beiden Schlangen beobachtet hatte. Als ich näher kam, sah ich, daß auf der Straße ein Auto anhielt und vier Personen ausstiegen. Ich lachte. Ich dachte mir, daß sie wohl die tote Schlange am Straßenrand gesehen hatten. ›Schaut ihr euch die schwarze Schlange an?‹ rief ich ihnen entgegen, als ich näher kam. Einer von ihnen drehte sich um und blickte mich erstaunt an. ›Woher weißt du, daß es eine schwarze Schlange ist?‹ fragte er. ›Nun, um genau zu sein‹, erwiderte ich, ›im Innern der schwarzen Schlange befindet sich noch eine gelbe.‹ ›*Was* sagst du da?‹ fragte der Bursche ungläubig. ›Ich sagte, daß in dieser schwarzen Schlange noch eine gelbe steckt.‹ Schau«, fuhr Daskalos fort, »ich war damals noch naiv und sprach offen über meine Erlebnisse. Heute gebe ich zu: Es war ein Fehler.
Ich schilderte ihnen im Detail, was passiert war, daß ein Wagen die Schlange überfahren und ihr das Genick gebrochen hat, wie sie sich mit letzter Kraft in den Straßengraben geschleppt hat und so weiter. Da nahm der Mann plötzlich ein Taschenmesser, trat auf den Kopf der Schlange und schlitzte ihr den Leib auf. Darin fand er die gelbe Schlange. Entsetzt blickte er mich an. ›Bist du Spyros Sathi?‹ stammelte er. ›Ja‹, bestätigte ich und nickte. ›Dann heben Sie sich hinfort von hier. Sie sind der Teufel‹, rief er und deutete mit dem Finger auf mich. ›Warum, mein Herr, meinen Sie, daß ich der Teufel bin?‹ protestierte ich. ›Woher haben Sie gewußt, daß eine gelbe Schlange in der schwarzen war?‹ fragte er mit zitternder Stimme. Hätte ich ihm erklären können, woher ich es wußte?« fragte Daskalos und klang recht resigniert. »Meint ihr, er hätte es verstehen können? Ich antwortete ihm jedenfalls: ›Es schien mir so.‹ Aber er erwiderte: ›Es schien Ihnen nicht so – Sie *sind* der Teufel‹, und fing an, sich zu bekreuzigen. Später erfuhr ich, daß er zu den Priestern gegangen

sei und ihnen verkündet habe, er sei Satan begegnet; dann erzählte er ihnen die Geschichte mit den Schlangen.

Man muß sehr vorsichtig mit diesen Dingen sein. Doch zugleich sind diese gerade die Erlebnisse, die meine unerschütterliche Überzeugung von der Realität meiner Welt begründen. Versteht ihr jetzt? Ich habe dauernd Erlebnisse ähnlicher Art, die mir beweisen, daß die Welt, in der ich lebe, weder eine Halluzination noch eine Illusion ist.

Vor längerer Zeit«, fuhr er fort, »borgte sich ein dummer Narr mein Fernglas und verlor es auf einer Tour hoch in die Troodos-Berge. Er hängte es an eine Pinie, vergaß aber, an welche, und ließ es dort hängen. Er stieg in sein Auto, kam nach Nikosia zurück und hatte die Dreistigkeit, mir zu verkünden: ›Weißt du, Daskale, dein Fernrohr ist weg, es ist einfach fortgeflogen.‹ – ›Was meinst du mit fortgeflogen?‹ fragte ich ihn ärgerlich. ›Nun, ich weiß einfach nicht mehr, wo ich es hingetan habe.‹ – ›Was heißt, du weißt es nicht?‹ erwiderte ich aufgeregt. ›Das ist ein starkes und teures Fernglas, wie man es heutzutage nicht mehr bekommt.‹ – ›Aber was soll ich tun, Daskale? Ich habe es einfach verloren.‹ – ›Dann mußt du zurückgehen und es wiederfinden‹, befahl ich ihm. ›Wie soll ich das schaffen?‹ – ›Warte einen Moment‹, sagte ich. ›Laß mich herausfinden, wo es ist, und dann gehst du hin und holst es. Wo bist du gewesen?‹ fragte ich ihn. ›Oh, wir waren an den verschiedensten Orten: Troodidissa, Platres, überall in den Bergen. Wir gingen ...‹ – ›Einen Augenblick‹, unterbrach ich ihn, ›ich kann mich auf mein Fernglas einstellen, weil es von meiner Aura umgeben ist.‹ Ich schloß die Augen. ›Bist du an dieser und jener Straße vorbeigekommen?‹ fragte ich ihn. ›Ja.‹ – ›Bist du auf den Hügel hinaufgestiegen?‹ – ›Ja‹, bestätigte er zögernd, ›... und ich hatte nicht einmal Papier dabei ... Ich bin dort hinaufgegangen, um ... das ... zu tun, und ...‹« Daskalos brüllte vor Lachen und erzählte seine Geschichte weiter.

»›Ich ging‹, sagte er, ›hinter den Hügel, damit die anderen mich nicht sehen, während ich mich erleichterte. Bitte sage mir nicht noch weitere Einzelheiten‹, bat er. ›Sage nicht, daß ich mich mit Steinen abgeputzt habe.‹ – ›Das ist mir egal‹, bemerkte ich, ›wie du dir den Arsch abgeputzt hast. Was mich interessiert, ist mein Fernglas, das du dort hast hängen lassen, an jener Pinie. Du gehst jetzt dorthin zurück und holst es her.‹ – ›Bist du sicher? Gut, dann werde ich gehen‹, versprach er. Er stieg in sein Auto, fuhr die hundertfünfzig Kilometer in die Berge, ging den Hügel hinauf und fand mein Fernglas dort am Baume hängen; er brachte es mir noch am selben Tage wieder zurück. ›So ein Mist‹, schimpfte er, ›ich hatte ganz vergessen, daß ich es dort hingehängt hatte.‹«

Daskalos unterbrach seine Erzählung und flüsterte, daß solche Phänomene jetzt nicht mehr erlaubt seien. Früher, gab er zu, seien ihm solche Geschichten häufiger entschlüpft und hätten sehr viele Schwierigkeiten nach sich gezogen, insbesondere mit der Kirche.

»Wie aber könnte ich davon nicht überzeugt sein?« fuhr er dann fort. »Das ist mein Leben, meine alltägliche Wirklichkeit. Wie kann jemand, der nicht ähnliche Erlebnisse kennt, mich davon überzeugen, daß meine Welt, meine Realität illusorisch ist? Jedermann hat die Voraussetzungen, solche Erlebnisse kennenzulernen.«

»In der Wissenschaft, Daskale«, sagte ich, nachdem einige Augenblicke nicht gesprochen worden war, »kann ein Wissenschaftler die Forschungsergebnisse und Beobachtungen eines anderen überprüfen...«

Daskalos verstand, was ich sagen wollte, und beantwortete meine Frage, bevor ich meinen Satz beenden konnte.

»Man kann diese Erlebnisse auch überprüfen. Wäre es nicht so, könnte man es nicht glauben. Ich spreche von psychischen Ebenen und Zwischenebenen. Ich bin nicht der einzige, der über diese Bereiche spricht. Andere sehen und erleben die gleichen Dinge wie ich. Was ich hier tue, tun auch andere. Vielleicht erinnern sie sich nicht an alle Einzelheiten, aber sie erinnern sich an einen großen Teil. Kannst du mir folgen? Denke nur an Marios,

meinen dreijährigen Enkelsohn. Als er zwei Jahre alt war, wollte er mich bei der Eksomatose begleiten.«
»Hat das Kind selbst darum gebeten?« wollte ich wissen.
»Ja, das tat er«, antwortete Daskalos und sprach weiter. »Ich redete gerade mit Theophanis und dem Bürgermeister von Paphos. Marios war auch dabei. Er war unruhig. Ich bat die anderen zu warten, während ich ihn auf einen ›Spaziergang‹ mitnahm. Sie verstanden, was ich meinte. Sie wußten um diese Dinge. ›Komm, mein Lieber‹, sagte ich zu Marios. ›Komm heraus, und ich werde dich begleiten.‹ Er schloß die Augen und begann tief zu atmen, während ich weiterhin mit den anderen Männern sprach. In der Zwischenzeit kam er wieder zurück. ›Großvater‹, sagte er, ›komm doch, ich warte auf dich. Wann kommst du selbst heraus? Komm, komm!‹ forderte er mich auf. ›In Ordnung, mein Liebling. Geh zurück, und ich komme sofort mit.‹ Ich sah, wie er seinen Körper verließ und sich genau vor mich stellte und wartete. Ich entschuldigte mich und legte mich auf eine Couch. Ich stieg aus meinem Körper aus und schloß mich Marios an. Wie der Blitz gingen wir zur Südwestküste in der Nähe von Limassol, in die Gegend zwischen der Stadt und den britischen Militäranlagen. Da sind einige gewaltige Klippen zum Meer hinaus. Marios liebte diese Umgebung. Er genoß es, auf der Seeseite zu stehen und das Land und die Felsen vor sich zu haben. Als wir dort umherschlenderten, sahen wir eine große Schlange zum Rand des Felsvorsprungs hinkriechen. Die Schlange sah uns. Tiere sind nämlich hellsichtig, müßt ihr wissen. Mein Enkel ging auf die Schlange zu und spielte mit ihr. Er stellte sich vor ihr auf und versuchte sie daran zu hindern, weiter auf den Abgrund zuzukriechen. Die Schlange hob den Kopf und fing an zu zischen.«
Daskalos ahmte wie ein guter Schauspieler die Schlange nach und erzählte dann weiter.
»Ich stand da, sah zu und lachte. Marios fuhr mit der Hand seines Ätherleibes durch den Körper der Schlange hindurch, doch diese zischte weiter. ›Komm, mein Kleiner‹, sprach ich zu ihm, ›wir müssen wieder zurück, denn wir haben Besuch.‹ Ich wachte

als erster wieder auf, lachte und erzählte den beiden Männern mein Erlebnis, während Marios sich noch außerhalb seines Körpers befand. Nach wenigen Minuten kam auch er wieder in den Wachzustand zurück. Theophanis fragte ihn sofort: ›Wo bist du gewesen, mein Lieber?‹ ›Am Meer, wo die großen Felsen sind‹, antwortete er. ›Und was hast du dort gesehen?‹ fragte Theophanis weiter. ›Wir haben Herrn Schlange dort gesehen. Er stand auf und sagte ssssss...‹« Daskalos ahmte nach, wie der kleine Marios das Verhalten der Schlange beschrieben hatte. Dann lehnte er sich zurück und blickte Zoe an.

»Nun«, fragte er, »ist das nicht ein Beweis für mich? Ist das nicht eine Bestätigung der Wirklichkeit meiner Erlebnisse? Du könntest nun fragen: ›Erinnern sich alle, die die Fähigkeit zur bewußten Eksomatose besitzen, ihrer Erlebnisse?‹ Meine Antwort darauf würde lauten: manche weitgehend, manche nur wenig. Um sich an seine Erlebnisse während der Eksomatose ganz zu erinnern, braucht man sehr viel Übung. Dann erreicht man aber eine Stufe, auf der man es vollständig unter Kontrolle hat.«

»Wie fängt man es an, solche Fähigkeiten zu entwickeln?« fragte Stelios.

»Durch gewisse Meditationsübungen.«

»Warum sind diese nötig?« fragte Stelios weiter.

»Sag mir mal eins«, erwiderte Daskalos nicht ohne Ironie: »Kann man Geige spielen, ohne zu üben? Genau das gleiche ist es mit der Entwicklung von psychonoetischen Kräften.«

»Ist es denn nicht möglich, mit solchen Kräften auf die Welt zu kommen?«

»Doch. Aber irgendwie mußt du diese Kräfte entwickelt haben, irgendwann früher. Wenn du mit solchen Fähigkeiten geboren wirst, so bedeutet dies, daß du sie aus früheren Leben mitgebracht hast.«

»Wie sollte man anfangen, sie zu entwickeln?« fragte Zoe.

»Mit Konzentration«, antwortete Daskalos bedächtig und mit Nachdruck. »Laß mich dir eine Frage stellen: Auf wie viele Dinge konzentrierst du dich in deinem Alltagsleben mit voller

Aufmerksamkeit? – Auf sehr wenige. Wenn du dich in der Konzentration übst, wirst du viel mehr in deinem Leben wahrnehmen. Zuerst nimmst du dir jeden Tag eine Viertelstunde. Während dieser Zeit kannst du einen Spaziergang machen und wirst ganz bewußt und mit allen Sinnen alles wahrnehmen in deiner Umgebung. Nichts sollte deiner Aufmerksamkeit entgehen, nichts. Vielleicht wird dich diese Übung am Anfang ermüden, weil du es nicht gewöhnt bist, alles, was dich umgibt, zu beachten – die Ameise, die Blumen, die Geräusche und Stimmen. Du nimmst alles wahr, du spürst alles. Wenn du mit dieser Übung anfängst, wirst du lernen und erfahren, daß das Leben während dieser Viertelstunde viel reicher, intensiver, lebendiger ist als zu jeder anderen Zeit deines Tages. Du wirst entdecken, daß dein Bewußtsein der Welt sich weiten wird zum Zehnfachen, während dieser täglichen fünfzehn Minuten. Gewöhnlich behältst du nicht mehr als einen Bruchteil der Eindrücke in Erinnerung, die im Laufe eines Tages in der grobstofflichen Welt auf dich einstürmen. Wieviel erwartest du also von Erlebnissen in der psychischen Welt mitzubringen und dich zu erinnern? Also muß man mit dem Üben auf der grobstofflichen Ebene anfangen und dann zur psychischen Ebene weitergehen. Das ist eine Sache der Übung. Verstehst du jetzt? Heutzutage weiß der Mensch nicht, wie er leben, wie er sich konzentrieren, wie er sich entfalten soll in den Reichen der Schöpfung. Würdest du einen, der weiß, wie er sich konzentrieren kann, als den anderen überlegen bezeichnen? Nein. Ich halte ihn für kein bißchen geschickter als einen Menschen, der Paganini auf der Geige oder Beethoven auf dem Klavier spielt. Das ist eine Frage der Ausbildung und der Übung. Das ›Ich bin ich‹ dessen, der in Unwissenheit lebt, unterscheidet sich nicht von dem eines Mystikers. Versteht ihr, was ich damit sagen will? Die Frage ist nicht, das ›Ich‹ zu entdecken, sondern ihm Ausdruck zu geben. Das ist das Ziel der Wahrheitsforschung: herauszufinden, wer man ist, und sich so Ausdruck geben, wie man es tun sollte. Ich kann dir sagen, du wirst feststellen, daß du weder größer noch kleiner wirst. Der Bereich deiner

Vision, das Empfangen von Eindrücken mag wachsen, aber du bist du, so wie du immer gewesen bist.«
Als Daskalos diesen Satz beendete, klingelte das Telefon. Er ging die Stufen hinauf, und wir hörten, wie er ziemlich lautstark ein Gespräch führte. Es hatte den Anschein eines Ferngespräches; vermutlich kam der Anruf aus Athen. Als er nach zehn Minuten zurückkehrte, sah er ernst aus. Er erklärte, daß eine Frau in Athen herausfinden wollte, wer aus ihrem Haus 40000 Drachmen gestohlen hatte. Daskalos sagte, er könne es ihr nicht sagen. Es sei nicht angebracht, etwas zu sagen, und er habe auch nicht das Recht »nachzusehen«. »Aber ohne daß ich bewußt versuchte, etwas zu sehen, sah ich es. Wie konnte ich der Frau aber sagen, daß es ihr siebzehnjähriger Sohn und ihr Mann waren, die das Geld gestohlen haben? Ich sagte nur, daß es kein Fremder war.«
Nach dieser kurzen Unterbrechung fragte Zoe nach Daskalos' berühmten Kräften. Besonders wollte sie wissen, was genau im Falle der fliegenden Schere passiert sei, der ihr in ihrer Kindheit soviel Angst gemacht hatte. Daskalos brach in Gelächter aus und wunderte sich, daß sie sich an die Geschichte überhaupt noch erinnerte. Ohne zu zögern und als ob er diese Begebenheit erst kürzlich erlebt hätte, erzählte Daskalos bereitwillig, was geschehen war.
»Ein junger Arzt aus Famagusta kam eines Tages zu mir und sagte, daß er eine Schneiderschere verloren habe. Er hatte sie monatelang vergeblich gesucht. Die Schere war ihm sehr kostbar, weil sie das einzige Erbstück von seinem verstorbenen Vater war, der als Schneider gearbeitet hatte. Der Arzt hatte seine Schwester im Verdacht, die jedoch ihre Unschuld beteuerte. Verschiedene Male schon hatte er mit seiner Schwester deshalb gestritten, und harte Worte waren gewechselt worden. Er sagte, er habe seit fünf Monaten mit seiner Schwester kein Wort mehr gesprochen. Seine Frau blieb bei diesem Streit neutral, hatte aber auch den Verdacht, daß ihre Schwägerin die Schere gestohlen hatte, während ihr Mann betrunken war.

Er bat mich, ihm zu helfen, die Schere wiederzufinden. Zunächst lehnte ich ab und schickte ihn wieder fort. Ich dachte, daß dieses Problem unsinnig sei und man seine Kräfte für solche Dinge nicht mißbrauchen sollte. Aber nachdem er gegangen war, dachte ich noch einmal über die Sache nach. Mir wurde klar, daß es hier ja nicht um eine Schere ging, sondern um den Streit zwischen zwei Menschen, Bruder und Schwester. Als ich zu Bett ging, bewegte mich diese Angelegenheit immer noch. Ich schloß die Augen und sah oben in einem Wandschrank, unter einer zusammengelegten Wolldecke, die gesuchte Schere. Er muß sie dort hingelegt und sie dann vergessen haben. Wenige Minuten später klingelte das Telefon. Er fragte mich, ob ich es mir noch einmal überlegt hätte. Alles, was er wissen wollte, war, ob seine Schwester die Schere gestohlen hätte oder nicht. ›Und sag nicht, daß sie es nicht war‹, warnte er mich, ›denn sonst wäre die Schere ja im Haus.‹ ›Sie *ist* im Haus‹, teilte ich ihm mit, ohne aber den genauen Platz anzugeben. Ich riet ihm, zu Bett zu gehen, er werde es bald erfahren. Dann verließ ich meinen Körper und begab mich in seine Wohnung, gut 60 km entfernt. Ich gedachte, eine Hand zu materialisieren, damit die Schere unter der Wolldecke hervorzuziehen und sie auf den Fußboden zu stoßen.«

»Warum hattest du ihm nicht einfach gesagt, wohin er die Schere verlegt hatte?« fragte ich.

»Ich wollte einen Versuch machen, mir einen Spaß erlauben. Aber ich machte einen Fehler. Der Wandschrank war in einem Zimmer, die Betten in einem anderen. Beide Zimmer waren durch eine Tür miteinander verbunden, die offenstand. Der Abstand zwischen dem Schrank und den Betten war rund fünf Meter. Der Fußboden war aus Holz. Ich materialisierte also eine Hand, zog die Schere unter der Decke hervor und ließ sie auf den Fußboden fallen. Ich dachte, sie werde vor dem Schrank aufschlagen. Aber ich war damals noch unerfahren und hatte die Kraft falsch eingeschätzt, die ich von der einen in die andere Dimension übertragen mußte. Die Schere öffnete sich, flog ins Nachbarzimmer hinüber und blieb wie ein Wurfmesser in den

Bodendielen neben dem Bett stecken. Das Geräusch weckte den Schlafenden auf. Die Schere steckte nur einen Meter neben ihm im Fußboden. Ich hätte ihn umbringen können. Er regte sich sehr auf, zog die Schere aus dem Brett und rief mich an. Es war halb zwölf Uhr nachts. ›Daskale‹, rief er, ›du hast mich um ein Haar getötet. Wo hast du die Schere gefunden, und warum hast du sie so nahe neben mich geworfen?‹ Ich erklärte ihm, was geschehen war, aber er glaubte mir nicht. Er stieg in sein Auto und kam mit der Schere nach Nikosia. Er bestand darauf, daß seine Schwester eine Diebin sei und daß ich die Schere aus ihrem Haus dematerialisiert, sie in sein Haus praktiziert und dort, neben seinem Bett, wieder sichtbar materialisiert hätte. Es brauchte einige Zeit, bis er verstand, was tatsächlich geschehen war.«

Solche Phänomene würden jetzt nicht mehr zugelassen, wiederholte Daskalos. Die Kraft solle nur für das Heilen eingesetzt werden. Wenn man »Materialisation« einsetzt, um Gegenstände fortzubewegen, müsse man äußerst vorsichtig sein. Die Intensität der eingesetzten Kraft könne zehnmal so stark sein, wie wenn man seine materiellen Hände gebraucht.

»Warum ist das so?« fragte ich.

»Ich weiß nicht. Das kannst du auch bei Séancen sehen. Schwere Gegenstände werden allein durch die Konzentration mehrerer Anwesender bewegt.«

Zoe hatte Daskalos aufmerksam zugehört. Sie schien fasziniert zu versuchen, seine Berichte einzuordnen. Aber als wollte sie sich selbst rückversichern, murmelte sie, daß in ihren Augen die Realität noch immer in der Materie beruhe.

»Das ist das einzige, von dem ich weiß, daß es existiert. Das kann ich spüren, berühren, sehen und riechen.«

»Da haben wir es wieder«, meinte Daskalos lachend. »Du denkst, um zu existieren, muß man essen, trinken und aufs Klo gehen. Es gibt doch nichts Irreführenderes als die fünf Sinne!«

»Ich bin mir noch nicht ganz im klaren über die Beziehung zwischen der Seele, der permanenten Persönlichkeit und der derzeitigen Persönlichkeit«, bemerkte Zoe.

»Die Seele«, erklärte Daskalos, »ist der Teil von uns, der rein ist und ungetrübt durch irdische Erfahrungen. Die Seele steht jenseits des Urbildes des Menschen, höher als alle Manifestation. Sie wurde nie geboren, und sie wird niemals sterben. Sie ist der Teil von uns, der qualitativ dem Absoluten gleich ist. Wenn das Absolute das Meer ist, dann sind wir, als Seelen, Tropfen in diesem Ozean. Qualitativ sind wir das Meer. Die Seele ist unser göttlicher Wesenskern, unwandelbar und ewig.

Die permanente Persönlichkeit ist jener Teil von uns, in dem die Erfahrungen unserer Inkarnationen aufgezeichnet und von einer Verkörperung, von einem Leben ins nächste weitergetragen werden.

Die derzeitige Persönlichkeit besteht aus dem noetischen, dem psychischen und dem grobstofflichen Körper. Sie ist, was man gemeinhin als seine Persönlichkeit bezeichnet. Die derzeitige Persönlichkeit ist der niederste Ausdruck unseres Wesens, der sich ständig weiterentwickelt und sich dem Ziel entgegenbewegt, eins zu werden mit der permanenten Persönlichkeit.

Stellen wir uns einmal vor«, meinte Daskalos, »daß die permanente Persönlichkeit ein großer Kreis ist. Stellen wir uns außen um ihn herum einen weiteren Kreis vor, ohne Berührungspunkte. Diesen nennen wir die Seele; sie ist in Gott, in der Unendlichkeit und Grenzenlosigkeit. Sie ist immer rein und makellos. Aber da ist noch ein weiterer, kleiner Kreis im Innern des ersten Kreises, ich nenne ihn die derzeitige, selbstbewußte Persönlichkeit. Alle drei Kreise haben das gleiche Zentrum.

Wenn der kleine Kreis sich ausdehnt, nimmt der Abstand zwischen dem kleinen Kreis und dem größeren Kreis ab, bis die beiden eins werden; der kleine Kreis ist im größeren aufgegangen. Das Maß, in welchem sich der kleine Kreis und der größere Kreis berühren, ist der Grad unserer Vollkommenheit. Das Zentrum der derzeitigen und der permanenten Persönlichkeit – und auch der selbstbewußten Seele – ist dasselbe. ›Ich bin‹, sagt die derzeitige Persönlichkeit. ›Ich bin‹, sagt die permanente Persönlichkeit. Wenn du sie beide fragst, wer von ihnen ›Ich bin‹ sagt, dann wirst du *eine* Stimme hören: ›Ich‹. Aber welches ›Ich‹? Es ist dieselbe Stimme, eins mit ihrem Echo. In Wirklichkeit ist es die Selbstbewußtheit in ihrer Gesamtheit, die ›Ich bin‹ sagt. Und es sind die Erlebnisse in der Grobstofflichkeit, die die Trennung der beiden Zustände in unserem Selbst herbeiführten.

Je mehr die derzeitige selbstbewußte Persönlichkeit sich als Kreis ausdehnt, desto mehr wird sie von der permanenten Persönlichkeit durchdrungen. Je höher du dich auf dem geistigen Wege entwickelst, desto größer werden der Einfluß und die Kontrolle des inneren Selbst über die gegenwärtige Persönlichkeit. Wir sagen beispielsweise so leichthin, daß der eine Mensch ein Gewissen habe, der andere aber gewissenlos sei. In Wirklichkeit gibt es keinen Menschen, der nicht ein Zentrum, eine Mitte hätte. Der Grad des Gewissens im einzelnen hängt davon ab, wie weit die derzeitige Persönlichkeit sich innerhalb der permanenten Persönlichkeit ausgedehnt und entfaltet hat.«

Es war schon spät geworden. Daskalos war jedoch hellwach und lebendig, er bewegte sich in seinem Element. Diskussionen wie diese schienen ihn mit Energie aufzuladen. Ich habe ihn des öfteren in einer solchen Situation beobachtet: Mit Beginn eines Gespräches lebte er auf. Er konnte am Ende eines harten, arbeitsreichen Tages erschöpft aussehen, aber sobald eine Diskussion über metaphysische Fragen begann, war er buchstäblich wie verwandelt.

Wir erhoben uns, um nach Hause zu fahren, aber mein Freund Stelios fragte noch, ob man durch seine Gedanken alles erschaffen könne, was man wünscht.

»Ja«, sagte Daskalos, »vorausgesetzt, daß du dich innerhalb des Bereiches des Möglichen und des zu Ermöglichenden bewegst. Ein Yogi kann vielleicht den Samen eines Apfelsinenbaumes einpflanzen und durch Gebete und Meditationen erreichen, daß die Pflanze viel schneller wächst als normal. Aber er kann keinen Orangenkern einpflanzen und mit seinen Gedanken dafür sorgen, daß daraus ein Eukalyptusbaum wächst. Man kann außerhalb der Welt der Ideen, Gesetze und Ursachen nichts bewirken.

– Aber etwas anderes ist möglich. Du könntest zuerst die Anlagen im Kern eines Samens beeinflussen und verändern, den Apfelsinenkern also in einen Eukalyptussamen verwandeln, ihn dann einpflanzen und zu einem Eukalyptus heranwachsen lassen. Das ist etwas anderes. Das ist im Bereich des Möglichen und zu Ermöglichenden.«

»Ich habe noch eine letzte Frage«, bemerkte mein wissensdurstiger Freund, als wir anderen schon zum Wagen hinausgehen wollten: »Was ist der Zweck von Meditation und Übungen?«

»Das unmittelbare Ziel ist die Entwicklung deiner psychonoetischen Kräfte, so daß du deinen Mitmenschen zu Diensten sein kannst. Die Fähigkeit zur Eksomatose ist ein Mittel der Psychotherapie, nicht bloßer Selbstzweck. Das letzte Ziel schließlich ist, zu erkennen, wer du bist, eins mit Gott zu werden, göttlich zu werden. Das nennen wir Theose. Wir sind Götter«, sagte Daskalos, »aber wir sind uns dessen nicht bewußt. Wir leiden unter selbstauferlegter Gedächtnislosigkeit. Das Ziel heißt«, wiederholte er, »das wiederzuerwecken, was wir immer gewesen sind und was wir allezeit sein werden. Das ist der Zweck der Wahrheitsforschung.«

»Wenn das so ist«, fügte ich hinzu, »dann muß die Verwirklichung der eigenen Göttlichkeit etwas ganz anderes sein als eine Art glückseliger Unbewußtheit. Wenn ich mich nicht irre, wird doch gerade so häufig die östliche Vorstellung vom Nirwana gedeutet.«

»Das ist Unsinn«, sagte Daskalos heftig. »Die Idee der Erlösung oder Befreiung ist ein Begriff, den viele deshalb ablehnen, weil sie meinen, daß er bedeute, in einen Zustand unbewußter Glückseligkeit einzugehen. Wie ein guter Kirchenmann und Freund mir einmal sagte, unterschiede sich ein solches Ende kaum von einer Art träger Benommenheit. ›Da ich dann nichts verstehen kann‹, meinte er, ›werde ich mich glücklich fühlen.‹ So hatte er sich das Paradies und die Befreiung vorgestellt. Aber das ist weit von der Wahrheit entfernt. Befreiung bedeutet Wissen von und Gleichwerden mit der Wahrheit, und zwar durch Erfahrung. Das heißt, durch den Erwerb von Fähigkeiten und psychonoetischen Kräften. Die Welten öffnen sich uns, ob wir nun Eindrücke und Erfahrungen haben wollen oder die Pforten der äußerlichen Wahrnehmung schließen und uns in uns selbst zurückziehen möchten, in unsere göttliche Unabhängigkeit. Glückseligkeit und göttliche Autarkie sind alles andere als ein Zustand, der jener trägen Blödheit ähnelt, die sich so viele vorstellen.«

»Bedeutet das Erreichen der Theose«, fuhr mein Freund fort, »daß man nie wieder in die Materie inkarniert?«

»Du kannst inkarnieren, wenn du es wünschst.«

»Muß man dann wieder ganz von vorne anfangen? Wird man dann wieder durch die Kreisläufe der Erdenleben gehen müssen?«

»Natürlich nicht. Das wäre ja sinnlos. Wenn du dich entscheidest zurückzugehen, dann kommst du als Kapitän des Schiffes zurück und nicht als einfacher Matrose«, erwiderte Daskalos und lachte. »Meister, die zur Theose gelangt sind, haben die Wahl, sich in Materie zu verkörpern, um ihren Mitmenschen bei deren Entwicklung zu helfen. Sie sind nicht durch irgendwelches Karma verpflichtet zu inkarnieren. Sie haben ihre Befreiung schon erreicht. Wir werden über diese Dinge zu einem späteren Zeitpunkt ausführlicher sprechen. Ich glaube, deine Frau wird jetzt ungeduldig; sie wartet schon draußen im Auto.«

Wir dankten Daskalos für den Abend, und Zoe äußerte den Wunsch, dieses Gespräch ein anderes Mal fortzusetzen. »In der Zwischenzeit muß ich erst einmal ausführlich mit meinem Vater sprechen«, murmelte sie.

Wir stiegen alle in den Wagen und beschlossen, den Rest des Abends in einem Café im Ort zu verbringen.

5

Karma

Daskale«, fragte ich, »ist es möglich, Karma zu vermeiden?«
»Ja, ganz gewiß«, antwortete Daskalos ohne Zögern. »Das können wir deutlich im Falle von Jona sehen. Gott sagte seinem Propheten, Ninive habe sich so versündigt, es habe so böse Elementale geschaffen, daß es in drei Tagen vernichtet werden müsse. Der Prophet ging zu den Leuten von Ninive und überbrachte ihnen die schlimme Kunde. Die Leute klagten und bereuten. Als die drei Tage vorüber waren, wurde Ninive nicht zerstört. Der Prophet war erzürnt. ›Gott‹, sagte er, ›du hast mich in den Augen jener Menschen zum Lügner gemacht.‹
Nach dem Karmagesetz hätte Ninive zerstört werden sollen. Jona hatte in gewissem Sinne also recht. Aber Ninive wurde nicht zerstört. Die Leute bereuten und taten Buße. Sie lernten ihre Lektion. Später kam es zu jenem herrlichen Dialog zwischen Jona und Gott, nachdem Jona eines Morgens seine mächtige Kürbispflanze verdorrt am Boden liegen sah; ein Wurm hatte sie gestochen. ›Gott‹, klagte Jona, ›mein Kürbis ist vernichtet, und ich bin traurig darüber.‹ Gott aber erwiderte: ›Du bist traurig über den Verlust deiner Kürbispflanze. Wie sollte ich mich wohl fühlen beim Verlust einer ganzen Stadt? Sollte ich zulassen, daß das Karmagesetz meine Stadt zerstört?‹
Die Herrlichkeit der göttlichen Gnade ist für unsere Gehirne unfaßbar. Das bedeutet nicht, daß es kein Gesetz von Ursache und Wirkung gäbe. Ohne Reue, die das Eingreifen der göttlichen Gnade erlaubt, müßte man, früher oder später, alles bezahlen. Vielleicht vergehen inzwischen Hunderte von Jahren, aber es

wird dazu kommen. Christus drückte es sehr treffend aus, als er sagte, daß selbst ein einfaches Glas Wasser, das wir einem Dürstenden geben, eines Tages zu uns zurückfinden wird.«
Daskalos blickte nachdenklich drein und fuhr dann, nach einigen Augenblicken des Schweigens, mit ernster Stimme fort: »Wir Christen – Katholiken und Orthodoxe gleichermaßen – verfallen der Gewohnheit, uns und unseren Gott zum Gespött zu machen. Wir haben die Frechheit anzunehmen, daß wir mit drei Kerzen, die wir in der Kirche anzünden, dem Himmelreich Befehle erteilen könnten. Woraus besteht denn unsere Opfergabe – und was verlangen wir dafür? Ich sage dir: Ich achte und bevorzuge einen Atheisten, der sein einziges Stück Brot teilt und eine Hälfte einem hungernden Fremden gibt, ohne dafür irgend etwas zurückzuerwarten. Ich meine, daß dieser ›Atheist‹ Gott und dem Christus-Logos viel näher ist als einer, der viel mehr geben könnte, aber mit Gott feilscht. Ich finde, daß die meisten Spenden heutzutage eher Ausdruck des Egoismus sind als der Güte. Wir sehen viele Menschen, die mildtätig zu sein scheinen, das aber in Wirklichkeit tun, um ihre Mitmenschen zu demütigen und sich selbst und den anderen zu beweisen, daß sie überlegen sind. Ganz gleich, worin ein Almosen besteht: Es soll im geheimen gegeben werden. Schicke zum Beispiel einen Umschlag ohne Absender an jemanden, der in Not ist, stecke dreißig Pfund hinein und schreibe dazu nicht mehr als ›Aus Liebe‹. Wir müssen versuchen, uns ganz von unserem Egoismus zu lösen.«
Einige Augenblicke herrschte Stille, und jeder, so schien es mir, dachte wohl über das nach, was Daskalos gerade gesagt hatte. Emily, die neben Daskalos saß, brach schließlich das Schweigen.
»Daskale«, sagte sie, »was würdest du jemandem antworten, der dir vorhält, daß deine Bemühung, das Gesetz von Ursache und Wirkung zu lehren, ein Versuch sei, einen ethischen Maßstab aufzudrängen, damit die Menschen sich bessern? Wie wirst du ihn davon überzeugen, daß Karma nicht nur ein weiteres ethisches System ist?«

»Diese Frage wurde mir schon einmal gestellt. Ich antwortete darauf: Prüfe deine Handlungen, achte darauf, was du bezahlst, schaue dich um und sieh, was geschieht. Und ziehe dann deine eigenen Schlüsse daraus. In unserer heutigen Gesellschaft liegen die Dinge so klar vor unseren Augen, daß diese Wortklauberei sich als oberflächlich erweist. Wenn du es heute noch nicht erkennen kannst, wirst du es morgen oder übermorgen sehen.«
»Aber«, beharrte Emily, »damit hast du das Argument dieses Menschen nicht beantwortet.«
»Einen Augenblick«, erwiderte Daskalos, »die großen Wahrheiten lassen sich nicht immer in Worte fassen, wie man auch die Frage nach der Existenz Gottes nicht mit Worten beantworten kann. Es gibt so viele Dinge, auf die man nicht mit Worten eingehen oder die man nicht durch Logik erfassen kann. Du kannst diese Fragen durch dein eigenes Erleben beantworten, indem du die Folgen deiner Handlungen beobachtest. Es gibt keine Möglichkeit, der Betrachtung der Folgen deines Tuns aus dem Wege zu gehen. Früher oder später wirst du es tun. – Glaubst du nicht an das Karma? Wenn du zwei oder drei Hiebe von seiner Peitsche erhalten hast, wirst du es kennen, weil du den Schmerz spürst.«
»Diese Person«, fuhr Emily fort, »wird aber nun das folgende Argument äußern: ›Ich glaube vielleicht nicht an deinen Gott und an das ethische System, das du Karma nennst, aber ich glaube an die Menschheit.‹«
»Dann kannst du ihn fragen«, erwiderte Daskalos schlagfertig: »Warum solltest du an die Menschheit glauben?«
»Weil«, antwortete Emily, »er auch daran glaubt, daß die Welt besser werden sollte.«
»Warum?« fuhr Daskalos mit einem fast schelmischen Lächeln fort. »Wozu sollte sie sich bessern? Siehst du, jetzt kann ich ihn dahin lenken, wo ich ihn haben will. Warum sollte man so etwas glauben?«
»Weil er an das Gute glaubt«, meinte Emily.
»So einen Menschen kannst du mit seiner eigenen Logik, mit seinen eigenen Argumenten überzeugen«, bemerkte Daskalos.

»Selbst in einem Atheisten, der nicht an ein Gottesbild glaubt, wie es sich die meisten Menschen gemacht haben, kann ich die Göttlichkeit sehen.«

»Vielleicht«, sprach Emily weiter, »kannst du in ihm einen Wahrheitssucher erkennen, der – wenn auch auf einem anderen Wege – auf der Suche ist.«

»Das ist wahr«, bestätigte Daskalos. »Es gibt viele Wege auf unserem Aufstieg zu Gott. Nicht nur jene, die in die Mysterien eingeweiht worden sind, befinden sich auf der Suche. Ich sage dir, es gibt Menschen, die noch nie etwas von unserem Begriff der Wahrheitssuche gehört haben, die vielleicht sogar atheistisch sind und sich dennoch auf einer höheren Stufe auf dem Entwicklungswege befinden als viele von uns. Wir sollten die Menschen nicht aufgrund ihrer Glaubensvorstellungen beurteilen, sondern aufgrund ihres Handelns.

Aber hier muß ich noch etwas hinzufügen. Ich weiß von keinem einzigen, der sich ernsthaft um die Wahrheit bemühte und nicht schließlich zur Erleuchtung gelangte. Denkt an die Worte Christi: ›Bittet, so wird euch gegeben, klopfet an, dann wird euch aufgetan.‹«

In plötzlich verändertem Ton – als hätte er sich an etwas erinnert – fuhr Daskalos fort: »Ich möchte euch von einer Begegnung mit einem berühmten britischen Philosophen erzählen, der in dem Ruf stand, Atheist zu sein. In unserem Briefwechsel, der sich über längere Zeit erstreckte, teilte ich ihm einiges über das Wesen von Elementalen mit. Eines Tages schrieb er mir: ›An die Götter der Priester, gleich welcher Religion, kann ich nicht glauben. Sie hingegen haben uns jetzt erklärt, daß diese Götter als Elementale Macht besitzen. Das akzeptiere ich. Der Gedanke muß eine Form von Macht sein. Aber die Götter, die durch die Gedanken von Menschen entstanden sind, kann ich nicht als Götter akzeptieren. Ich kann sie als Stützen annehmen, die der Mensch sich erschafft, um mit seinen Schwierigkeiten fertig zu werden. Aber Sie stellen nun die Frage, wer den Menschen erschaffen habe, der Götter erzeugt. Sie haben uns sehr viel über

das erklärt, was Sie Absolute Seinsheit nennen. Warum sprechen Sie nicht vom Absoluten Sein?‹ Ich antwortete ihm: ›Der Begriff Absolutes Sein impliziert Grenzen. Aber Absolute Seinsheit ist richtiger. Damit überschreite ich die Grenzen.‹ Was, meint ihr, hat er darauf geantwortet? ›Ich glaube an diese Ihre Absolute Seinsheit, die nicht Gott ist, sondern die Seinsheit in Ihnen und mir. Sie zeigt sich durch Güte und alles, was wir als gut verstehen und für gut halten. Nun, Sie können mir einen Gott zeigen, der nicht abhängig ist von den Aussagen der Menschen. Denn alle Götter, die der Mensch geschaffen hat, tragen die menschlichen Charakteristika von Gut und Böse. Jetzt zeigen Sie einen Gott, den Sie Realität nennen, den Sie Leben nennen. Daran glaube ich. Aber warum sollten wir es Gott nennen? Ja, mir gefällt der Begriff Absolute Seinsheit.‹
Jetzt sagt mir: Ist dieser Mann ein Atheist?« fragte Daskalos herausfordernd.
»Aber er steht in dem Rufe«, warf ich ein, »Atheist zu sein, und er hat umfangreiche Zeugnisse dafür abgelegt.«
»Weil er all jene Götter und Messiasse ablehnt, die der Mensch sich erschaffen hat. ›Auf, auf, christliche Soldaten, marschiert in den Krieg!‹«, bemerkte Daskalos leicht spöttisch. »Dieser Mann konnte solche Götter nicht dulden. Er war Pazifist. Er glaubte an die Liebe. Ich hatte bei ihm Erfolg, indem ich ihm half, die Absolute Seinsheit zu akzeptieren, die Leben ist, die Liebe ist. In seinem letzten Brief, den er mir vor seinem Tode schrieb, standen die Worte: ›Sie sind der einzige Mensch, der die Fackel der Realität, des Lichtes und der Weisheit entzündet hat. Um der Absoluten Seinsheit willen: Halten Sie sie weiter hoch, und erleuchten Sie die Welt.‹«
Als Daskalos nicht mehr sprach, hielt draußen ein Wagen an, und kurz darauf hörten wir jemanden an die Tür klopfen. Ich kann mich kaum einer Gelegenheit erinnern, bei der ich mich in Daskalos' Haus aufhielt, ohne daß Besucher zu ihm kamen und um seine Dienste baten.
Ich ging, öffnete die Tür und bat die Fremden herein. Es war ein

Paar mittleren Alters aus Larnaka, das Daskalos um die Diagnose eines Angehörigen bat, der unheilbar krank sei.
»Habt ihr ein Bild von ihm dabei?« fragte Daskalos.
Sie mußten schon erfahren haben, wie Daskalos arbeitete, da sie bereitwilligst ein Foto des Patienten vorlegten. Daskalos nahm das Bild, hielt es fest in der rechten Hand und schloß die Augen. Nach ungefähr einer Minute der Konzentration öffnete er die Augen wieder.
»Das Problem«, stellte er fest, »liegt im Gehirn. Da ist etwas, was man entfernen sollte.«
»Der Arzt«, sagte der Mann, als er das Bild wieder in Empfang nahm, »hat aber nichts von einem Gehirntumor erwähnt.«
»Da *ist* etwas«, beharrte Daskalos bestimmt. »Er sollte ein Enzephalogramm machen lassen.« Die Besucher dankten Daskalos für seine Mühe und fuhren zurück.
Nachdem Daskalos sich wieder in seinen Sessel begeben hatte und sich bereit zeigte, unsere Diskussion fortzuführen, fragte ich ihn, ob das Leiden jenes Mannes auf karmische Schuld zurückzuführen sei.
»Alle Krankheiten sind durch Karma verursacht«, antwortete Daskalos. »Es ist entweder die Folge deiner eigenen Schuld oder der Schuld eines anderen, den du liebst.«
»Ich kann wohl verstehen, daß man sein eigenes Karma abzahlen muß. Aber was heißt, das Karma eines anderen abzutragen, den man liebt?« fragte ich.
»Was, denkst du, meinte Christus wohl«, fragte Daskalos zurück, »als er uns aufforderte: ›Einer trage des anderen Last‹? Karma«, führte er weiter aus, »muß auf die eine oder andere Weise abgetragen werden. Das verlangt das universale Gesetz des Ausgleichs. Wenn wir jemanden lieben, dann können wir ihm dabei helfen, einen Teil seiner Schuld abzutragen. Aber das«, fügte er hinzu, »ist erst dann möglich, wenn jener Mensch seine ›Lektion‹ empfangen hat, wenn es also nicht mehr nötig wäre, daß er seine Schulden voll und ganz abzahlt. Wenn der größte Teil des Karma abgearbeitet ist, dann kann ein anderer die

verbleibende Last auf sich nehmen und so das Leid des Schuldners lindern. Wenn wir willens sind, dies zu tun«, fuhr Daskalos fort, »wird der Logos neun Zehntel der Restschuld übernehmen, so daß für uns tatsächlich nur noch ein Zehntel übrigbleibt. Auf diese Weise wird die am Ende verbleibende Schuld wesentlich geringer und das damit verbundene Leid beträchtlich reduziert werden. Das sind keine willkürlichen Prozentangaben«, meinte Daskalos, »sondern Teil der Natur der Dinge.

Nehmen wir einmal an«, fuhr Daskalos fort, »daß jemand, der im Laufe mehrerer Inkarnationen viele Menschen getötet hat, von einem anderen geliebt wird. Ein Band der Liebe ist über die Jahrhunderte zwischen beiden gewachsen. So könnte diese Person willentlich – sei es nun bewußt oder unbewußt – einen Teil des Karmas des geliebten Menschen übernehmen, vorausgesetzt, daß der größte Teil des Karmas schon von seinem Schuldner abgezahlt worden ist, der inzwischen die notwendige Lektion empfangen hat. Ohne diese Voraussetzung wäre dieser Weg nicht erlaubt.

Was auch immer uns zustößt«, fuhr Daskalos langsam und mit Nachdruck fort zu sprechen, »das uns in diesem Leben Leid verursacht, es ist entweder die Folge unserer eigenen Schuld oder unserer Bereitschaft, die Schuld eines geliebten Menschen mit abzutragen, dessen Karma vielleicht zu schwer wäre, als daß er seine Last allein tragen könnte. Wenn ihr erst einmal Meister und imstande seid, euch auf den universalen Gott auszurichten, dann könnt ihr nicht nur das Karma eurer Lieben, sondern auch das jener Menschen auf euch nehmen, die als eure Feinde gelten. Als Meister mögt ihr wohl den Schmerz in eurem Körper zum Stillstand bringen können, aber ihr werdet es nicht tun, weil ihr durch Betäubung der Schmerzen eures Leibes automatisch das Karma zu dem Menschen zurückschicken würdet, dem ihr es abgenommen habt. Christus zeigte uns den Weg, als er gekreuzigt wurde und am Kreuz wie ein ganz gewöhnlicher Mensch litt. Wenn ihr eine höhere Stufe eurer Entwicklung erreicht«, fuhr Daskalos fort, »kann der Logos von euch verlangen, daß ihr ebendieses tut: das Karma anderer zu tragen, selbst eurer Feinde. Ihr *seid* Werkzeug und Kanal des Logos und solltet es als eine Ehre schätzen, so belastet zu werden. Vielleicht fragt ihr jetzt: ›Und was ist mein Lohn dafür?‹ In dem Augenblick, da ihr eine solche Frage stellt, offenbart ihr, daß euer Egoismus noch sehr lebendig und gefährlich ist. Die Ehre, die euch angeboten wird – eure Schultern mit unter die Last des Logos zu beugen –, ist der größte Lohn.«

»Daskale«, fragte ich, »kannst du uns ein Beispiel aus deiner eigenen Erfahrung geben, wie du selbst das Karma eines anderen übernommen hast?«

»Karma ist äußerst schwierig zu verstehen«, antwortete Daskalos. »Es verblüfft mich immer wieder von neuem.« Dann ging er daran, eine Erfahrung aus seinem Leben zu erzählen.

»Vor etlichen Jahren bat mich ein Neffe um meine Meinung darüber, ob er eine gewisse Witwe heiraten solle. Ich sprach zu ihm: ›Du wirst meinen Segen haben, wenn du nicht nur die Witwe tief und aufrichtig liebst, sondern auch ihre Tochter‹ – die damals sieben Jahre alt war. Er antwortete, daß er das Mädchen liebe, und ich erkannte, daß er dies ehrlich meinte. Ich wurde als sein Freund zur Hochzeit geladen. Ein Jahr später bekamen sie einen Sohn, der aber einen schweren Geburtsfehler hatte, den die Ärzte nicht beheben konnten. Die beiden Beine des Babys waren mit seiner Brust verwachsen. Die Eltern suchten mich auf. Ich nahm das Kind in die Arme und erkannte auf der Stelle, wer es war. Theophanis war an jenem Tage bei mir, und auch er verstand die Situation. Ich bat ihn, den anderen gegenüber nichts verlauten zu lassen. Den Eltern sagte ich, daß ich die Heilung des Kindes übernehmen wolle. Langsam, ganz langsam war es mir möglich, die Beine des Kindes zu befreien und sie in einen Gipsverband zu legen. Alle paar Wochen nahmen wir den Verband ab, massierten die Beinchen und verbanden sie von neuem. Dem Knäblein ging es immer besser, und sein Vater bat mich, das Kind zu taufen. Es war gerade drei Monate alt.

In der Zwischenzeit war ich eines Morgens auf dem Weg von der

Wohnung zum Sanktum, als ich auf etwas trat und einen Schmerz spürte. Ich ging in mein Zimmer, zog den Schuh aus und entdeckte, was geschehen war. Meine Enkelin war gerade bei mir. Sie rief: ›Großvater, schau: Dein Fuß ist schwarz!‹ Da erkannte ich, was passiert war. Ich trug das Karma des kleinen Babys ab. Meine Enkelin eilte zu ihrer Mutter. Diese kam auf der Stelle zu mir und fuhr mich ins Krankenhaus. Der Chefchirurg sah sich meinen Fuß an und stellte die Diagnose: Gangrän. Das Bein mußte amputiert werden. Ich willigte ein. Der Brand hatte bereits mein Knie erreicht. Die Operation sollte am nächsten Tage durchgeführt werden. Ich ging ins Krankenhaus und bezog ein Zimmer mit Blick auf den Fluß. Ich sagte zu dem Arzt am Tag vor der Operation, daß ich ungefähr eineinhalb Stunden allein im Zimmer sein müsse, weil ich jeden Nachmittag meditiere. Der Arzt hatte nichts dagegen einzuwenden.

Ich war also allein. Ich saß auf meinem Bett und blickte durch die Tür zum Fluß. Ich lächelte und sprach zum Logos: ›Wenn du meinst, daß ich dich jetzt bitten werde, das Bein zu retten, dann vergiß diesen Gedanken. Dies ist mein Bein – und das ist dein Bein.‹« Daskalos deutete auf sein rechtes Bein. »›Wenn du denkst, es sollte geheilt werden, dann laß es heilen. Wenn du denkst, es sollte abgeschnitten werden, dann laß es abschneiden. Dein Wille geschehe, Geliebter.‹ Als ich diesen Satz beendet hatte, war mir, als ob etwas wie ein leichter Hauch meine Wange küßte. Plötzlich sah ich einen Engel auf dem Bettrand sitzen, der mein krankes Bein mit der einen Hand hielt und mit der anderen darüberstrich.«

»Angenommen, es wäre noch jemand anderes im Zimmer gewesen«, unterbrach ich ihn, »meinst du, er hätte den Engel auch gesehen?«

»Ich weiß nicht«, antwortete Daskalos schulterzuckend. »Vielleicht ja, vielleicht nein. *Ich* habe ihn jedenfalls gesehen. Er erschien mir wie ein hübscher, weißgekleideter Bursche. Keine Flügel oder Federn. Er nahm auch gar keine Notiz von mir. Er strich einfach weiter über das Bein. Nachdem er fertig war, ver-

schwand er – und mit ihm die Gangrän. Am nächsten Morgen kamen die Ärzte und hatten die Operation vorbereitet. Sie waren sehr überrascht, als sie mein Bein musterten. Nur an einer Zehenspitze war noch ein kleiner schwarzer Punkt übrig. Nach einem weiteren Tag war auch dieser Rest verschwunden.«
Dann erläuterte Daskalos die karmische Verbindung zwischen ihm und dem Baby, dessen Taufe um eine Woche verschoben werden mußte, bis Daskalos sich von seiner Zerreißprobe erholt hatte.
»Vor mehreren Jahrhunderten«, erzählte Daskalos, »war dieses Baby ein Matrose in der byzantinischen Flotte. Es war ein armer Mann, der monate-, manchmal auch jahrelang von seiner Frau – einer wunderschönen Frau – getrennt sein mußte. Während einer seiner Seereisen verliebte sich ein byzantinischer Adliger in seine zurückgelassene Frau und fing eine Affäre mit ihr an. Als der Seemann wiederkam, trennte sie sich wegen ihres Geliebten von ihm. In seiner Verbitterung und Wut schloß der Mann sich einer Gruppe von Seeräubern an, die ihn schließlich zu ihrem Anführer wählte. Mit ihren drei Schiffen wurden sie zum Fluch für byzantinische und andere Seefahrer.
Zu jener Zeit war ich Italiener, und zwar Sohn des venezianischen Geschäftsträgers in Konstantinopel. Ich wohnte bei meiner Mutter in Venedig, die von meinem Vater getrennt lebte. Alle zwei Jahre unternahm ich die Reise von Venedig nach Byzanz, um meinen Vater zu besuchen. Bei all meinen Reisen nach Konstantinopel wurde ich von meiner Gouvernante, einer dikken alten Frau, begleitet. Eines Tages – wir befanden uns gerade auf der Heimfahrt, und unser Schiff passierte die Insel Sizilien – wurden wir von jenen Piraten angegriffen. Ich war damals sechzehn Jahre alt. Die byzantinischen Seeräuber nahmen mir meine kostbaren, mit Gold bestickten Kleider ab und hüllten mich in Lumpen. Meine Gouvernante wurde, zusammen mit anderen Passagieren, getötet. Sie hatte für die Piraten keinen Wert. Uns übrige, die wir jung und kräftig aussahen, nahmen sie mit in ihre Feste, um uns als Sklaven zu verkaufen. Ihr Stützpunkt war eine

Stadt an der marokkanischen Küste. Dort hatten sie ihre Burg. Es war ein Sklavenmarkt für Männer und Frauen. Ein schwarzer Araber kaufte mich, nachdem er meine Zähne geprüft hatte, um festzustellen, ob ich kräftig genug sei. Als ich fortgeführt wurde, blickte ich zurück und empfand Zuneigung für jenen byzantinischen Seeräuber. Ich kann nicht erklären, warum.

Drei Jahre lang war ich in der Sklaverei. Die Lebensbedingungen waren erbärmlich. Das Haar fiel mir aus. Meine Haut wurde gelb, und ich verlor die meisten Zähne. Ich wurde sehr krank. Als die Piratenschiffe wiederkamen, brachte mich mein arabischer Herr zu dem byzantinischen Seeräuber und verlangte sein Geld zurück. Der Pirat protestierte. Er sagte: ›In diesem Zustand habe ich ihn dir nicht verkauft. Ich habe erwartet, daß du ihn als persönlichen Diener hältst, und nicht, daß du ihn so verkommen und krank werden läßt.‹ Sie stritten sich eine Weile, und dann gab der Pirat dem Araber etwas und nahm mich zurück. Ich setzte mich auf einen Stein und lehnte mich gegen ein Mäuerchen. Ich blickte dem Seeräuber in die Augen und fragte ihn: ›Wie konntest du mir, einem Christenmenschen wie du, so etwas antun? Warum hättest nicht zumindest du mich als deinen persönlichen Diener halten können? Wie kann ein Christ wie du einen Christenmenschen wie mich verkaufen?‹ Ärgerlich schrie er mich an: ›Du bist kein Christ! Du bist ein Franke (Katholik)‹, und er schlug mich ins Gesicht. In seiner Wut bedeutete er seinen Männern, mir den Rest zu geben. Als sie auf mich zu sprangen und mir ihre Säbel in den Leib stachen, änderte er seinen Sinn. Anscheinend hatte das, was ich zu ihm gesagt hatte, sein Gewissen angesprochen. Er sprang herbei, um die anderen vom Töten abzuhalten, aber es war zu spät. Ich war hinüber. Dann nahm er meinen Leichnam, legte den zerfetzten Kittel, den ich zuletzt getragen hatte, sorgfältig zusammen, küßte ihn und steckte ihn an seine Brust. Danach hüllte er mich in reine, weiße Kleidung und brachte mich zu einem orthodoxen Priester, der mich bestatten lassen sollte. Byzantinische Piraten«, flocht Daskalos erklärend ein, »gründeten ihre eigenen Kolonien entlang der marokka-

nischen Küste. Unter ihnen waren auch Priester, denen entweder die Kirche das Priesteramt entzogen hatte oder die in der einen oder anderen Hinsicht Rebellen waren.
Dieser Geistliche lehnte es ab, die Begräbnisrituale auszuführen, weil ich ein ›Franke‹ war. Da begrub der Seeräuber mich selbst und las alle dazugehörenden Gebete. Er stellte ein Kreuz über mein Grab und hielt bis zum nächsten Morgen die Totenwache. Dann beschloß er, die Piraterie aufzugeben. Er sammelte so viel Geschmeide und Geld, wie er tragen konnte, und bat einen seiner Männer, die Führung zu übernehmen. Er erklärte ihnen, daß er von der Seeräuberei genug habe und sich nun niederlassen wolle. Ich konnte ihn von der psychischen Welt aus sehen und fühlte mit ihm. Dann ging er zu einem anderen orthodoxen Priester nach Sizilien und legte die Beichte ab. Er bat den Priester, ihm eine Kutte zu geben, da er sich entschlossen hatte, Einsiedler zu werden. Er nahm die Kutte und zog ab. Jede Nacht bettete er seinen Kopf auf meine Lumpen. Eineinhalb Jahre später wurde er krank. Sein Bauch blähte sich auf, und er starb. Ich habe ihn seitdem nicht mehr getroffen.
Soweit ich weiß, war jenes das erste Mal, daß ich ihm begegnete. Das zweite Mal ist jetzt, in Gestalt dieses Babys. Gott allein weiß, wieviel Karma er in der ganzen Zeit seit damals abgetragen hat, bei all den Morden und Raubzügen, die er als Seeräuber angestellt hat.
Als ich mich anschickte, ihn zu taufen«, berichtete Daskalos weiter, »verhielt sich das Baby recht auffällig. Es nahm meinen Finger und ließ ihn nicht mehr los. Es weinte und weinte und blickte mir in die Augen. Es drückte mir sogar die Lippen an die Wangen, als ich es hochnahm. Sein Vater sagte, das sei das erstemal gewesen, daß das Kind jemanden geküßt habe.
Achtet darauf, wie das Karma in diesem Falle wirkte«, bemerkte Daskalos zum Schluß seiner Geschichte. »Vor Zeiten brüllte er mich an, ich sei kein Christ, und befahl seinen Männern, mich umzubringen. In diesem Leben übernahm ich einen Teil seines Karmas, heilte ihn und wurde zu seinem Taufpaten in Christus.«

»Das nenne ich Poesie der Gerechtigkeit!« rief ich.

»Du trägst das Karma deines Nächsten nur, wenn du es willst«, wiederholte Daskalos eindringlich.

Dann erzählte Daskalos auf die ihm eigene Art ein anderes seiner Erlebnisse, das zeigte, wie ein Meister das Karma seines Nächsten übernehmen kann.

»Vor sechs Jahren sollte einem meiner Verwandten eine Hand amputiert werden. Er hatte Frau und vier Kinder. Kurz bevor seine Operation stattfinden sollte, spürte ich einen eigenartigen Schmerz im Arm. Theophanis, der sich in Paphos aufhielt, spürte ebenfalls meinen Schmerz, stieg in sein Auto und kam zu mir. Wieder hatte ich Gangrän, dieses Mal in der Hand. Die ärztlichen Bluttests ergaben, daß meine Hand abgenommen werden müßte. Theophanis ließ seine Arbeit liegen und saß Tag und Nacht an meinem Bett. Ich erinnere mich gut: Eines Tages, als die Gattin des britischen Hochkommissars hier war (sie pflegte wegen eines ihrer Verwandten zu kommen), während ich im Bett lag, klopfte es an der Tür. Eine Türkin schleppte sich herein, sie konnte nicht richtig gehen. Sie sagte: ›Ich gehört, Spyro Efendi (türkisch: Meister) sehr krank. Also ich kommen, daß er mich heilt, bevor er sterben.‹ Sie versuchten, die Frau fortzuschicken, aber als ich davon erfuhr, bat ich, sie hereinzulassen. Mit Mühe kletterte sie die Stufen hoch und kam in mein Zimmer. Ich legte ihr meine Hand auf und forderte sie auf, sich zu erheben und zu gehen. Sie tat, wie ich sie geheißen hatte, und ging aufrecht. ›Efendi‹, sagte sie, ›jetzt bin ich gut. Jetzt kannst du sterben, wenn du willst.‹« Daskalos brüllte vor Lachen, als er an dieses Erlebnis zurückdachte.

»Sobald die Türkin gegangen war«, erzählte Daskalos weiter, »bat ich Theophanis, meine Hand mit einem weißen Tuch zu bedecken. Dann legte ich die gute Hand über die kranke und fing an, mich selbst zu behandeln. Zuerst betete ich zum Logos. Dann ging ich daran, mit der guten Hand über die kranke zu streichen, immer und immer wieder.« Daskalos zeigte uns, wie er mit der Linken über die rechte Hand gestrichen hatte.

»Ich dematerialisierte und materialisierte dabei Gewebe um Gewebe, bis ich eine völlig neue Hand geschaffen hatte. Dann nahm ich das weiße Tuch fort und zeigte Theophanis die Hand. Sie war vollkommen geheilt. Theophanis fing an zu weinen, kniete nieder und küßte meinen Arm. Am nächsten Morgen kam der Arzt. Er betrachtete meine Hand und schüttelte den Kopf. ›Du hast es wieder getan‹, murmelte er und wußte nicht, was er davon halten sollte. Meine Hand wurde nicht amputiert. Das Karma war abgezahlt, und der Arm meines Verwandten war gerettet.«

Nachdem Daskalos diese Erlebnisse erzählt hatte, bemerkte er, daß er beabsichtige, ein weiteres Karma auf sich zu nehmen, das ihn das Leben kosten könne. Ich protestierte. Er erwiderte: »Solltest du wissen, wer diese Person ist, würdest du es verstehen. Später werde ich es dir sagen«, fügte er hinzu und deutete an, daß er vor den anderen nicht darüber sprechen wollte.

Wir erhoben uns, um zu gehen, dankten Daskalos für die Unterweisung und gingen zur Tür. Als wir hinaustraten, bat er mich zurückzubleiben, weil er mir noch etwas mitzuteilen habe. Die anderen waren schon im Wagen und warteten auf mich. Daskalos sagte, daß die Person, die er gemeint habe, sein Schwiegersohn sei. Die Ärzte hätten eine Leberkrankheit festgestellt, die ihn das Leben kosten könne. Sein Schwiegersohn, sprach Daskalos weiter, hatte diese Krankheit von einem Freund bekommen. Dieser Freund – er lebte in London – bat ihn telefonisch um Hilfe, weil er eine ernste Leberkrankheit habe. Sein Schwiegersohn aber, berichtete Daskalos, antwortete seinem Freund am Telefon zuversichtlich: »›Mach dir keine Sorgen. Wir werden alles tun, um dich zu retten, und wenn es uns nicht gelingt, dann werde ich dein Karma auf mich nehmen!‹

Ich war Zeuge dieses Telefonates«, sagte Daskalos, »und als ich ihn das versprechen hörte, fuhr ich dazwischen, er sollte den Mund halten, aber es war schon zu spät. Merkst du nun«, fragte er mich, »warum ich sein Karma übernehmen muß? Ich kann doch nicht zulassen, daß meine Tochter so jung zur Witwe und meine Enkelchen zu Waisen werden. Mein Schwiegersohn ist dreiunddreißig Jahre alt. Ich bin sechsundsechzig. Es ist sinnvoller, daß ich gehe, wenn wir die Wahl haben.« Daskalos blickte traurig bei der Aussicht, daß seine Tochter verwitwet würde. Er sagte, er habe bereits mit seinen Gebeten im Sanktum begonnen.

»Hoffentlich«, fügte er noch hinzu, »wird Yohannan diese Last auf sich nehmen, und ich muß noch nicht gehen.« Dann beschwor Daskalos mich, Iacovos nichts davon zu verraten, damit dieser nicht versuche, ihn davon abzuhalten, indem er das Karma selbst auf sich lade, das abgezahlt werden müsse. »Aber«, sprach Daskalos weiter, »ich fürchte, daß er allmählich einen Verdacht schöpft.«

Als Theophanis am nächsten Tage kam, bat ich ihn, genau zu schildern, was an jenem Tage geschehen war, als Daskalos sich selbst heilte. Er wiederholte die gleiche Geschichte, einschließlich des Zwischenfalls mit der türkischen Frau. Daskalos war nicht anwesend, als ich mit Theophanis über diese Dinge sprach.

6

Erinnerungen

Daskalos und Iacovos kamen am frühen Abend bei uns an, wir hatten sie zum Abendessen eingeladen. Wir hatten uns keine bestimmten Gesprächsthemen vorgenommen, aber ich wußte, mit Daskalos würde es keinen Augenblick Langeweile geben. Ich erinnerte mich noch gut an einen Abend, als ich mit Lachen fast nicht mehr aufhören konnte, weil Daskalos eine lustige Begebenheit nach der anderen zum besten gab. Ich lachte noch, als ich damals nach Hause kam, und war am nächsten Morgen heiser.

Es war Freitag, drei Wochen vor Ostern. Ich hatte völlig vergessen, daß dies in der griechisch-orthodoxen Kirche die Fastenzeit ist. Von den Gläubigen wird erwartet, daß sie kein Fleisch essen, keine Fleischprodukte; Geflügel, Fisch, ja selbst Milch, Käse und Eier sind untersagt. Ich machte mir noch Gedanken, ob Daskalos sich an diese Diätvorschriften halten würde, nachdem das Mahl, das wir vorbereitet hatten, kaum vegetarisch zu nennen war.

»Ein Priester wurde während der Karwoche von einem Bischof ertappt, als er gerade ein Hähnchen verzehrte«, erzählte Daskalos bedächtig, während er sich gerade mit einem knusprig gebratenen Hühnchenflügel beschäftigte. »›Exzellenz‹, sprach der Priester den verärgerten Bischof an, ›jeden Sonntag verwandele ich Brot und Wein in Leib und Blut Christi. Warum kann ich nicht auch Hähnchen in Gemüse verwandeln?‹«

Diese Anekdote erinnerte Daskalos an seine turbulente Beziehung zur griechisch-orthodoxen Kirchenhierarchie. Vor fünfundzwanzig Jahren wurde Daskalos auf Betreiben mehrerer griechischer Theologen von den zypriotischen Bischöfen als Werkzeug des Teufels bezeichnet und zum Zwecke der Exkommunizierung vor ein Tribunal gebracht. Dieses setzte sich zusammen aus den Bischöfen und sechs Theologen vom griechischen Festland. Der Erzbischof war gerade auf einer ausgedehnten Reise durch Europa und die Vereinigten Staaten.

»Sie warfen mir vor, satanische Kräfte zu gebrauchen, um magische Handlungen durchzuführen. Sie behaupteten sogar, daß ich meine Tochter gezwungen hätte, auf einem Seil zu tanzen! Diese Bischöfe und ein paar Archimandriten knieten Tag und Nacht vor dem heiligen Altar und verfluchten meinen Namen. Während des Prozesses fragte mich einer der Bischöfe, ob ich mit Geistern in Verbindung stehe. ›Ja‹, antwortete ich. ›Was ist daran falsch? Würdet ihr eure Bibel besser kennen, würdet ihr wissen, daß nichts daran auszusetzen ist, Kontakt mit den Geistern zu haben.‹ Dann forderte er mich auf, den rechten Arm zu heben und ihm nachzusprechen: ›Ich glaube an einen Gott, den allmächtigen Vater, der Himmel und Erde erschaffen hat und alles, was sichtbar und unsichtbar ist...‹ Sie dachten, wäre ich der Teufel, könnte ich die Worte nicht wiederholen und Gottes Namen nicht aussprechen. Ich hob also den Arm, wie er mich geheißen hatte, und wiederholte das Glaubensbekenntnis. Dann verlor ich die Geduld. ›Diese Narren‹, explodierte ich und zeigte mit dem Finger auf die finsteren Gesichter der sechs Theologen, ›vergiften unsere Kirche. Ihr solltet sie besser dorthin zurückschicken, woher sie gekommen sind, denn was heute hier geschehen ist, ist eine Schande für die Kirche!‹«

Zum Glück für Daskalos stellte Erzbischof Makarios das weitere Verfahren ein. Als er erfuhr, was seine Bischöfe während seiner Abwesenheit anrichteten (er selbst war gerade in Amerika), schickte er ein Fernschreiben, daß sie ›mit dem Unfug aufhören‹ sollten, bis er wieder im Lande sei.

»Der Erzbischof sagte später zu mir, ich solle mir wegen dieser ›halb-verrückten ungebildeten Bischöfe‹ keine Gedanken machen.«

»Warum hat der Erzbischof zu deinen Gunsten eingegriffen?« wunderte ich mich.
»Er war mein Freund«, antwortete Daskalos mit verschmitztem Lächeln. Dann verriet er uns, daß der Erzbischof regelmäßig Tonbandaufnahmen mit Gesprächen und Botschaften von ihm erhielt.
Nach unserer Unterhaltung über Daskalos' Abenteuer mit der örtlichen Geistlichkeit kamen wir auf Daskalos' früheres Leben zu sprechen. Sein Vater – ich war recht überrascht, dies zu erfahren – war halb Schotte, halb Grieche. Nach einer erfolgreichen Karriere als Admiral der britischen Marine wurde er vom König zum Ritter geschlagen. Daskalos erbte diesen Adelstitel, lehnte ihn aber ab und reichte ihn dem britischen Thron zurück aus Protest gegen die Mißhandlung griechischer Zyprioten durch die britischen Kolonialbehörden während des Guerillakrieges in den fünfziger Jahren.
»Mein Vater war ein harter, unbeweglicher Mann, der mir nur wenige äußere Zeichen von Zuwendung schenkte. Er wollte einen britischen Offizier aus mir machen und verlangte von allen Mitgliedern seiner Familie, daß sie englisch miteinander sprachen. Ich lehnte mich gegen diesen Druck auf. Da ich mich aber verzweifelt nach der Zuneigung und Anerkennung meines Vaters sehnte, ging ich zur britischen Armee und wurde Offizier. Ich erinnere mich deutlich an den Tag, an dem ich meine Offiziersschule beendete und in der neuen Uniform nach Hause kam. Jedermann bemerkte, was für ein großer und gutaussehender Offizier ich doch sei. Ich blickte in den Spiegel und konnte darin nur ein aufgezäumtes Maultier sehen«, schloß Daskalos und lachte.
»Als ich mit meiner Ausbildung fertig war, besuchte ich meinen Vater in dessen Büro. Ich erwartete, von ihm freudig begrüßt zu werden, aber statt dessen teilte mir seine Sekretärin herablassend mit, ich solle auf ihn warten. Als ich eine Stunde später bei meinem Vater vorgelassen wurde, war er so kühl, abweisend und unerreichbar wie immer. Er bat mich, Platz zu nehmen, und bot

mir eine Zigarette an. Ich war sehr unglücklich, als er mich als ›Captain‹ anzureden begann: ›Hier sind Zigaretten, Captain.‹ – ›Nein, danke. Ich rauche nicht vor meinem Vater‹, erwiderte ich. Als ich nach Hause kam, setzte ich meine Mutter davon in Kenntnis, daß Vater für mich gestorben sei. Ich schloß mich in mein Zimmer ein, zog Uniform und Koppel aus, warf die Sachen auf den Fußboden und trampelte wütend darauf herum. Als mein Vater heimkehrte, kam er auch in mein Zimmer. ›Da hast du deinen Captain‹, rief ich schluchzend und deutete auf die Uniformteile am Boden. ›Beherrsche dich, Captain‹, meinte er völlig ungerührt. Was für ein englischer Eisberg, dachte ich bei mir. Trotz allem liebte ich ihn doch. So einen Mann als Vater zu haben, das ist, wie sechs Inkarnationen auf einmal abzutragen«, schloß Daskalos lachend.

»Es fällt mir schwer, noch Spuren deiner englischen Erziehung auszumachen«, wunderte ich mich.

»Das zeigt«, antwortete Daskalos rasch, »daß die Umgebung nicht *die* entscheidende Rolle bei der Ausprägung der Persönlichkeit spielt, die die meisten von euch Sozialwissenschaftlern ihr zusprechen.«

Dann erklärte er, daß besonders das aristokratische Gehabe seiner Eltern ihm ein Dorn im Auge gewesen sei. Seine Mutter, selbst Griechin, verhielt sich wie eine englische Lady, und der Freundeskreis seiner Eltern war identisch mit dem Umfeld der Residenz des britischen Gouverneurs. Um der erstickenden Atmosphäre des elterlichen Heimes zu entfliehen, verbrachte er die Sommermonate seiner Teenagerjahre im Kloster von Stavrovouni, einer alten Zitadelle, auf der Spitze eines steilen Berges thronend und für seine Kargheit bekannt. Der Legende nach soll die heilige Helena, die Mutter von Kaiser Konstantin, ein Fragment des heiligen Kreuzes bei ihrem Besuch der Insel dort zurückgelassen haben. Daskalos hatte Zugang zum Kloster, weil der Abt sein Onkel war.

»Eines heißen Julitages kamen meine Eltern, um mich dort zu besuchen. Sie wollten wissen, wie ich hier meine Zeit verbrachte. Ich war gerade draußen auf dem Feld, wo ich mit den Mönchen arbeitete. Ich trug eine abgetragene schwarze Kutte, und eine Schicht aus Schweiß und Staub bedeckte meinen Körper. Meinen Eltern war mitgeteilt worden, wo sie mich finden könnten. Ich arbeitete mit einem Pflug, der von zwei Ochsen gezogen wurde, als ich sie näher kommen sah. Zuerst erkannten sie mich nicht, da ich einen Hut aufhatte, der mein Gesicht verdeckte. Beide waren makellos gekleidet. Meine Mutter trug einen teuren Hut und Schuhe mit hohen Absätzen. Sie hatten erwartet, mich bequem im Schatten eines Ölbaumes zu finden, ein Buch lesend. Als ich aufblickte und meine Mutter mich erkannte, sank sie ohnmächtig in Vaters Arme. Diese Gelegenheit nutzte ich, um ihnen zu erklären, daß es mir nicht möglich sei, ihren Lebensstil noch länger mitzumachen; in meinen Augen war er sinnlos. Zum Glück hatte ich genügend Verstand, nicht im Kloster zu bleiben. Mit soviel Schmutz wäre ich nicht zu Rande gekommen.«

Eine alte Tradition verlangte von den Mönchen auf Stavrovouni, daß sie sich nie waschen, um nicht das geweihte Öl abzuwischen, mit dem sie anläßlich ihrer Taufe gesalbt worden waren. Jede Reinigung des Körpers geschah durch starkes Schwitzen und anschließendes Abreiben mit Handtüchern. Man sagt, daß der Erzbischof sich geweigert habe, dem Kloster einen Höflichkeitsbesuch abzustatten, bevor sich nicht alle Mönche gründlich gewaschen hätten. Der Abt versprach, diesem Wunsch nachzukommen. Als der Erzbischof ankam, begrüßte er ihn am Tor. »Siehe, Eminenz, jetzt bin ich sauber«, sagte der Abt. Dann tauchte er die Finger in eine Schale Wasser, die ein Bedienter hielt, und sprengte sich einige Tropfen ins Gesicht.

Als wir unser Mahl beendet hatten, gingen wir auf den Balkon hinaus, der von Jasminsträuchern umgeben war. Von hier aus hatte man den Blick über ein kleines Eukalyptusgehölz. Ich legte inzwischen eine Platte mit einer Beethoven-Symphonie auf – Beethoven war Daskalos' Lieblingskomponist –, während Iacovos sich anbot, türkischen Kaffee zu brauen.

»Daskale«, begann ich in der Hoffnung auf weitere Enthüllungen über sein Leben, »ich war ziemlich überrascht zu erfahren, daß du dich an der antikolonialistischen Bewegung gegen die Briten beteiligt hast. Ich denke, ein Psychologe würde das als Ausdruck deiner insgeheimen Feindseligkeit gegen deinen Vater interpretieren, der schließlich sein Bestes versucht hat, um aus dir einen anständigen Engländer zu machen. Aber ich bin wirklich erstaunt, daß ein Heiler und Gottesmann wie du sich einer Untergrundbewegung anschließen kann, die von den Engländern als terroristisch bezeichnet wurde.«

»Meinst du etwa, ich bin aus patriotischen Gründen zu der Bewegung gegangen?« erwiderte Daskalos ironisch. Dann erinnerte er mich daran, daß ein Wahrheitsforscher nur im Interesse des Dienstes für eine höhere Sache in die Politik gehen kann. Er sollte sich nie am politischen Leben beteiligen, wenn es ihm um persönlichen Vorteil oder das geht, was man gemeinhin Patriotismus nennt.

»Meine Verbindung mit der EOKA (der von der Kirche unterstützten Untergrund-Guerillaorganisation, die 1955 bis 1959 die Briten bekämpfte) war in Wirklichkeit Schauspielerei. Ich ging dorthin, um so viele Menschenleben wie möglich zu retten. Hätte ich mich zurückgehalten, wären noch mehr Engländer, Griechen und Türken getötet worden.« Dann erzählte Daskalos, auf welche Weise er dazu beigetragen hatte, Menschenleben zu retten. Es war eine äußerst riskante und schwierige Aufgabe, die ihn des öfteren in tiefe Furcht und moralisches Dilemma verwikkelte. Besonders ein Zwischenfall verursachte ihm so starke Seelenqual, daß Daskalos selbst auf die Frage nach Richtig oder Falsch keine Antwort mehr wußte. Diese Kategorien verwischten in seinem Denken, behauptete er.

»Als ich erfuhr, daß einige Untergrundführer, die ich kannte, die Ermordung eines Mannes planten, den man für einen Informanten hielt, intervenierte ich ganz entschieden und brachte sie dazu, ihre Meinung zu ändern. Etliche Jahre danach, kurz nachdem wir die Unabhängigkeit erlangt hatten, tötete derselbe

Mann mehrere Menschen, wurde verhaftet und hingerichtet. Ich machte mir zwanzig Tage lang schwerste Vorwürfe, wußte weder ein noch aus oder ob ich richtig gehandelt hatte, indem ich ihm früher das Leben rettete. Als ich eines Nachmittags im Sanktum meditierte, vernahm ich schließlich die Stimme Yohannans. ›Wenn du einem Menschen Gutes tust‹, sprach er, ›dann verhandelst du nicht mit ihm wegen seines zukünftigen Verhaltens. Er ist ganz allein verantwortlich für das, was er tut. Deine Absichten waren gut. Du hast Gutes getan. Es ist nicht an dir, die Zukunft zu beurteilen. Das ist die Sache Gottes und des Karmas.‹«

Als 1963 der Nationalitätenkrieg zwischen Griechen und Türken ausbrach – drei Jahre nach der Unabhängigkeitserklärung –, fand sich Daskalos wieder inmitten des Durcheinanders und zwischen den Fronten.

»Weil ich eine militärische Ausbildung hatte, wurde ich einem kleinen Kontingent von Milizionären zugeteilt, dem ein Teil der griechischen Verteidigung oblag. Ich war mit Pashie (dem dikken) Kostes, dem inzwischen verstorbenen Polizeichef, in Omorphita (einem Vorort von Nikosia, wo es um Weihnachten 1963 zu schweren Zusammenstößen kam). Ich trug eine Pistole am Gürtel und hatte ein Maschinengewehr im Wagen.«

»Soll das heißen, daß du diese Waffen gegen die Türken eingesetzt hättest?« fragte ich, ohne mein ungläubiges Erstaunen zu verbergen. Irgendwie kam mir die Vorstellung eines mit Pistole in der Hand durch Omorphita streifenden Daskalos sehr unwahrscheinlich vor.

»Ich hätte von den Waffen nie gegen irgend jemanden Gebrauch gemacht«, erwiderte Daskalos lachend.

»Und wenn sie dich angegriffen hätten?«

»Ja, einmal kam es dazu. Ich war mit Pashie Kostes allein, und wir wurden von vierzig türkischen Kerlen umringt. Sie jagten uns eine Weile, und um uns zu retten, mußten wir über eine hohe Mauer springen, wo wir vor dem Kugelhagel in Sicherheit wären. Pashie Kostes mühte sich schrecklich ab, über die Mauer zu gelangen, denn er war so fett. Wir haben uns spaßeshalber übrigens mit ›Captain‹ angeredet. Es war eine so tragische Farce! ›Nun, Captain, was tun wir jetzt?‹ fragte ich ihn, als wir hinter jener Wand wie in einer Falle saßen. Wir fingen an, in die Luft zu schießen in der Hoffnung, daß wir die Türken damit verscheuchen könnten. Ich hätte nie auf sie geschossen. Schließlich wurden wir von Anastasia gerettet, einer wilden Frau aus dem Dorf Kythrea. Sie kam mit ihren ›Jungen‹ daher und jagte die Türken fort.«

»Wieso hast du nicht von deinen Kräften und Fähigkeiten Gebrauch gemacht, um dich zu verteidigen?« fragte ich Daskalos.

»Psychische Kräfte sollten für solch weltliche Dinge nicht eingesetzt werden. Die unsichtbaren Meister würden das nicht erlauben. Ich gebrauchte meine Hellsichtigkeit nur einmal während jener turbulenten Jahre, um Leben zu retten. Ich gab meinen Leuten strikt Order, niemals jemanden anzugreifen oder auf jemanden zu feuern, solange ihr eigenes Leben nicht in unmittelbarer Gefahr wäre.

Ein aufgeblasener griechischer Offizier kam in unsere Stellungen und befahl meinen Männern, einen türkischen Stützpunkt anzugreifen, weil er glaubte – dieser Narr! –, daß die Türken entweder schlafen würden oder nicht dort wären. Ich stritt mit ihm eine Weile herum und sagte ihm, daß sein Vorschlag Irrsinn sei. Ich drohte ihm, seinen Vorgesetzten Bericht zu erstatten, weil er das Leben unserer Leute so leichtsinnig aufs Spiel setzen wollte. Auf meine eigene Weise sah ich, daß die Türken in Alarmbereitschaft waren. Hätten die Griechen einen Angriff gewagt, wären sie niedergemetzelt worden. ›Warum wirfst du nicht einfach ein paar Steine gegen die türkische Stellung und probierst aus, was dann geschieht?‹ schlug ich ihm vor. Das tat er. Die Türken dachten, sie würden attackiert, und eröffneten ein heftiges Sperrfeuer. Später gaben sie ihre Stellung auf und zogen sich zurück. Dann sagte ich zu dem Offizier aus Griechenland: ›Jetzt kannst du die Festung einnehmen und dich dafür ehren lassen. Wir haben kein Interesse daran.‹

Als die Schwierigkeiten zu Ende waren, lobte Makarios mich bei einer formellen Versammlung als einen ›echten griechischen Patrioten und Zyprioten‹. – ›Einen Augenblick, Eminenz‹, unterbrach ich ihn protestierend, ›ich bin weder Patriot noch Grieche und am allerwenigsten ein Zypriote. Der einzige Grund, warum ich an der Front stand, war, daß ich eure Mütter und Schwestern beschützen wollte, und nichts anderes.‹ Das ist natürlich nur eine andere Form der Verrücktheit«, kommentierte sich Daskalos lachend, »aber sie ist wenigstens nicht so töricht wie Patriotismus.

Am gleichen Abend«, fuhr er fort zu erzählen, »erhob sich eine sehr bekannte Philologin, die im Kampf gegen die Briten eine Rolle gespielt hatte, und verkündete mit stolzgeblähter Brust: ›Wir Frauen, Eure Eminenz, haben auch unser Blut für unser Land vergossen.‹ Ich konnte der Versuchung einfach nicht widerstehen. Ich beugte mich zu Makarios hinüber und flüsterte ihm ins Ohr: ›Ja, Euer Eminenz, jeden Monat haben sie ihr Blut vergossen‹, und der Erzbischof brach in Gelächter aus und verschüttete den Wein, von dem er gerade trank.« Daskalos lehnte sich in seinem Sessel zurück und hielt sich den Bauch, als wollte er dadurch verhindern, vor Lachen zu platzen. »Die Philologin hat sich die nächsten fünf Jahre geweigert, auch nur ein Wort mit mir zu sprechen. Jetzt sind wir gute Freunde, und ihre Schwester ist Mitglied meines Kreises.

Probleme mit dem Patriotismus«, sprach Daskalos weiter, »hatte ich seit meiner Kindheit gehabt. Ich erinnere mich eines Tages, an dem unser Lehrer über die griechische Geschichte sprach. Er schilderte, wie Vasilios Vulgaroktonos, der Kaiser von Byzanz, tausend bulgarischen Gefangenen die Augen ausstechen ließ – bis auf einen, der seine Kameraden nach Hause führen sollte. Uns wurde gesagt, daß diese Methode die Bulgaren abschrecken sollte, so daß sie Byzanz nicht weiter angreifen würden. Als ich diese Geschichte hörte, stand ich auf und rief ›Schande‹. – ›Willst du sagen, daß die griechische Geschichte eine Schande ist?‹ fragte mich der Lehrer zornig. ›Schande, Schande!‹ rief ich wieder, so laut ich konnte. Er zog mich am Ohr und schickte mich aus dem Klassenzimmer. Als der Schulleiter davon erfuhr, ordnete er an, daß ich von diesem Fach beurlaubt werde. Er gab mir selbst Privatunterricht und ersparte mir die Geschichte Griechenlands. Ich konnte es nicht ertragen, so scheußliche Dinge als patriotischen Akt präsentiert zu bekommen.«

Dann stand Daskalos auf, zog sein Hemd hoch und zeigte uns eine alte Wunde am Rücken, die er sich in der kritischen Zeit von 1963 zugezogen hatte. Die Kugel steckte noch im Fleisch. Ich berührte die Stelle und konnte das Projektil fühlen. Daskalos hatte keine Anstalten gemacht, die Kugel herausoperieren zu lassen, weil sie ihn nicht störte. Der Fremdkörper war von allen Seiten von Fettgewebe umgeben, und so bestand keine Gefahr einer Infektion. »Außerdem«, fügte er fröhlich hinzu, »wenn ich sterbe, möchte ich diese Kugel als kleines Geschenk zu Gott mitnehmen. Ich werde zu ihm sagen: ›Gott, schau, das ist ein Beweis der menschlichen Verrücktheit.‹«

»Der inzwischen verstorbene Muftizate, eine wichtige Persönlichkeit unter den türkischen Patrioten«, erzählte Daskalos weiter, »suchte mich eines Tages auf. ›Spyro, laß uns zum Tekke (einem Heiligtum der Moslems) fahren. Der Hojah dort behauptet, daß er Bohnen von allein tanzen lassen kann.‹ Wir fuhren zusammen nach Larnaka, zum Tekke. Der Hojah war ganz außer sich. Er beschrieb mitten auf dem Hof einen Kreis und legte eine Handvoll Bohnen hinein. Dann sprach er bestimmte Gebete. Die Bohnen fingen an zu tanzen. Er wußte natürlich nicht, was da vor sich ging. Es waren Naturgeister aus dem Garten, die mit den Bohnen spielten. Ich setzte mich mit den Naturgeistern in Verbindung und bat sie, zu mir zu kommen. Die Bohnen kamen auf mich zu und schwebten um meinen Kopf. Der Hojah war entsetzt. ›Halte dich fern von diesem Giavour (eine abfällige türkische Bezeichnung für Griechen)‹, rief er zu meinem Freund; ›er besitzt satanische Kräfte!‹«. Und Daskalos lachte.

»Was haben die Naturgeister getan?« fragte ich ihn.

»Es waren die Naturgeister aus dem Garten.«

Daskalos erklärte, daß jede Pflanze ein Engelwesen aus dem Bereich der Erzengel bei sich hat, das sie beschützt. Es ist ein Geistwesen, das die Pflanze am Leben hält. Wenn die Pflanze stirbt, trägt das Engelwesen die Erfahrung der Pflanze zum Erzengel. Auf diese Weise wird die Information von einer Generation einer Art zur anderen weitergegeben.

»Naturgeister sind verspielt, wie kleine Kinder. Wenn du nicht weißt, wie du mit ihnen umzugehen hast, können sie dir schaden, aber nicht aus böser Absicht. Wie kleine Kinder verletzen sie dich in ihrer unschuldigen Art. Wenn man mit einer Pflanze oder einem Tier spricht, dann kommuniziert man eigentlich mit dem Engelwesen, das für die Pflanze oder das Tier verantwortlich ist.

Es war eine so schöne Zeit mit meinen türkischen Freunden«, sagte Daskalos wehmütig. Ja, vor dem Ausbruch der Nationalitätenkonflikte und ihrer Gewalt hatte Daskalos einen Kreis von Schülern auf der türkischen Seite. Er konnte Türkisch und bestand sogar die Aufnahmeprüfung zur Universität von Istanbul, einfach zum Spaß. Die Unterweisungen für seine türkischen Schüler basierten auf den Sufi-Traditionen, und Daskalos nahm – anstatt aufs Neue Testament – ausführlich Bezug auf den Koran. Bei mehreren Gelegenheiten sagte er mir, wie wichtig ihm seine Freundschaft mit vielen Türken war, einschließlich einiger ihrer Führer. Unter zahlreichen türkischen Landsleuten ging das Gerücht, daß ›Spyro Efendi‹ in Wirklichkeit ein muslimischer Prophet sei, den Gott den treulosen Griechen zu deren Erlösung geschickt hätte. In besseren Zeiten waren viele türkische Zyprioten zu Daskalos gekommen, um sich heilen zu lassen.

Er erzählte uns noch einige weitere Erlebnisse von seiner Verwicklung in den Nationalitätenstreit auf der Insel. Ich hatte schon lange gemerkt, daß Daskalos, wenn er eine Geschichte aus seinem Leben erzählte – sei sie nun ernst oder komisch –, immer zugleich auch versuchte, seinen Zuhörern eine Lektion zu vermitteln. Jede seiner Geschichten hatte ihre Moral.

»Als ich mit meinen Männern den türkischen Sektor überwachte«, sprach Daskalos weiter, »hörte ich das Weinen eines Babys; es ging über fast zwei volle Tage hinweg. Ich fand heraus, daß eine Türkin mit ihrem Kind irgendwo zwischen den Fronten in einem Haus in eine Falle geraten war. Sie hatten kein Essen mehr und das Baby keine Milch. Ich griff nach dem Megaphon, hob eine weiße Fahne hoch und versuchte, mit den Türken auf der anderen Seite Verbindung aufzunehmen. ›Bist du das, Daskale?‹ hörte ich jemanden rufen. Ich erkannte die Stimme. Es war Fikret, einer meiner türkischen Schüler. ›Fikret‹, schrie ich zurück, ›bist du es?‹ – ›Ja, ja, Daskale. Siehst du, was die hohen Tiere aus uns gemacht haben?‹ Ich entdeckte, daß Fikret Anführer der Gruppe von Türken war, die uns gegenüberstand. ›Fikret‹, rief ich, ›ich gehe und bringe der Türkin dort etwas Milch. Sag deinen Leuten, sie sollen nicht schießen.‹ Fikret rief zurück: ›Daskale, du kommst doch alleine, ja?‹ – ›Okay, Fikret.‹ Ich kaufte drei Dosen konzentrierter Milch, nahm die weiße Fahne und ging unter den Balkon des Hauses, in dem die Frau mit ihrem Baby gestrandet war. Ich hörte, wie Fikret seinen Männern Order gab, daß jeder, der auf mich schießen würde, ein Selbstmordkandidat sei. Die türkische Frau trat auf den Balkon heraus, und ich warf ihr die drei Dosen Milch hinauf. ›Danke, danke vielmals, Daskale‹, sagte sie; ›Gott sei mit dir.‹ Sie mußte meinen Namen gehört haben, als ich mich mit Fikret verständigt hatte. Als ich mich gerade anschickte zurückzukehren, kam ein mächtiger Türke um die Ecke; er hatte eine Schrotflinte dabei. Die Frau schrie, ich solle aufpassen. Ich versuchte mich zu verstecken, aber der Kerl hatte bereits abgefeuert, und mehrere Schrotkugeln trafen mich. Ich stürzte zu Boden und hörte im nächsten Augenblick einen weiteren Schuß. Es war Fikret, der geschossen und seinen Kameraden verwundet hatte. Er rannte zu mir herüber und fragte, ob ich in Ordnung sei. Er schlug vor, mich in ihr Krankenhaus zu bringen. Ich sagte nein. Ich zog es vor, in ein Krankenhaus auf der griechischen Seite zu gehen. Da bot Fikret an, mich bis zu unserer Linie zu bringen. Ich rief zu meinen Männern, daß sie nicht feuern sollten. Fikret stützte mich beim

Gehen. Meine Verwundungen waren nicht ernst. Als wir die griechische Frontlinie erreichten, stellte ich Fikret den anderen vor und bat sie, einander die Hände zu schütteln. Ich stellte ihn als einen meiner Schüler vor. In diesem Moment kam der verrückte Sampson (ein notorischer Schießwütiger) vorbei. Er regte sich auf, daß ich zu einem Türken freundlich sei, und brummelte einige unanständige Ausdrücke. Ich befahl ihm, Fikret die Hand zu geben. Er weigerte sich. ›Gib ihm die Hand, du dummer Esel!‹ brüllte ich ihn an. Mit langem Gesicht streckte er seine Hand aus. Dann hieß ich alle Anwesenden, so lange nicht zu schießen, bis Fikret seine Stellung erreicht hätte. Bevor er hinüberging, trafen wir ein Abkommen, daß – ganz gleich, was in anderen Bezirken der Stadt passierte – wir nie aufeinander schießen würden. Weder ein Grieche noch ein Türke kamen je in unserem Abschnitt zu Tode.«

Zehn Jahre nach dieser Episode, als die türkische Armee auf Zypern einmarschierte, war Daskalos wieder im Mittelpunkt des Geschehens.

Sein Haus war wochenlang von Flüchtlingen überfüllt, und Mütter kamen scharenweise nach Strovolos, um, mit einem Foto in der Hand, Daskalos nach dem Schicksal ihrer vermißten Söhne zu fragen.

»Eines Tages«, erinnerte sich Daskalos, »kam eine Frau mit dem Bild ihres Sohne zu mir. In dem Augenblick, da ich es in die Hand nahm, wußte ich, daß er nicht mehr am Leben war. Ich wollte ihr das nicht sagen, weil sie so verzweifelt schien. Ich sagte einfach: ›Gute Frau, ich bin heute wirklich müde und kann mich jetzt nicht konzentrieren.‹ Sie brach zusammen und fing an zu weinen. ›Du lügst, Daskale‹, schluchzte sie. ›Mein Sohn ist tot. Letzte Nacht sah ich ihn im Traum, und er winkte mir zu: Lebe wohl, Mutter. Ich gehe jetzt auf eine lange Reise und bin nicht sicher, wann ich dich wiedersehen werde.‹ Ihr verstorbener Sohn besuchte sie im Traum in seinem Ätherleib, kurz bevor er in die psychischen Ebenen aufstieg, wo er sich bis zu seiner nächsten Inkarnation ausruhen kann.

Bei einer anderen Gelegenheit«, fuhr Daskalos fort zu erzählen, »gelang es mir mit Hilfe der Vereinten Nationen, mit einem türkischen Offizier in Verbindung zu treten, der, wie ich glaubte, Informationen darüber besaß, wo ein vermißter griechischer Zypriot sich aufhielt.

Mehrere türkische Zyprioten, die die Barrikade innehatten und unser Gespräch mithören konnten, fragten mich, ob ich ebenfalls Türke sei. Sie konnten sich nicht vorstellen, was ein Türke im griechischen Sektor zu suchen habe. Ich antwortete ihnen: ›Was würde es ausmachen, ob ich Grieche bin oder Türke?‹ – ›Ein Grieche ist ein Grieche, und ein Türke ist ein Türke!‹ rief einer von ihnen. ›Nein‹, widersprach ich: ›Griechen oder Türken – Engel sind sie beide.‹ – ›Engel, Efendi?‹ fragte ein türkischer Soldat. ›Ja, Engel‹, antwortete ich. Ich nahm sein Gesicht in die Hände und sagte liebevoll: ›Du bist ein Engel, mein Lieber.‹ – ›Ich? Ein Engel?‹ – ›Ja, du, ein Engel.‹ Sie bekamen heraus, daß ich ›Spyro Efendi war‹, und gerieten aus dem Häuschen. Einer von ihnen bat mich, ihn zu segnen. Ich sprach ein islamisches Gebet, legte ihm meine Hand auf die Stirn und sagte: ›Laß keine Kugel dich je treffen.‹ Er küßte mir die Hand. ›Spyro Efendi‹, versprach er, ›ich werde nie auf meine griechischen Brüder schießen. Wenn ich je den Befehl erhalte, auf sie zu feuern, werde ich über ihre Köpfe zielen.‹ Dann stieg ich über die Barrikade und kehrte auf die griechische Seite zurück«, schloß Daskalos diese Geschichte.

»Vor einiger Zeit«, erzählte er weiter und lehnte sich in seinem Sessel zurück, »kam ein zwanzigjähriges Mädchen aus dem Dorf Vatili und bat mich um Hilfe. Sie war schwanger, und der Vater des Kindes war ein anderer Dorfbewohner, ein Türke. Sie berichtete, daß während der türkischen Invasion, kurz bevor die Panzer in den Ort kamen, alle Griechen in Busse, Autos und auf Traktoren gestiegen und nach Süden flohen. In dem allgemeinen Durcheinander wurde sie vergessen. Aber Orchan, ein türkischer Zypriot, den sie kannte, nahm sie zum Schutz in sein Haus auf. Er wohnte bei seinen Eltern, und alle drei waren sehr freundlich zu ihr. Mehrere Wochen lang hielten sie sie versteckt. Aber allmählich wurde ihr Geheimnis bekannt, und man fürchtete, daß sie von türkischen Soldaten belästigt würde, wenn diese sie fänden. Orchan schlug ihr vor zu heiraten – auf dem Papier –, bis sie eine Möglichkeit gefunden hätten, sie in den Süden zu schaffen. Sie gingen davon aus, daß die Soldaten sie als Ehefrau eines Landsmannes in Ruhe ließen. Das Mädchen erklärte sich einverstanden, und sie ließen sich nach mohammedanischem Ritus trauen. Aber sie lebten getrennt. Orchan hielt sich an sein Versprechen und berührte sie nie. Aber dieses Arrangement funktionierte nicht. Der für den Ort zuständige türkische Offizier, der bereits ein Auge auf die junge Frau geworfen hatte, kam auf den Verdacht, daß es sich hier nur um eine Scheinehe handelte. Doch in der Zwischenzeit war die Kameradschaft der jungen Leute zu einer starken Liebe gewachsen. Eines Nachts betrat sie Orchans Zimmer im Nachthemd und sagte: ›Ich bin deine Frau. Laß mich zu deiner Frau werden.‹ Von da an lebten sie wie Mann und Frau zusammen. Aber dann waren die zyprische Regierung und die türkische Besatzungsmacht zu einem Abkommen gelangt. Es besagte, daß alle griechischen Frauen, die im Norden zurückgeblieben waren, zu ihren Familien in den Süden geschickt werden sollten. Mit diesem Vertrag in der Hand schritt der türkische Statthalter ein, trennte das Paar mit Gewalt und schickte das Mädchen in den griechischen Sektor. In diesem Stadium der Ereignisse suchte die junge Frau mich auf. Nach zahlreichen schwierigen und vergeblichen Versuchen gelang es mir, Orchan ans Telefon zu bekommen. Er war in Tränen aufgelöst und flehte mich an, mich gut um seine Frau und das Ungeborene zu kümmern. Er erwartete nicht, daß er mit seiner Frau noch einmal zusammenkommen könnte. Manche mögen denken, was ich tat, war Verrat. Ich sagte zu dem Mädchen: ›Orchan ist dein Mann. Gehe zu ihm und lebe bei den Türken. Sie sind nun die Deinen.‹ Ich hatte gesehen, daß sie ihren Mann sehr liebte. Ich konnte eine Sondererlaubnis erlangen, und, eskortiert von UN-Soldaten, schickte ich sie zu Orchan zurück.«

Nach dieser Geschichte klagte Daskalos über die traurige Situation, die derzeit zwischen den Griechen und den Türken auf der Insel herrschte. Bei einer Zusammenkunft mit seinen Schülern beschwor er diese, die türkischen Zyprioten nicht als Feinde zu betrachten.

»Sucht in euch selbst«, forderte er sie auf; »da werdet ihr den wirklichen Feind finden. Was auch immer einem Volk zustößt, ist niemals zufällig, sondern die Folge kollektiven Karmas. Wenn ein Stamm zum Beispiel eine sehr kriegerische Vergangenheit hatte und andere überfallen und ausgeplündert hatte, dann wurden dabei Elementale der Destruktivität geschaffen, die früher oder später, unter veränderten geschichtlichen Umständen, zu diesem Stamm oder Volk zurückkehren. Genauso, wie es individuelles Karma gibt, so besteht auch kollektives Karma, und die Menschen, die in einer Gruppe oder Nation leben, tragen deren karmische Schuld. Es ist unumgänglich«, ermahnte er, »den Teufelskreis der Erschaffung destruktiver Elementale zu zerbrechen. Von höchster Wichtigkeit ist es also für die griechischen Zyprioten, daß sie ihren türkischen Landsleuten keinen Groll entgegenbringen, sondern ihnen freundschaftlich die Hände reichen.«

»Daskale, kannst du uns sagen, wer dich in deinem Leben am meisten beeinflußt hat?« fragte ich, nachdem wir eine kurze Diskussion über die Lokalpolitik und die griechisch-türkischen Beziehungen beendet hatten.

Daskalos dachte einen Augenblick nach und wiederholte dann, daß er zeit seines Lebens von unsichtbaren Meistern wie Yohannan, Hilarion und Dominico geleitet worden war. Aber es gab einen Menschen – Daskalos begegnete ihm, als er um die zwanzig war –, der ihm offensichtlich auf seinem spirituellen Weg geholfen hatte. Es war ein indischer Oberst, ein Chirurg, der während des Zweiten Weltkrieges in Zypern diente. Daskalos behauptete, es seien die Meister »auf der anderen Seite« gewesen, die ihn buchstäblich zu diesem indischen Arzt geführt hatten, dem er einige Zeit im Operationssaal assistieren konnte.

Die Freundschaft jedoch, die Daskalos in diesem Leben am meisten bedeutete, war die Verbindung mit einem Kindheitsfreund, der im Zweiten Weltkrieg von den Deutschen in Casablanca getötet wurde. Sie entstand, als Daskalos in der Unterstufe der Oberschule der amerikanischen Akademie in Larnaka war; die Schule war von amerikanischen Missionaren gegründet worden. Phivos, jener Freund, war drei Jahre älter und übernahm die Rolle des Beschützers für seinen jüngeren und weniger robusten Freund. Daskalos erzählte, wie Phivos ihn bei zahlreichen Gelegenheiten davor bewahrte, von anderen Jungen verprügelt oder ausgenutzt zu werden.

Auf Einladung eines ausgewanderten Onkels zog Phivos später in die Vereinigten Staaten, um Literatur zu studieren. Ihre Freundschaft war so stark, daß Daskalos auch Pläne schmiedete, in die USA auszuwandern. »Wir haben noch Späße darüber gemacht«, erzählte er, »wie wir zwei Schwestern heiraten würden, damit wir einander immer nahe sein könnten. Aber das hat nicht sein sollen. Phivos kam in die US-Armee und wurde nach Casablanca geschickt, wo ihn der Tod einholte.« In dem Augenblick, als sein Freund starb, sagte Daskalos, habe er das gespürt. In einer Vision sah er ihn blutverschmiert am Boden liegen. Dann kam Phivos in seinem Ätherleib zu Daskalos.

»Er kam zu mir und stand neben meinem Bett. ›Spyro‹, sprach er, ›ich bin gekommen, um mich von dir zu verabschieden. Wir werden uns lange Zeit nicht mehr sehen.‹ Dann verschwand er. Ich saß im Bett und weinte und klagte um den verlorenen Freund. Um meinen Schmerz zu erleichtern, setzte ich mich hin und verfaßte auf der Stelle ein Gedicht.«

»Hast du es noch in Erinnerung?« fragte ich ernst.

»Ich kenne es noch so genau wie in dem Moment, als ich es dichtete, obwohl ich es niemals niedergeschrieben habe.«

Auf mein Drängen begann Daskalos nachdenklich das Gedicht zu rezitieren, eine Elegie auf seinen Jugendfreund. Es war, als ob er den Schmerz, den er vor vier Jahrzehnten erfuhr, von neuem durchlebte.

Winter, Nacht, traurig und trostlos,
laß Sturm und Gewitter
deinen bleiernen Himmel überziehen.
Eine Liebe stirbt heute nacht,
das Glimmen einer Flamme,
schwach und zitternd,
die Zeit des Erlöschens ist gekommen.
Winde und Donner toben am Himmel,
Tropfen des Regens verstohlen
im Winkel der Augen.
In mir ein Toben,
bebende Qual
macht Träume und Hoffnungen zunichte.
Stirb, du Nacht!
Dunkel, schwer und bedrückend
umgarnt mich der Tod.
Eine Liebe stirbt heute nacht,
an ihrer Seite brennt die Trauerkerze.

»Bist du noch in Kontakt mit deinem toten Freund?« fragte ich nach einigen Augenblicken des Schweigens.
»Ja. Er ist hier im Raum«, antwortete Daskalos lächelnd. Ich nahm an, daß er meinte, Phivos, der als Geist in der psychonoetischen Welt lebte, sei irgendwie mit Daskalos verbunden und in Kommunikation. Doch gleich darauf merkte ich, daß Daskalos auf Iacovos deutete, dem es schwerfiel, die Spuren von Tränen zu verbergen, die ihm bei Daskalos' Gedicht in die Augen gestiegen waren, das ihn sehr tief berührt hatte.
»Er ist Phivos?« fragte ich ungläubig und blickte zu Iacovos.
»Ja, das ist Phivos«, bestätigte Daskalos ohne Zögern. »Wenn ich ihn anblicke, ist es nicht nur Iacovos, den ich sehe. Für mich ist er auch Phivos, Giovanni, Omar, Rasadat und viele andere.«
Daskalos gab an, mit Iacovos schon seit mehr als zwanzig Inkarnationen zusammenzusein. Bei mehreren Gelegenheiten hatte er schon einmal angedeutet, daß es eine Zeit im alten Ägypten

gegeben hatte, in der er und Iacovos Oberpriester gewesen waren. Ich hatte nicht den geringsten Zweifel, daß die Realität seiner Reinkarnations-Erinnerungen für Daskalos keine Frage war. Er sagte mir einmal, daß er seine früheren Leben lesen könne, als seien sie Seiten eines Tagebuches.

»Vielleicht können wir eines anderen Abends einmal über das antike Ägypten sprechen«, meinte Daskalos als Antwort auf meine Frage. »Aber jetzt ist es schon spät, und wir haben zu arbeiten.«

7

Vom Tode zur Wiedergeburt

Es war ungefähr drei Uhr nachmittags, als Iacovos und ich einen Bus nach Larnaka bestiegen, der im Südosten der Insel gelegenen Hafenstadt. Daskalos wollte sein monatliches Treffen mit einem Kreis von Schülern dort abhalten. Sie sollten um sieben Uhr abends zusammenkommen, und zwar im Hause von »Schwester Theano«, der »Hexe von Larnaka«, wie Daskalos sie liebevoll nannte; sie war Mitglied seines exklusiven, inneren Kreises. Daskalos war schon frühmorgens nach Larnaka gefahren, um einige Patienten im dortigen Krankenhaus zu besuchen.

Als wir den Bus am Liberty Square, dem Mittelpunkt Nikosias, bestiegen, begann es leicht zu regnen. Ich fühlte mich müde von der Arbeit des Tages, und da ich in Larnaka nicht abgespannt ankommen wollte, schloß ich die Augen und übte eine »Konzentrations- und Entspannungstechnik«, die Daskalos mir beigebracht hatte. Iacovos saß still auf dem Platz neben mir, als ich versuchte, mein Bewußtsein vor Eindrücken von der Außenwelt zu verschließen.

Ich machte es mir so bequem wie möglich und rief mir Daskalos' Anweisungen in Erinnerung. Ich konzentrierte mich auf meinen ganzen Körper, während ich tief ein- und ausatmete. Allmählich fing ich an, jeden einzelnen Muskel zu spüren und zu entspannen, vom Scheitel bis in die Zehen. Ich versuchte, keinen neuen Gedanken mehr in meinen Geist einzulassen. Nach ungefähr drei Minuten tiefen Atmens sammelte ich meine Aufmerksamkeit ganz in meinen Fußzehen und ging daran, meine Konzentration langsam durch meinen Körper heraufzuziehen, bis ich den Nabel, das Sonnengeflecht, erreichte. Dort stellte ich mir eine große, weißblaue Lichtkugel vor, die meinen Bauchraum von innen erfüllte und von außen schützte. Ich versuchte, meine Gedanken etwa drei Minuten in diesem Gebiet gesammelt zu lassen. Ohne Schwierigkeit atmete ich dann einige Male tief ein und ging, ohne das Bild der weißblauen Lichtkugel zu verlieren, weiter nach oben, in meinen Brustkorb, in die Nähe des Herzens. Ich stellte mir eine weitere Lichtkugel vor, die nun kleiner war und in weißrosa Farbe strahlte; ihr Mittelpunkt war nahe dem Herzen. Die beiden Lichtkugeln durchdrangen einander mit ihren Oberflächen, aber sie behielten ihre unterschiedlichen Farben. Ich verweilte in dieser Vorstellung wieder ungefähr drei Minuten und nahm weißblaues Licht wahr, das den unteren Teil meines Leibes umhüllte, und weißrosa Licht, das den oberen Teil bis zum Hals umgab. Dann erhob ich mein Bewußtsein in die Mitte des Kopfes und nahm eine Kugel goldenen Lichtes wahr, die kleiner war als die beiden ersten, mein Haupt einhüllte und in alle Richtungen um rund 15 cm über es hinausragte. Ich konzentrierte mich auf jeden Teil meines Kopfes – auch im Innern –, was wieder ungefähr drei Minuten dauerte. Dann stellte ich mir meinen ganzen Körper vor, der von der Aura wie von einem von innen heraus leuchtenden Ei umgeben war. Nachdem ich wieder jeden Teil meines Leibes spürte, sprach ich in Gedanken folgende Autosuggestion: »Möge Friede herrschen in meinem gesamten materiellen Körper und Harmonie in meinem psychischen Leib. Möge absolute Ruhe in meinem Denken sein.« Bevor ich die Meditation beendete, atmete ich noch einmal drei Minuten lang tief ein und aus.

Daskalos behauptet, daß diese Meditationsübung, regelmäßig durchgeführt – vorzugsweise am Morgen –, positive Wirkungen auf die Persönlichkeit hat. Die weißblaue Farbe kann unseren stofflichen Körper bei guter Gesundheit erhalten, während die weißrosa und goldene Farbe des Lichtes unseren psychischen bzw. noetischen Körper läutern und in Harmonie halten können. Aus eigener Erfahrung weiß ich, daß diese und ähnliche Übungen, die Daskalos mir zeigte, eine sofortige tiefe Entspannung bewirken. Als ich die Augen wieder öffnete, war meine Ermattung verschwunden, und ich fühlte mich erfrischt. Der Regen hatte aufgehört, und ein Regenbogen überspannte den Horizont vor uns mit seinen prächtigen Farben. Es war Mitte März, und die Landschaft Zyperns zeigte sich in all ihrer Anmut, Myriaden von roten und gelben Wildblumen blühten überall.

Nach ungefähr einer Stunde waren wir in Larnaka angekommen. Theanos Haus war ein altes, zweistöckiges Gebäude am Wasser. Theano selbst war eine liebenswürdige ältere Frau Ende Sechzig, die uns großmütterlich in die Arme nahm und einen Kuß zur Begrüßung gab. Der Umstand, daß ich mit Iacovos zusammen kam und bei meinem Vorhaben auf die Unterstützung von Daskalos zählen konnte, reichte aus, um mich automatisch zu einem »Bruder« zu machen. Theano, hatte Daskalos mir bei einer früheren Gelegenheit gesagt, war in vier ihrer früheren Inkarnationen seine Mutter gewesen. »Deshalb ist sie immer so mütterlich zu mir, wenn sie mich zu sehen bekommt«, bemerkte Daskalos lachend. Tatsächlich pflegte Theano Daskalos in der gleichen Weise anzusprechen wie Mütter ihr über alles geliebtes kleines Kind: ›mein Goldiges‹.

Wir saßen im Wohnzimmer und warteten darauf, daß Daskalos und die anderen Schüler einträfen. Bei einem Stück Kuchen und Limonade sprach Theano hauptsächlich über Pavlos, ihren verstorbenen Gatten, und wie sie durch ihn zu einer Schülerin von Daskalos und später zu einem Mitglied seines »inneren Kreises« geworden war.

Pavlos war Dichter gewesen und hatte den größten Teil seines Lebens in Paris verbracht. Dort wurde auch sein Interesse an der Mystik wach. Eines Tages suchte er ein berühmtes Medium auf und bat um Informationen, um Antworten auf gewisse metaphysische Fragen. Das Medium habe ihm damals mitgeteilt, daß er die Antworten auf seine Fragen dereinst von seinem künftigen Meister erhalten werde. Dieser sei am zwölften Tag des Dezember 1913 geboren – dem genauen Geburtstermin von Daskalos. Das Medium fertigte auch eine Zeichnung von Daskalos als reifem Manne an, schrieb seine Initialen dazu und gab Pavlos dieses Bild mit.

Viele Jahre gingen ins Land. Pavlos verließ Paris, kehrte nach Zypern zurück und heiratete Theano, die zwanzig Jahre jünger war als er. Die Zeichnung jenes Mediums bewahrte er auf, sie war inzwischen mehrere Jahrzehnte alt. Als er dann Daskalos bei einer gesellschaftlichen Veranstaltung zufällig begegnete, berichtete Theano, stockte ihm der Atem. Daskalos' Züge stimmten genau überein mit der Skizze, die jenes Medium vor langer Zeit in Paris angefertigt hatte. Die beiden Männer besprachen sich unter vier Augen, und als Pavlos den Geburtstag und andere Einzelheiten von Daskalos erfuhr, schloß er ihn mit Tränen in den Augen in seine Arme. »Du bist der Meister, auf den ich so viele Jahre gewartet habe«, begrüßte er ihn. »Du bist auch ein Meister«, soll Daskalos erwidert haben. Pavlos, zwei Jahrzehnte älter als Daskalos, wurde noch im gleichen Jahr in den inneren Kreis eingeweiht und aufgenommen und blieb bis zu seinem Tode einer der engsten und ergebensten Mitarbeiter von Daskalos. Pavlos, erfuhr ich später, war ein mehr intellektueller Mystiker. Im Gegensatz zu Iacovos, Kostas und Theophanis bildete Pavlos seine psychischen Fähigkeiten nicht aus. Er war jedoch ein Mensch hoher spiritueller Kapazität und verfügte über einen ausgeprägten Sinn für Humor. Einmal, erzählte Theano, saß ihr Mann mit einem Freund auf einer Bank unter den Palmen; sie blickten aufs Meer. Plötzlich stand Pavlos auf, nahm seinen Hut ab, verbeugte sich leicht und sagte: »Guten Morgen, Daskale.« Sein verblüffter Freund fragte, was das bedeuten solle. »Oh«, bemerkte Pavlos beiläufig, »ich habe gerade Daskalos gesehen, wie er ohne seinen Körper auf Krankenbesuch gegangen ist.« Nach einer Weile erhob sich der Freund, lüftete seinen Hut und rief: »Auf Wiedersehen, Daskale.« Als Pavlos um eine Erklärung bat, erwiderte sein Begleiter schlagfertig: »Oh, ich habe gerade gesehen, wie Daskalos zu seinem Körper zurückgerannt ist.«

Theano gab an, ständigen Kontakt mit ihrem verstorbenen Mann zu haben, und ich hörte von anderen, daß sie auch über Heilungskräfte verfügte. Sie vertraute mir an, daß sie sehr vorsichtig sein müsse, andernfalls würde der örtliche Klerus ihr den Krieg erklären. Aus diesem Grunde versuchte sie, gute Beziehungen zum Bischof des Ortes aufrechtzuerhalten. »Was bleibt uns anderes übrig?« fragte sie und breitete die Hände aus. »Die Leute können uns so leicht mißverstehen.«

Theano war sehr stolz auf ihren Mann und überreichte mir als Geschenk mehrere Bände seiner gesammelten Gedichte. Einige waren griechisch geschrieben, die meisten jedoch waren in französischer Sprache und von der französischen Romantik sehr stark beeinflußt. Daskalos sagte mir später, daß Theano und Pavlos eines der harmonischsten Paare gewesen seien, die er kennengelernt habe, und das sei auf ihre lange Verbundenheit über die Jahrhunderte hinweg zurückzuführen. Beide waren sie alte Seelen, sagte er, und waren im Laufe der Zeitalter wiederholte Male als Paar zusammengewesen. Ein Leben allein, teilte er mir bei mehreren Gelegenheiten mit, sei in der Regel nicht ausreichend, um eine gute Ehe aufzubauen. Die Menschen müssen wiederholte Male als Paar zusammenkommen, bis sie durch gemeinsam Erfahrenes und Liebe zusammengewachsen sind.

Einer nach dem anderen, trafen nun Daskalos' Schüler ein, bis ungefähr 25 Personen zusammengekommen waren. Sie waren zwischen 25 und 70 Jahre alt, und beide Geschlechter waren gleich stark vertreten. Wie im Kreis von Nikosia, stammten die Schüler auch hier aus den gebildeteren Schichten der Gesellschaft. Daskalos kam als letzter, zusammen mit Kostas, der aus Limassol angefahren war, um an dem Treffen teilzunehmen. Iacovos und Kostas pflegten bei allen Vorträgen anwesend zu sein, die Daskalos in den verschiedenen Teilen der Insel anbot. Sie saßen immer an der Seite ihres Meisters, wie um ihm Schutz und Unterstützung zugleich zu sein.

Vor dem offiziellen Beginn der Veranstaltung saß Daskalos noch im Wohnzimmer, trank Kaffee und riß ein paar Witze. Dann

ging er in ein anderes Zimmer, wo einigen der Schüler die Gelegenheit zu privaten Unterredungen gegeben wurde. Daskalos war für diese Leute nicht nur ein Lehrer, sondern auch Beichtvater und Lebensberater bei persönlichen Problemen.
Nachdem alle in einem größeren Raum versammelt waren, zündete Kostas in einem Gefäß etwas Räucherwerk an, wie es auch in den griechischen Kirchen Verwendung fand. Daskalos erhob sich, und jedermann tat es ihm nach. Er hob das Räuchergefäß hoch und beschrieb damit das Zeichen des Kreuzes. Dann sprach er ein kurzes Gebet.
»Wir werden unsere gemeinsame Zeit heute damit verbringen«, begann Daskalos nach dem kurzen Gebet, »einige Themen und Fragen über die psychonoetischen Welten zu untersuchen. Ich habe gemerkt, daß einige von euch zahlreiche Fragen in bezug auf Beschaffenheit und Einzelheiten dieser Bereiche haben. Ihr könnt diese Fragen nun stellen. Yohannan ist bereit, sie zu beantworten.«
Kostas, der zu Daskalos' Linken saß, stellte sich als Diskussionsleiter zur Verfügung. Die erste Frage aus dem Publikum war sehr weitreichend: »Was geschieht mit einem vom Augenblick des Todes bis zum Zeitpunkt der Wiederverkörperung?« Kostas wiederholte die Frage, so daß jeder sie deutlich hören konnte.
Daskalos begann seine Antwort zunächst mit einer Definition des Begriffes Tod und ging dann weiter zu einer Schilderung des Transformationsprozesses der selbstbewußten Persönlichkeit nach dem Tode.
»Wir haben schon früher gesagt, daß der grobstoffliche Leib sich ohne sein entsprechendes ätherisches Doppel nicht erhalten kann. Der Tod bedeutet also die Trennung und Auflösung des ätherischen Doppels des grobstofflichen Körpers. Normalerweise braucht es für die Auflösung des ätherischen Doppels vierzig Tage, vom Todestermin an gerechnet. Aus diesem Grunde ist es in unserer Religion üblich, daß man bis zum vierzigsten Tag nach dem Tode eine Kerze über dem Grab des Verstorbenen brennen läßt. Feuer beschleunigt den Auflösungsvorgang des ätherischen Doppels.«

Daskalos wies darauf hin, daß das ätherische Doppel eines Verstorbenen sehr beeinflußbar ist und von einem Schwarzmagier eingefangen werden kann, der es zu bösen Zwecken gebrauchen kann. Deshalb ist dem indischen Brauch der Verbrennung des Leichnams der Vorzug zu geben.

»Im allgemeinen denken die Leute, daß der Tod eine erschrekkende und schmerzhafte Angelegenheit sei. Wahr ist jedoch das Gegenteil. Der Sterbevorgang ist nichts anderes als ein angenehmer Schlaf nach der Erschöpfung eines arbeitsamen Tages. Man kann wohl unter einer schweren Krankheit leiden, aber im Augenblick des Todes gibt es keinen Schmerz mehr. Ein großer Mystiker sagte einmal: ›Nie haben menschliche Lippen einen süßeren Kuß geschmeckt als den vom Engel des Todes.‹ Ich kann das aus eigener Erfahrung bestätigen. In dem Moment, da sich die Person von ihrem Körper zu lösen beginnt, kehrt eine gelassene Ruhe in ihre Gesichtszüge ein, und sie spürt keine Schmerzen mehr.

Nach dem Tode wird man voll bewußt auf einer der Unterebenen der psychonoetischen Welt weiterleben und hat all seine Tugenden und Laster, seine Zielsetzungen und seine Absichten mit sich genommen. Die Persönlichkeit wird durch den Tod keiner Veränderung unterzogen. Nur die Realität des Raumes ändert sich. Man geht in einen Zustand hinüber, wo Raum, wie wir ihn aus der grobstofflichen Welt kennen, nicht existiert. Man nimmt Raum als Bedeutung auf, als Begriff.«

Daskalos' letzte Worte riefen eine Reihe von Fragen zur weiteren Klärung hervor.

»Stellt euch vor«, fuhr er fort, »ich bringe euch in diesen Raum, während ihr schlaft, und gebe euch eine bestimmte Unterweisung. Ihr werdet den Eindruck des Raumes haben, wie ihr ihn in diesem Augenblick wahrnehmt. Wenn ihr mich am nächsten Tag seht, werdet ihr vermutlich sagen: ›Daskale, wir sind in die Stoa gekommen, und jeder von uns saß an seinem Lieblingsplatz.‹ Jetzt stelle ich euch folgende Frage: Werdet ihr wirklich in diesen Raum gekommen sein, um der Unterweisung zu lauschen? In dem Zustand, in dem ihr sein werdet, kann jeder, der in der psychischen Welt lebt, ganz gleich, wie ›weit entfernt‹, durch Einstellung die gleiche Unterweisung vernehmen können. In der psychischen Welt sind wir wie Fernsehsender, auf die andere sich einstellen können, die dann empfangen, was auch immer wir ausstrahlen. Wenn wir unseren Körper verlassen – sei es durch Tod oder Eksomatose –, begeben wir uns tatsächlich in uns selbst. Kommunikation und alle anderen Erlebnisse finden dann von innen heraus statt. Alles ist nämlich dort. Vor einiger Zeit teilte unser Meister uns eine große Wahrheit mit: ›Der Abgrund in uns‹, sagte er, ›ist keineswegs geringer als der Abgrund im Äußeren.‹

Vielleicht wird es leichter sein zu verstehen, was ich sage, wenn ich euch folgenden konkreten Fall schildere. Drei Brüder hatten nach dem Tode ihres Vaters das Verlangen, mit ihm in Verbindung zu treten, und sie führten ein psychisches Experiment durch. Einer von ihnen war in Australien, einer in London und der dritte in Amerika. Mit Hilfe von drei verschiedenen guten Medien gelang es ihnen, zu gleicher Zeit ihren Vater zu erreichen. Sie wollten ihren Vater ›herunter‹-holen, sagten sie. Sie nahmen tatsächlich an, daß er irgendwo ›oben‹ sei. Er sprach zu ihnen über bestimmte Familienangelegenheiten, von denen keiner der Söhne etwas wußte, die sich aber hinterher als wahr herausstellten. Sie gelangten jedoch zu dem Schluß, daß es nicht ihr Vater war, mit dem sie Kontakt hatten, sondern der Teufel. Wie, argumentierten sie, hätte es der Vater sein können, wenn sie an drei verschiedenen Orten auf unserem Planeten zur gleichen Zeit mit ihm sprachen? Sie dachten, daß ihr Vater nach seinem Tode in einer ähnlichen Lage sei wie in der materiellen Welt.

Sie kamen nach Zypern und nahmen über mich abermals die Verbindung mit ihrem Vater auf. Er versicherte ihnen, daß er selbst es war, der damals mit ihnen gesprochen hatte. ›Ich habe keine Rücksicht auf *eure* äußere Umgebung genommen, sondern zu allen dreien gesprochen. Ich habe euch sogar berührt‹,

sagte er. ›Wie konntest du das tun, Vater, während wir doch so weit voneinander entfernt waren?‹ fragten die Söhne.
Ich warnte sie: Würden sie stur auf ihrem Zweifeln bestehen, könnten sie ihn verwirren. Der bloße Umstand, daß er nun auf der anderen Seite war, bedeutete nicht, daß er die Realität des Phänomenalen hinter sich gelassen hätte. Ich versicherte ihnen, daß es nicht das Wirken des Teufels war, sondern tatsächlich ihr verstorbener Vater, der zu ihnen sprach. Ich erklärte ihnen, daß in der psychischen Welt die Kommunikation durch Schwingungen ähnlicher Frequenzen vonstatten geht. ›Stellt euch einmal vor‹, forderte ich sie auf, ›daß ich mehrere gute Radios habe, die jeden Sender rund um den Globus einfangen können. Nun, wenn ich diese Weltempfänger an verschiedenen Orten der Erde aufstelle und sie alle auf die gleiche Frequenz abstimme – werden nicht alle die gleiche Station, das gleiche Programm empfangen?‹
Die Kommunikation auf der psychischen Ebene ist ähnlich. Kein menschliches Bewußtsein wird je vermischt und verwechselt werden mit einem anderen. Seit der Erfindung von Radio und Fernsehen ist es für gewöhnliche Menschen viel leichter, diese Gegebenheiten der psychischen Welten zu verstehen.
Ihr müßt wissen, daß die Ebenen und Unterebenen der psychischen und noetischen Welten den gleichen Raum einnehmen. Und dieser Raum ist die Mitte der Erde, überall auf dem Planeten, im Umkreis des Planeten, auf seiner Oberfläche und im Raum, der die Erde umgibt. Stellt euch nicht vor, daß diese Ebenen und Zwischenebenen wie Stockwerke übereinander liegen. In diesem Augenblick existieren all die Ebenen und Unterebenen der psychonoetischen Welten im Kopf einer Stecknadel, in diesem Raum und überall sonst. Es ist ein Seinszustand, ein Schwingungszustand und eine Methode, sich darauf einzustimmen.
In der psychischen Welt wird man als selbstbewußte Persönlichkeit überall da sein, wohin man seine Aufmerksamkeit richtet. Deshalb glauben wir, wenn wir einen lebhaften Traum haben, in dem wir uns erleben, wie wir von einem Augenblick zum ande-

ren über weite Entfernungen gelangen, daß solche Wahrnehmungen irreal sind, daß sie Illusionen seien. Das sind sie aber nicht. Wenn ihr euch eines Tages selbst in der psychonoetischen Welt befindet, werdet ihr erkennen, daß diese Welten konkreter sind als die Welt der grobstofflichen Materie. Ihr werdet mit größerer Intensität und Leichtigkeit zu leben beginnen. Doch wird die Welt, in der ihr euch dann befindet, in vielen Beziehungen auch ähnlich eurer jetzigen Welt sein, die ihr kennt. Das hängt von eurer Fähigkeit ab, Eindrücke und psychonoetische Schwingungen zu empfangen. Je nach euren Interessen und Neigungen werdet ihr nach dem Tode eine entsprechende psychische Umgebung betreten. Ihr werdet euch in einer Hölle, im Fegefeuer oder einem Paradies wiederfinden – in dem Zustand, in dem ihr euch jetzt schon aufhaltet.

Doch es gibt auch einen wichtigen Unterschied zwischen den materiellen und den psychischen Bereichen. Wenn wir uns in der psychischen Umgebung befinden, erlangen Gefühle eine größere Intensität. So können beispielsweise Gefühle wie Haß oder Eifersucht so stark werden, daß sie wie Feuer brennen. Im hiesigen Leben können solche Emotionen durch die Grenzen des körperlichen Gehirns gedämpft werden. Auf der psychischen Ebene jedoch gibt es diese Grenzen nicht. Deshalb empfinden wir das Leben in der psychischen Welt mit solcher Intensität.

Ihr solltet aber nie glauben, daß die sogenannte Hölle eine Art psychischer Folterkammer sei. Hölle und Purgatorium sind Schulen und Lehrstätten zur Erlangung von Erfahrungen, auf daß die Menschenwesen ihrer Vervollkommnung entgegenschreiten können. In Wirklichkeit gibt es keine Höllenstrafe. Es gibt nur Erfahrungen. Wenn gelitten wird, so geschieht dies nicht, weil der Absolute uns wegen unserer Gesetzesübertretungen zu bestrafen wünscht, sondern damit wir herausfinden können, wer wir wirklich sind. Das Ziel solcher Erfahrungen ist es, uns zu helfen, unsere Illusionen und Unwissenheit abzuschütteln.

Hölle und Paradies sind relative Begriffe. Die Hölle des einen kann des anderen Paradies sein. Um jemandem auf der psychischen Ebene aus seiner Hölle herauszuhelfen, muß man ihm beispielsweise eine Alternative zu dem Zustand zeigen, in dem er sich befindet. War jemand während seines Erdenlebens ein rechter Querulant, so wird er sich, nachdem er seinen materiellen Körper abgelegt hat, in ähnlichen Umständen wiederfinden. Um ihm zu helfen, muß man ihm den nächstbesseren Zustand zeigen, in den er weitergehen kann. Wenn er für diesen Vorschlag nicht empfänglich ist, müssen wir ihn dort bleiben lassen, wo er ist. Er lebt in seinem Paradies, selbst wenn es die höllischste Qual bedeutet.

Ich will euch ein Beispiel nennen. Ich habe versucht, jemandem zu helfen, der in seinem Erdenleben ein Spieler und ein sehr streitsüchtiger Mensch war. Er starb vor 45 Jahren an Tuberkulose. In der psychischen Welt hat er ganz genauso gelebt wie zuvor auf der grobstofflichen Ebene. Er hat, zusammen mit anderen, die gleiche Umgebung erschaffen, in der er sich schon zeit seines Erdenlebens vorzugsweise aufgehalten hatte: schmutzige Fensterscheiben, schmutzige Kleidung und Tische, Streitereien, Auseinandersetzungen – genau das, was er aus den Kneipen von früher kannte. Die Leute dort haben nicht einmal genug Phantasie, um sich etwas Besseres zu schaffen. Eines Tages sagte ich zu ihm: ›Komm, mein Freund, laß uns woanders hingehen.‹ Ich nahm ihn aus seiner Umgebung heraus und schuf die Schwingungen einer Beethoven-Symphonie, die mir sehr gefällt, besonders die mit der Freude. Und ich sprach zu ihm: ›Charilae‹, so hieß er, ›schau!‹ Und ich zeigte ihm einen wunderschönen Wald, mit Farben, einem Bach, Blumen – mit allem. Ich stimmte die Töne harmonisch auf die sichtbaren Eindrücke ab und schuf ihm etwas, das ich mir unter einem Paradies vorstellen könnte. Er starrte mich eine Zeitlang an, und dann sagte er: ›Hast du jetzt nicht genug davon? Komm, laß uns zurückgehen und mit meinen Freunden ein wenig Poker spielen. Wie lange willst du mich hier noch festhalten und deinen Blechtrommeln zuhören lassen?‹ Was hätte ich sagen sollen? Er lebte in seinem Paradies, das

für mich eine unerträgliche Hölle gewesen wäre. Wie konnte ich diesem Mann den Unterschied zwischen Hölle und Paradies erklären?
Oder noch ein anderer Fall. Eine griesgrämige Frau verbrachte ihr ganzes Leben damit, daß sie ihre Nachbarn irgendwelcher Dinge beschuldigte, über sie Klatsch verbreitete und sie beschimpfte. Nachdem sie gestorben war, setzte sie die gleiche Lebensweise fort, wenn auch viel intensiver. Statt mit echten Menschen – die sie ja zurücklassen mußte – stritt sie nun mit selbsterschaffenen Elementalen, die sie begleitet hatten, die Elementale von Maria, Eleni und Efterpe. Wir versuchten vergeblich, ihr klarzumachen, daß sie in einer Hölle lebte und diese Elementale besser auflösen sollte, damit sie selbst klarer sehen könnte. Aber erst, wenn sie von ihrem Tun genug hat und erschöpft ist, wird sie freiwillig nach einer Veränderung suchen. Jene von euch, die eines Tages unsichtbare Helfer werden, werden dann den gleichen Schwierigkeiten begegnen. Ihr müßt wissen, daß ihr keinem Menschen helfen könnt, der nicht selbst eine Veränderung wünscht. Jeder einzelne wird sich allmählich entwickeln. Unter solchen Umständen können wir bestenfalls ein vorteilhaftes Elemental schaffen und es in die Aura des betreffenden Menschen setzen, wo es arbeiten soll. Wenn dieser für eine Veränderung reif ist, wird das gute Elemental dasein, um ihm zu helfen.«
»Daskale«, fragte ich, »besitzen die psychonoetischen Ebenen und Unterebenen eine objektive Existenz, die unabhängig ist von der subjektiven Wahrnehmung des Betrachters?«
»Ich habe schon früher gesagt, daß die psychischen Welten Bäume, Berge, Meere, Flüsse und alles andere haben, das es auch auf der Erde gibt – alles, was es je gegeben hat, und alles, was es jemals geben kann. Was du als die wirkliche Welt ansiehst, ist tatsächlich der Schatten oder die Reflexion anderer, strahlenderer Welten, in denen alles Materielle, das du für real hältst, sein Dasein hat. Auf den verschiedenen Ebenen und Zwischenebenen der psychischen Welten gibt es nicht nur alles, was auf diesem Planeten existiert, der von Erzengel-Kräften geschaffen wurde –

wie Wasser, Berge, Wälder usw. –, sondern auch alles, was die Menschen erschaffen haben, während ihres Lebens oder danach. Somit ist die psychische Welt eine wesentlich reichere Welt. Die meisten dort lebenden Menschenwesen aber nehmen sie durch die Elementale wahr, die sie selbst erzeugen. In den psychischen Welten gibt es zum Beispiel nicht jeden Tag Sonnenauf- und -untergang – wenn wir sie nicht selbst schaffen. Aber wenn wir eine Sonne schaffen, dann wird sie Teil unserer individuellen, subjektiven psychischen Welt sein, nicht der äußeren. Wenn ein Mensch also seinen grobstofflichen Körper ablegt, fängt er an, gleichzeitig auf zwei Daseinsebenen zu leben: auf der realen psychischen Ebene und in seiner eigenen, individuellen psychischen Welt. Die meisten stecken so fest in ihrer jeweiligen, subjektiven Schale, daß sie das Wesen und die Beschaffenheit der psychischen Ebene, auf der sie sich befinden und schwingen, gar nicht wahrnehmen. Das ist, wie wenn wir auf einer Reise sind, aber wegen unserer Leidenschaften und emotionaler Verwirrung die Schönheit der Landschaft um uns nicht erkennen.
Ich möchte noch etwas sagen, was euch vielleicht als Blasphemie erscheinen wird. Nach meinen eigenen Erfahrungen ist das, was man als eine unerträgliche Hölle betrachten würde, in Wirklichkeit zumeist ein wunderschöner Raum, wenn wir unser Bewußtsein nur auf die reale psychische Ebene einzustellen vermögen. Unsere Voreingenommenheit ist es, die uns dazu bringen oder davon abhalten wird, jene Schönheit wahrzunehmen.« Daskalos sprach weiter und erklärte, daß die Entwicklung des Wahrheitsforschers auch die Entfaltung der Fähigkeit bedeute, zwischen der realen psychischen Welt und der subjektiven, der individuellen psychischen Umgebung zu unterscheiden, die die Menschenwesen sich selbst bauen, zusammen mit den Elementalen, die sie mitbringen, wenn sie dorthin kommen. Was in diesen psychonoetischen Ebenen häßlich ist, ist das, was der einzelne in seiner subjektiven Hülle verbirgt, seine eigene psychische Welt, die ihm Schwingungen des Bösen bringt.
»Wo ist diese Schale oder Hülle?« fragte jemand.

»Du meinst, räumlich betrachtet? Nun, wiederum gilt: überall und nirgends. Aber ein Mensch, der seine eigene Schale erbaut und in ihr lebt, hat die Wahrnehmung fester Grenzen, innerhalb derer er gefangen ist beziehungsweise Handlungsspielraum besitzt. Menschen bauen sich Dörfer, Kirchen, Felder, wie sie diese schon auf der grobstofflichen Ebene besaßen. Wir können in ihre psychischen Welten eintreten, wenn wir uns auf sie einstellen, und verstehen dann, wie sie ihre psychische Welt von innen wahrnehmen und erfahren.«

Bei einer anderen Gelegenheit hatte Iacovos mir gegenüber erwähnt, daß er sich regelmäßig mit seinem Großvater treffe, der schon vor etlichen Jahren gestorben sei. »Mein Großvater«, sagte er, »beschäftigt sich noch vorwiegend mit den gleichen Dingen wie während seines Erdenlebens. Er schaut nach seinem Orangenhain, kümmert sich um die Bäume, verkauft das Obst und macht sich Sorgen, ob es ausreichend Regen gibt!«

»Auf den unteren Ebenen der psychischen Welt, die wir Höllen und Fegefeuer nennen, ist weniger Licht als auf den höheren Ebenen. Die göttliche Barmherzigkeit bettet hier in liebliche Landschaften nur jene Lichtschwingungen, die solche Ebenen zu Stätten der Erholung werden lassen. Das entspricht ungefähr dem, was wir tun, wenn wir die Bedürfnisse eines leidenden Menschen erfüllen. Wir halten die Fenster geschlossen und das Licht gedämpft, damit das Nervensystem des Patienten sich entspannen kann. Ähnlich hat das Absolute all die herrlichen Landschaften auf den unteren psychischen Ebenen in eine Art von Zwielicht getaucht. Dies ist die passende Umgebung für jene kränkelnden Persönlichkeiten, die sich dort einfinden und sich erst erholen, kräftigen und entwickeln müssen. Wenn wir von den niederen Ebenen auf höhere weiterschreiten, können wir feststellen, daß das Licht immer mehr zunimmt; wie eine Erdenlandschaft, die nach dem Sonnenaufgang vom wachsenden Sonnenlicht erhellt wird, werden die psychischen Ebenen zunehmend durchlichtet. Paradiese – die höheren psychonoetischen Ebenen – schwimmen in einem Licht vibrierender Intensität.

Merkt euch also«, sprach Daskalos weiter, »daß es die Haupteigenschaft der psychischen Welt ist, daß jedes Materie-Atom sein eigenes Licht ausstrahlt. Es ist dort demnach nicht wie in der dreidimensionalen Welt, in der das Licht von einer Sonne oder aus einer künstlichen Quelle kommt.«
Daskalos' letzte Bemerkung rief mir Castanedas Schilderung eines Erlebnisses während seiner Lehrzeit bei Don Juan in Erinnerung. Castaneda behauptete, daß er in einer mondlosen Nacht, als er mit Don Juan in der Wüste unterwegs war, Schwierigkeiten gehabt habe, sich in der Dunkelheit zu bewegen, bis er plötzlich die ganze Szene aufleuchten sah, als ob die Sonne aufgegangen wäre. Er konnte, wie er schreibt, alles ganz deutlich sehen und problemlos weitergehen, als sei es hellichter Tag. Weiterhin, sagt er, konnte er ein Gespräch mit einem Kojoten führen, der gerade dort war. Hat Castaneda, fragte ich mich, in diesem Augenblick einen Zustand betreten, den Daskalos die psychische Entsprechung jener Wüstengegend nennen würde? Als ich ihm diese Frage später stellte, meinte er, daß dies vermutlich geschehen sei.
»Es stellt sich die Frage«, sagte er dann, »kann man mit einer Blume oder Pflanze kommunizieren? Gewöhnliche Menschen – ganz gleich, wie sehr sie Pflanzen und Blumen lieben – vermögen nicht bewußt mit ihnen in Kommunikation zu treten. Sie erscheinen ihnen wie Gegenstände, die sich außerhalb von ihnen befinden. Ein Dichter mag wohl durch die Schönheit einer Blume inspiriert werden, aber kann er das Halbbewußtsein der Blume in sein Bewußtsein aufnehmen? In der psychischen Welt ist das ganz anders. Wenn du weitergelangst, wirst du mit allen Lebensformen kommunizieren können. Alle Dinge sind lebendig und haben ihre eigene Sprache, Schwingung und Leuchtkraft, die du mit deinem psychischen Körper wahrnehmen kannst.
In der psychischen Welt«, sprach Daskalos weiter, »denken wir nicht mit unserem Gehirn. Wir haben es, aber wir brauchen es nicht. Jede Zelle unseres psychischen Körpers ist ein Zentrum

des Bewußtseins, das Eindrücke empfängt. Wir haben Augen, aber wir brauchen sie nicht, aus dem gleichen Grunde. In der psychischen Welt gibt es keine Trennung zwischen uns und einem Gegenstand außerhalb von uns. Wenn wir uns auf etwas einstellen, sind wir augenblicklich eins mit diesem Gegenstand unserer Besinnung. Wir sind in ihm und um ihn. Aber wir können das nur tun, wenn wir uns tatsächlich in der realen psychischen Welt befinden und nicht innerhalb unserer individuellen Schale, die wir als unsere eigene psychische Welt selbst geschaffen haben. Denn hier färben und prägen wir alles durch unsere Voreingenommenheit und Eindrücke.«

Auf die Frage eines Anwesenden nach der Beschaffenheit der Fortbewegung auf den psychischen Ebenen antwortete Daskalos, daß sie radikal verschieden sei von der Weise, in der wir uns auf Erden bewegen. »Wir bewegen uns dort nicht fort, indem wir gehen, einen Bus nehmen oder uns selbst ans Steuer setzen. Aber wir können uns selbst und andere als gehend oder fahrend wahrnehmen. Das ist nur eine Wahrnehmung, und noch dazu eine illusorische. Wenn wir außerhalb unseres Körpers sind und uns in der psychischen Welt hierhin und dorthin bewegen – das gilt auch für den ätherischen Aspekt der grobstofflichen Welt –, dann können wir dabei das Gefühl haben zu fliegen. Manchmal habt ihr in euren Träumen so einen Eindruck. Habt ihr euch je gefragt, wie es dazu kommen kann? Sind wir Vögel, daß wir fliegen können? In der psychischen Welt kann Fortbewegung augenblicklich stattfinden. Es geht allein darum, daß wir unser Bewußtsein auf das Ziel einstellen. So können wir beispielsweise im Bruchteil einer Sekunde in London sein, ohne quer über Europa ›fliegen‹ zu müssen. Eines Tages werdet ihr lernen, wie man sein Bewußtsein über weite Entfernungen hinweg transportiert, solange man sich noch im Erdenleben der grobstofflichen Ebene befindet.«

»Kannst du uns erklären, wie man das tut?« fragte ich.

»Das kann ich, aber es wird dir auf deiner jetzigen Stufe nichts bedeuten oder nützen. Du mußt dir in Gedanken ein Bild von dem Ort machen, an den du dich begeben willst, ganz intensiv in diesem Bild leben, es in Gedanken festhalten, ohne dich davon ablenken zu lassen, dich auf diesen Ort einstellen – und dann bist du dort. Und falls dann gerade ein Hellsehender zur Stelle ist, so wird er dich an dem Ort, wohin du dein Bewußtsein transportiert hast, wahrnehmen können. Wenn du dich noch weiter entwikkelst, kannst du dich dort regelrecht materialisieren und von Menschen gesehen werden, die keine hellseherischen Fähigkeiten besitzen.«

»Wenn du das tust«, wollte ich wissen, »was geschieht so lange mit deinem materiellen Körper?«

»Das hängt wiederum davon ab, wie weit entwickelt ein Meister ist. Dein Körper kann sich im Zustand tiefen Schlafes befinden. Aber man kann auch eine Stufe erreichen, auf der all das möglich ist, während man hellwach bleibt. Im Laufe der Zeit kann man gar ein überbewußtes Selbstgewahrsein entwickeln und voll bewußt und konzentriert an mehreren Orten der Erde gleichzeitig sein.«

Ich gab zu, daß ich Schwierigkeiten hatte zu verstehen, wovon er sprach. Man stelle sich vor: an mehreren Orten zugleich zu sein!

»Das sind keine einfachen Themen«, fuhr Daskalos fort, »aber deine Frage war so, daß ich dir eine allgemeine Antwort geben mußte. Zerbrich dir darüber nicht den Kopf. Dies sind große Wahrheiten, die für dich sehr schwierig zu verstehen sind, weil du allein mit den Gegebenheiten in Raum und Zeit vertraut bist.«

Daskalos bemerkte dann, daß die Welten der »Getrenntheit« die armseligsten sind, obgleich sie uns die größten Paradiese und Höllen ermöglichen. »Die Welten des Getrenntseins sind nicht allein die materielle, die grobstoffliche Welt, sondern auch die psychische und die noetische Welt. Es sind dies Welten von Gestalten, Bildern und Eindrücken. Wir nennen sie Welten der Getrenntheit, weil man sich als separates Wesen, als Einzelwesen sieht, das Eindrücke empfängt und diese interpretiert. Das ist etwas anderes als das wahre Selbst. Es gibt aber auch andere Welten, in denen die Getrenntheit überwunden ist. So sind da zum Beispiel die höhere noetische Welt, die Welt der Urbilder – Gesetze, die jenseits konkreter Gedankenformen bestehen. Es gibt ferner die Welt des ewigen Lichtes, der sieben Himmel. Wir haben bisher nur über drei Welten gesprochen, die grobstoffliche, die psychische und die noetische. Jenseits dieser Bereiche ist noch das, was unsere Religion als das Himmelreich bezeichnet, das inwendig in uns ist.

Diese Unterweisungen«, sprach Daskalos nachdenklich weiter, nachdem er einige Augenblicke geschwiegen hatte, »wurden vom geliebten Meister den Jüngern im Schatten der Ölbäume im Garten Gethsemane gegeben. Er lehrte sie Eksomatose, Materialisation, Dematerialisierung und viele andere Geheimnisse. Im Kern der christlichen Lehre gibt es keine Barrieren gegen das Wissen, auch wenn schwarzgewandete Priester Grenzen und Beschränkungen auferlegt haben. Wir, als die Erforscher der Wahrheit, wollen erfahren durch Verstand, durch Fragen und Konzentration. Wir nehmen die Aufforderung Christi ernst: ›Und die Wahrheit soll euch frei machen.‹ Dafür ist Christus in diese Welt gekommen, um uns einige Lektionen mitzuteilen und uns den Weg zu zeigen, der hinausführt aus den Höllen, in denen wir uns befinden, und in sein Paradies leitet, das auch das unsere ist. Leider haben nur sehr wenige Menschen aus seiner Lehre etwas gelernt.«

Daskalos beendete seine Ausführungen und wartete eine Weile auf weitere Fragen. Dann betonte er noch einmal, daß die psychischen Ebenen Schulen sind, die die Menschen besuchen, um die notwendigen Lektionen zu erfahren und die passenden Schlüsse zu ziehen aus dem, was sie während ihres Erdenlebens erfahren haben.

»Dann begibt sich das Individuum weiter – auf höhere, lichtere Ebenen, und nachdem es eine gewisse Stufe erreicht hat, wird es von den Meistern des Karma aufgefordert, auf die Erdenwelt zurückzukehren, um weitere Lektionen zu erhalten. Kurzum, die psychischen Ebenen sind Raststätten für die selbstbewußte Persönlichkeit, die hier bis zum Beginn eines nächsten Schuljahres verweilen kann. Es sei denn, man rauscht durch die Schlußprüfung, wird nicht versetzt und muß das Jahr wieder von vorne anfangen.« Bei dieser Bemerkung lachte Daskalos von Herzen, und alle schlossen sich an.

»Ist es möglich, in eine tiefere Klasse zurückversetzt zu werden?« fragte jemand, halb aus Spaß.

»Niemals. Es ist möglich, in der gleichen Klassenstufe zu bleiben, bis man mehr Erfahrungen hat. Ein selbstbewußtes Wesen wird in eine Umgebung inkarnieren, die auch anderen, verwandten Geistern entspricht, die die gleiche Schwingung aussenden. Das nennen die Menschen Vererbung. Aber so etwas gibt es nicht. Statt Vererbung würde ich vielmehr sagen, daß es die Allwissenheit des Absoluten gibt, die jene zusammenführt, die zusammengeführt werden müssen, damit sie sich einander und der Liebe nähern können. Haß gibt es in Wirklichkeit nicht. Er ist eine Illusion, die auf Unwissenheit beruht. Aber solche Betrachtungen erfordern natürlich gewissenhafte und eingehendere Beschäftigung.«

»Kennt die Seele ihr Ziel, und weiß sie um die Erfahrungen, die sie in einer künftigen Inkarnation sammeln wird?« fragte eine schwarzgekleidete Frau mittleren Alters.

»Nicht in Einzelheiten. Unterbewußt weiß natürlich die ewige, selbstbewußte Seele darum. Aber sie bringt dieses Wissen nicht auf die bewußte Ebene der gegenwärtigen Persönlichkeit. Nehmen wir ein Beispiel: Ein kleines Kind faßt ins Feuer und verbrennt sich den Finger. Es wird die Einzelheiten dieses Erlebnisses bald vergessen, aber wann immer es später dem Feuer zu nahe kommt, wird es die Hand zurückziehen. Es ist nicht notwendig, sich der Details des Erlebnisses in der Vergangenheit zu erinnern.«

»Sollten wir also davon ausgehen, daß die Erfahrungen, die in einer bestimmten Inkarnation gesammelt werden, vorherbestimmt sind?«

»Nein. Die selbstbewußte Seele kennt nur Möglichkeiten und Wahrscheinlichkeiten. Die derzeitige Persönlichkeit besitzt Handlungsfreiheit. Andernfalls wären die Menschen nicht mehr als Roboter oder Marionetten. Wie der einzelne seine Schulden bezahlt, ist seine eigene Angelegenheit. Das ist, wie wenn ich in diesem Augenblick den Auftrag erhalte, ein Schiff zu besteigen, das nach New York fährt. Mein Ziel ist vorherbestimmt. Was für ein Leben ich auf dem Schiff während der Reise führe, entscheide ich selbst. Vorherbestimmt ist allein mein Ziel, New York.«

»Dann beruht alles auf einem göttlichen Plan«, beharrte die Frau.

»Der göttliche Plan bezieht sich auf Geburt und Tod, und das ist alles«, erwiderte Daskalos mit lauter, ernster Stimme, die seine Ungeduld nicht ganz verbarg. »Alles andere ist deine Sache. Wir wollen diese Frage nicht mißverstehen und meinen, daß alles, was uns passiert, unvermeidlich sei. Sonst werden wir törichte Fatalisten und hören auf, Wahrheitsforscher zu sein. Vorherbestimmt ist, daß du herabsteigst, um geboren zu werden, einen Lebenszyklus erfüllst und dann stirbst. Das kannst du nicht vermeiden. Alles andere im Laufe des Lebens baut auf dem auf, was du aus früheren Leben mitbringst, je nachdem, wie du dich im derzeitigen Leben entscheidest, es zu entfalten oder auszudrükken.

Ich wiederhole: Vorherbestimmt ist unser Abstieg in die Materie, nachdem wir das erstemal durch das Urbild des Menschen gegangen sind. Dann ist es – durch wiederholte Inkarnation – unser Ziel, dahin zurückzukehren, von wo wir gekommen sind. Das ist das allgemeine Gesetz der Inkarnation. Man steigt in die Materie herab mit dem letztlichen Ziel, wieder zurück zur Quelle aufzusteigen. Wie lange du dazu brauchst, das ist dein Problem.«

»Warum ist es nötig, daß eine Seele erst inkarniert und dann wieder zurückkehrt?« fragte ich.

»Vielleicht, um zu erkennen, wer man ist, und um zur Selbstbewußtheit zu gelangen.«

»Heißt das, daß es in der heiligen Monade keine Selbstbewußtheit gibt?«

»Doch, aber man erkennt es nicht. Ich will dir das anhand eines einfachen Beispieles zeigen. Nehmen wir an, du wärest in einem strahlendhellen Raum geboren, und ich fragte dich: ›Weißt du, was Licht ist?‹ Meinst du, du würdest es wissen? Wenn ich aber das Licht ausschalte oder dich aus dem hellen Raum herausnehme, dann wirst du erfahren können, was Licht ist.

Als ewige Wesenheiten werden wir nicht zu etwas, das wir nicht bereits sind. Aber meine permanente, selbstbewußte Persönlichkeit, die die Summe aller Inkarnationen ist, durch die ich gehe, baut um meine ewige Seinsheit herum meine einzigartige Individualität. Seinsheit und Individualität sind nicht identisch. Ich existiere schon, bevor ich durch das Urbild des Menschen gehe. Wenn ich dann das Urbild des Menschen passiert habe und Erfahrungen in der grobstofflichen Materie sammle, bin ich in der Lage zu erkennen, daß ich existiere. Was wir also gewinnen, ist Individualität in der Seinsheit. Wir werden unsere Seinsheit gewahr. Wäre dies nicht das eigentliche Ziel, wäre der Abstieg in die Materialität, auf den die Kreisläufe der Inkarnationen folgen, zwecklos. In dem Gleichnis vom verlorenen Sohn offenbarte Christus in symbolischer Sprache dem Menschen den Sinn seines Daseins.

Christus erzählt, wie einer von zwei Söhnen beschloß, den Palast seines Vaters zu verlassen. Er bat um seinen Anteil am Vermögen, damit er hinausgehen und die Welt kennenlernen könnte. Wäre es nicht Teil des göttlichen Planes gewesen, hätte der allweise Vater die Bitte seines Sohnes abschlagen können. Aber es entsprach dem Plan, ihn ziehen zu lassen, Not leiden zu lassen, ihn Wissen erwerben und zurückkehren zu lassen. Der Sohn erhielt vom Vater, worum er gebeten hatte: In Wirklichkeit handelte es sich um Verstand, Empfinden und einen materiellen Körper – also seine derzeitige Persönlichkeit. Er nahm seinen Anteil und ging davon.

Nun, manche mögen dieses Verlassen des väterlichen Palastes

und den Abstieg in die Materie als Sünde oder Sündenfall bezeichnen. Ich nenne es lieber Erfahrung. In diesem neuen Zustand jedenfalls vergeudete der Sohn sein Erbe und wurde in der Folge schließlich Schweinehirt. In Wirklichkeit schuf er Elementale, weidete sie und lebte von der gleichen Nahrung wie sie, das heißt, mit der niedersten Ausdrucksform des Denkens. Die Schweine im Gleichnis stehen symbolisch für die Elementale, die der Mensch unaufhörlich erschafft.
Eines Tages lehnte er sich auf und stellte das Leben, das er zwischen den Schweinen führte – also in der Welt der Elementale – in Frage. Er beschloß, zu seines Vaters Palast zurückzukehren, wo schon die Diener glückseliger waren als er jetzt. Er bat: ›Vater, ich habe gesündigt. Mach mich zu einem deiner Diener.‹ Der Sohn machte einen Schritt voran, der Vater zehn. Wo bleibt da die Bestrafung? Habt ihr an irgendeiner Stelle dieses Gleichnisses Vorwurf, Tadel oder Bestrafung bemerken können? Der Vater breitete die Arme aus, umfing seinen Sohn und führte ihn zurück in den Palast. Statt ihn zu bestrafen, belohnte er ihn, indem er ihm einen Ring an den Finger steckte; das ist das Symbol der Ewigkeit. Leben ist Bewegung. Wenn wir uns auf einem Ring – ganz gleich in welcher Richtung – bewegen, gelangen wir nie an ein Ende. Es gibt weder Anfang noch Ende. Es gibt nur ewige Bewegung, Symbol der Ewigkeit selbst.
Der andere Bruder, der des Vaters Palast nie verließ, lebt im ewigen Jetzt. Er ist der Ewigkeit nicht gewahr. Der Mensch hingegen hat durch die Erfahrungen des Schweinehirten die Zeit als Vergangenheit, Gegenwart und Zukunft kennengelernt. Der Vater – so heißt es im Gleichnis – schmückte den zurückgekehrten Sohn mit dem Gewand seines Bruders, das heißt, der verlorene Sohn hat nichts von dem verloren, das er einst besessen hatte. Dann ließ der Vater ein gemästetes Kalb töten – Symbol des materiellen Körpers. Der andere Sohn protestierte: ›Was hast du für mich getan, der ich die ganze Zeit treu bei dir geblieben bin?‹ Aber dieser Sohn, der Erzengel, hatte nie einen materiellen Körper betreten. ›Alles, was ich habe, ist dein, mein Sohn‹, antwortete der Vater.

Jetzt frage ich euch: Wer ist in einer besseren Position? Der Erzengel, der den Palast nie verlassen hat, der gut ist, aber auch nichts anderes kennt? Oder der verlorene Sohn, der zurückgekehrt ist und alles hat, was der andere Bruder auch kennt, zusätzlich aber Selbstgewahrsein? Betrachtet es als einen Grundsatz, daß das Wesen des Menschen in der Theose (Rückkehr zum Vaterhaus) allen Erzengelrängen weitaus überlegen ist. Deshalb gibt es am Ende keine ewige Bestrafung. Es gibt nur das Erwerben von Erfahrung in der Materie, das uns die Selbstbewußtheit entwickelt. Um es mit den Worten des Paulus auszudrücken: ›Tod, wo ist dein Stachel? Hölle, wo ist dein Sieg?‹«

Als Daskalos seine Analyse des Gleichnisses Christi beendet hatte, kamen von den Zuhörern weitere Fragen über die Reinkarnation, ein Thema, das bei den Anwesenden offenbar auf großes Interesse stieß. Jemand stellte eine Frage nach dem Zusammenhang von Bevökerungswachstum und Reinkarnation. Er wollte wissen, wo die neuen Seelen herkämen. Daskalos antwortete in Kürze, daß eine ständige Kommunikation zwischen der noetischen, der psychischen und der grobstofflichen Ebene existiere. Menschen, die jetzt geboren werden, können aus anderen Seinsdimensionen kommen. Jene, die sterben, gehen in diese anderen Universen weiter. Wir sollten dies nicht als ein Problem betrachten, sagte er, da wir wissen, wie es zu einer ersten Inkarnation kommt. Das heißt: durch den Weg durch das Urbild des Menschen von einer Emanation, die aus einer heiligen Monade hervorgeht. Das ist ein ewiger und kontinuierlicher Vorgang.

»Wie lange bleibt ein Menschenwesen in der psychischen Welt, bis es wieder inkarniert?« fragte ich.

»Die Rosenkreuzer sagen: einhundertvierzig Jahre. Andere sagen: fünfzig Jahre, wieder andere: fünfhundert. Es gibt auch solche, die darauf bestehen, daß es tausend Jahre dauert, bis man wiedergeboren wird. Dazu sage ich nur eines: Unsinn. Es gibt keine starre zeitliche Regelung. Das ist eine persönliche Angelegenheit. Ich weiß zum Beispiel von einem Mystiker, der nur zehn Monate in der psychischen Welt blieb, bis er sich von neuem verkörperte.«

»Wer entscheidet«, fragte einer, »wann man auf die Erde zurückkehrt?«
Daskalos antwortete, daß man nach einem Zeitraum in der psychischen Welt, während dessen man die Erlebnisse des vergangenen Lebens verarbeitet hat, einen Punkt erreicht, an dem man wieder Appetit bekommt auf weitere Erfahrungen in einem Erdenleben. Dann macht man sich auf die Suche nach einem verwandten Geist, um sich verkörpern zu können. Daskalos erwähnte, daß ein Hellsichtiger den Geist des Wesens, das sich inkarnieren will, sehen kann, wenn er sich an die Aura des künftigen Vaters oder der zukünftigen Mutter gehängt hat und darauf wartet, empfangen zu werden. Häufig wechselt er zwischen den Auren von Vater und Mutter hin und her.
»Meinst du damit, Daskale«, wollte ich wissen, »daß man sich von der psychischen Ebene aus freiwillig jemanden aussucht, der einem die Möglichkeit zur Verkörperung geben wird?«
»Natürlich.«
»Aber ich dachte, daß solche Dinge von den Meistern geregelt werden, die für Verkörperung zuständig sind?«
»Die Meister werden dafür sorgen, daß du mit anderen zusammengeführt wirst. Dann ist es an dir, ein Haus zu finden, in das du eintreten kannst. Nehmen wir an, daß du über die Jahrhunderte hinweg enge Beziehungen mit vierzig oder fünfzig Leuten aufgebaut hast, deren Aura der deinen ähnlich ist. Du liebst sie, und sie lieben dich. Sie könnten dich zu ihrem Kind machen. Wo auch immer du Einlaß findest, kannst du eintreten. Es gibt Wesen, die stehen sich so nahe, daß sie einander immer wiederfinden werden, wenn sie in die gegenseitige Nähe gebracht werden. Aber es gibt auch solche, die blind zusammenfinden, weil Gleiches Gleiches anzieht. Verstehst du nun, was geschieht?
Stell dir vor, wir haben einen Korb, der – wie ein Sieb – viele Löcher verschiedener Größen hat. Wenn wir verschiedene Dinge hineingeben und gut schütteln, dann werden die größeren im Korb liegenbleiben und die kleineren durch die Löcher hindurchfallen. Was übrigbleibt, wird, wenn wir weiterschütteln, versu-

chen, ein Loch zu finden, das groß genug ist, daß es durchfallen kann. Möglicherweise gibt es fünfzig ähnliche Löcher, durch die ein Gegenstand fallen kann. Welches dann der Durchlaß am Ende sein wird, spielt keine Rolle. Es ist möglich, daß eine starke Liebe, die sich im Laufe von Jahrhunderten zwischen Menschen entwickelt hat, intensive magnetische Anziehungskräfte bewirkt, so daß zwei Seelen durch das gleiche Loch gehen werden. Dieser Inkarnierungsvorgang ist eine sehr komplizierte Angelegenheit, die eine eingehendere Beschäftigung erfordert.«

»Nach dem, was du sagtest, hat es den Anschein, daß es in gewissem Maße von einem selbst abhängt, das passende Loch zu finden, um durch das Sieb zu fallen«, bemerkte ich.

»Natürlich, vorausgesetzt, das Karma wird dir das erlauben. Du hast die Wahl zu entscheiden, dort durchzufallen, wo du hindurchpaßt. Hier mußt du aufmerken. Von all den Tausenden von Löchern sind es nur, sagen wir, zweihundert, durch die du passieren kannst. Da liegt es auf der Hand, daß ich durch das Loch von den zweihundert hindurchfallen werde, das mir am nächsten ist, wenn geschüttelt wird: ein Loch, durch das ich passe, dem ich ähnlich bin, das meinen Schwingungen entspricht und wo das Karma ähnlich ist.«

»Aber das Loch, für das du dich entschieden hast, könnte problematisch für dich werden...«, fing ich an.

»Das ist eine andere Sache. Gewiß haben wir Probleme. Aber die Schwingungen passen. Wir müssen unsere Schulden zusammen bezahlen. Wir können den Problemen nicht aus dem Wege gehen. Der göttliche Plan ist ähnlich. Alle Inkarnationen, mit denen ich mich beschäftigt habe, zeigen, daß das Gesetz erbarmungslos am Wirken ist. Du kannst da nicht heraus. Warum passen wir? Wir passen in bezug auf das Geben und Nehmen. Vielleicht haben wir gewisse Aufgaben aus der Vergangenheit zu vollenden, oder wir müssen einiges an Pein erleiden, damit wir uns weiterentwickeln. Oder um anderen unfreiwillig Pein zu bereiten, auf daß sie – aber auch wir – weitergelangen. Du könntest nun zum Beispiel fragen: ›Was habe ich mit diesem Vater gemein, der mich so unterdrückt und niedermacht?‹ Oder, wenn du selbst Vater bist: ›Warum mußte dieser in unsere Familie kommen und uns tyrannisieren; wir sind doch so nette Menschen?‹ Verstehst du jetzt? Es ist das Geben und Nehmen im Karma.

Es ist auch möglich, daß die Meister des Karma jemanden ergreifen und ihn in das passende Loch stecken, weil es vielleicht besser für ihn ist, seine Schulden auf diese Weise zu bezahlen. Aber wie diese vier Meister des Karma arbeiten, weiß ich nicht zu sagen.«

»Vier –?«

»Sie sind die Meister der vier Elemente. Sie sind ewige Erzengelwesen, Gesetze. Sie sind eine bestimmte Gruppe von Michael, eine bestimmte Gruppe von Raphael, eine bestimmte Gruppe von Uriel und eine von Siamael. Letztere sind jene, die uns den Sinn des Bösen geben. Durch sie haben wir Satan. Alle vier arbeiten hinsichtlich dessen zusammen, wo der einzelne zu inkarnieren haben wird. Sie verfertigen seinen psychonoetischen Körper. Es ist für uns sehr schwierig zu verstehen, wie sie durch die Zellen, durch Magnetismus und durch Energie arbeiten. Es ist eine komplexe Frage, wie ein Wesen in diesen Strudel gerät, der es auf die Erde herabbringt.«

»Welche verstandesmäßigen Argumente kannst du zugunsten der Reinkarnation nennen, und welche Beweise gibt es, daß sie keine Illusion, sondern Realität ist?« forderte ich Daskalos heraus.

»Erstens gibt es geschichtliche und religiöse Argumente, die – wenngleich sie an sich keine Beweise sind – den Gedanken der Reinkarnation unterstützen. Zweitens gibt es Fälle, die deutlich zeigen, daß die Wiederverkörperung eine Realität und keine Phantasie ist. Der dritte und beste Beweis für die Realität der Reinkarnation ist für den einzelnen der Augenblick, in dem er für die Erinnerungen an frühere Leben erwacht. Aber wir wollen einen Punkt nach dem anderen durchgehen.

In unserer heutigen Welt akzeptieren eine große Zahl von Menschen, wenn nicht sogar die Mehrheit, Reinkarnation als einen Teil des Lebens. In den meisten Religionen auf unserem Planeten wird die Reinkarnation entweder beim Namen genannt oder als selbstverständlich vorausgesetzt. In den esoterischen Überlieferungen von Buddhismus, Taoismus und Hinduismus ist die Wiederverkörperung eine Selbstverständlichkeit. Für jene, die den Islam verstehen – ich meine die Sufis –, ist die Reinkarnation eine Realität. Auch im Christentum ist die Reinkarnation enthalten. In den östlichen Religionen wird die Idee der Wiederverkörperung freilich viel leichter akzeptiert, weil hier ein viel unmittelbarerer Kontakt zu den psychischen Bereichen besteht. Im Gegensatz zu den Gepflogenheiten der westlichen Gesellschaften gibt es dort eine ständige Verbindung mit den Verstorbenen und mit Wesenheiten, die in anderen Dimensionen leben. Deshalb sind sich die Menschen im Osten der Wirklichkeit dieser Dimensionen bewußter. Im Christentum war die Vorstellung der Reinkarnation weit verbreitet, bis die Kirchenväter sie aus der Schrift eliminierten.«

Daskalos berichtete weiter, daß die Idee einer ewigen Verdammnis eine grausame und tyrannisierende Doktrin sei, die von den Priestern ausgeheckt worden sei, um die Gläubigen zur Unterwürfigkeit zu terrorisieren. Jetzt hatte ein Mensch nur eine einzige Chance, das Reich Gottes zu erlangen, und konnte dies nur erreichen, indem er sich der Autorität der Kirche und ihrer Geistlichkeit unterwarf.

»Diese Doktrin ist sowohl töricht als auch eine Beleidigung des ›barmherzigen, gnädigen Gottes‹, den die Priester in ihren Kirchen in den Himmel heben. Wir wissen, daß selbst die orthodoxen Christen die Reinkarnation akzeptierten. Wir können solche Gedanken in den Werken von Origenes und vielen anderen finden. Sogar im Neuen Testament – soweit es die Zensur des Klerus überlebt hat –, hören wir Jesus selbst seine Jünger fragen: ›Wer sagen die Leute, daß des Menschen Sohn sei?‹ Und sie antworten: ›Elia oder einer der Propheten, der vom Tode wiedergekehrt sei‹ – also Reinkarnation! Christus hätte doch sagen können: ›Was ihr sprecht, ist töricht, so etwas gibt es nicht.‹ Statt dessen antwortete er, daß Elias in der Tat wiedergekehrt sei, sie ihn aber nicht erkannt hätten. Sie fragten Johannes den Täufer, ob er Elias sei. Er erwiderte ganz korrekt: ›Ich bin nicht Elias, ich bin jetzt Johannes.‹ – ›Und wer bist du?‹ fragten sie weiter. ›Ich bin die Stimme, die in der Wüste ruft‹, das heißt, eine ähnliche Situation, in der sich schon Elias befunden hatte, in der Wüste. Wir können in Johannes dem Täufer die Charakteristika des Elias wiederfinden, die gleichen Tugenden und die gleichen Schwächen.

Und wie steht es mit dem Brief des Paulus an die Korinther, in dem er schreibt: ›Eure Söhne sind euch vorausgegangen‹? Ist das nicht der Gedanke der Reinkarnation? Aber es gibt noch bessere Belege für die Realität der Reinkarnation als den Rückgriff auf die Schrift. Ist es denn kein Beweis, wenn ein Kind plötzlich anfängt, eine fremde Sprache zu sprechen, fließend und ohne vorher irgendwie dafür unterrichtet worden zu sein? Weiterhin: Ist es kein Beweis, wenn das Kind behauptet, daß es eine gewisse Person gewesen sei, deren Wohnort und noch lebende Hinterbliebene genau benennt – und diese gefunden werden? Es gibt zahlreiche solche Fälle, die ausführlich dokumentiert sind.

Ein noch stärkerer Beweis für einen Wahrheitsforscher ist es, wenn er schließlich Zugang zu seinem Unterbewußten erlangt und Aufschluß über seine eigenen früheren Inkarnationen erhält. Glaube mir, einen überwältigenderen Beweis als diesen gibt es nicht.«

»Warum erinnern wir uns nicht alle an unsere Vorleben?« fragte jemand.

»Du erinnerst dich in deinem eigenen Interesse nicht daran. Es ist ein Aspekt der göttlichen Barmherzigkeit, daß du eine Chance haben sollst, auf deinem Weg weiterzugelangen, ohne an alten Gewohnheiten und Wünschen hängenzubleiben. Stell dir einmal vor, daß einer in seinem derzeitigen Leben ein guter Missionar ist. Er hat einen gewissen Punkt in seiner Entwicklung erreicht, wo Alkohol für ihn kein Problem mehr ist (was in früheren Inkarnationen sehr wohl der Fall war). Im universalen Gedächtnis aber ist der Alkoholiker-Aspekt dieses Menschen lebendig. Wenn solche Erinnerungen in ihm, in seiner gegenwärtigen Inkarnation, wieder wach werden, könnte er in seine alte Gewohnheit zurückfallen und wieder zum Trinker werden. Christus selbst hat es deutlich genug gesagt: Wer seine Hand an den Pflug legt, sollte seinen Blick nach vorne richten, auf die Furche, die zu pflügen ist, und nicht nach hinten auf die getane Arbeit.«

»Daskale, wenn du sagst, der Alkoholiker-Aspekt sei noch lebendig, meinst du damit, daß er als Elemental weiterhin existiert? Und ist es möglich, daß ein Meister Kontakt aufnehmen kann mit einem solchen Elemental?« fragte ich.

»Was immer dem universalen Gedächtnis eingeprägt wurde, wird dort allezeit bestehenbleiben. Nehmen wir zum Beispiel an, daß ich den Wunsch hätte, einen Meister zu kontaktieren, der vor viertausend Jahren lebte; sagen wir, er lebte in Ägypten und trug den Namen Rasadat. Seit jener Zeit hat sich das Wesen, das damals Rasadat war, über 25mal inkarniert. Ist Rasadat nun zum jetzigen Zeitpunkt am Leben, oder ist er tot? Sowohl Rasadat als auch alle anderen Inkarnationen desselben Wesens sind im universalen Gedächtnis lebendig. Unterbewußt stehen wir mit all unseren Inkarnationen in Verbindung, und jede Inkarnation, derer wir bewußt werden, ist ein lebendiges Wesen. Rasadat ist lebendig, weil das Wesen, das ihn ausstrahlte, lebendig ist. Sokrates mag inzwischen viele Male inkarniert gewesen sein. Vielleicht ist er gerade heute in anderer Gestalt wieder verkörpert, in einem anderen Kulturkreis, wo er einen anderen Namen trägt. Doch es ist möglich, Sokrates aus dem Fundus des universalen Gedächtnisses hervorzuholen, ihn sogar halb zu materialisieren, hier, vor unseren Augen, und mit ihm zu sprechen, ungeachtet des Umstandes, daß das Wesen, das einst als Sokrates lebte, derzeit einen ganz anderen Körper bewohnen mag.«

»Ist es möglich«, fragte ich, »daß Sokrates genauso handeln und sprechen würde wie das Wesen, das einst er war, aber zur Zeit jemand anderes ist?«

»Du mußt dir vor Augen halten, daß Sokrates im universalen Gedächtnisspeicher ein lebendiges Elemental ist und nicht ein menschliches Wesen. Die Selbstbewußtheit, die Sokrates war, ist jetzt nicht mehr da. Wenn ich Sokrates herhole und mit ihm spreche, wird er die Intelligenz und das Wissen des Sokrates jener Zeit besitzen. Er wird nicht imstande sein, mehr zu bieten, als Sokrates zu seiner Zeit wußte.

›Der Gott von Abraham, Isaak und Jakob ist nicht ein Gott der Toten, sondern der Lebenden‹, sagte Christus. Wie viele, meinst du, haben verstanden, was er damit meinte? Er sprach nicht von den selbstbewußten Seelen der Patriarchen, sondern von den damals selbstbewußten Persönlichkeiten.«

»Daskale«, verlangte ich zu wissen, »wer kann das Elemental einer früheren Inkarnation erwecken?«

»Entweder die Person selbst oder ein Meister. In der Regel kann man aber sagen, daß Meister sehr zögern würden, dir etwas über deine früheren Leben zu erzählen, um in dir nicht alte Schwächen und Gewohnheiten wachzurufen.«

Daskalos erklärte dann, daß es einem Meister möglich sei, die früheren Leben eines Menschen zu lesen wie aus den Seiten eines Buches. Das kann er, indem er sein Bewußtsein auf das Elemental eines früheren Lebens des Menschen ›einstellt‹ und dann die Empfindungen und Gedanken jenes Elementals erlebt. Wenn frühere Inkarnationen nicht mehr lebendig wären, wäre so etwas undurchführbar. »Die Seiten in unserem Buch der Inkarnationen sind keine toten Blätter, sondern lebendige Elementale«, bemerkte Daskalos.

»Wann können wir dann Erinnerungen an frühere Leben erhalten, ohne daß es zu einer Störung der derzeitigen selbstbewußten Persönlichkeit kommt?« fragte ich.

»Jeder Wahrheitsforscher wird dies langsam und geduldig lernen. Zuerst werden wir unsere früheren Verkörperungen intuitiv erspüren, bis uns die volle Erinnerung erschlossen wird. Die Erinnerungen werden kommen in dem Maße, in dem die derzeitige selbstbewußte Persönlichkeit mehr und mehr auf die permanente Persönlichkeit ausgerichtet ist. Dann werden wir – wie gute Schauspieler – uns der Rollen entsinnen, die wir einst gespielt haben. Die Erde ist das Theater, in dem jeder von uns seine verschiedenen Rollen spielt, um zu lernen und der Vollendung entgegenzugehen. Wenn wir zurückblicken, ohne durch das gestört zu werden, was wir sehen, dann ist die Zeit gekommen, da es sicher ist, sich zu erinnern. Bis dahin müssen wir zuerst die Vorstellung von Gut und Böse überwinden. In der Zwischenzeit hält die göttliche Barmherzigkeit die Pforten der Erinnerung an frühere Existenzen geschlossen, um uns die Möglichkeit zu geben, auf unserem Wege weiterzugelangen, ohne durch Fehler und Schwächen der Vergangenheit gestört zu werden.«

»Du sagtest, daß unsere früheren Erdenleben im universalen Gedächtnis lebendige Elementale sind. Ist es dann möglich, Verbindung mit einem Vorlebens-Elemental aufzunehmen und Veränderungen in seinem Verhalten zu bewirken?«

»Ich will dir als Antwort auf deine Frage ein persönliches Erlebnis erzählen, das ich in diesem Leben hatte. Vor wenigen Monaten wollte ich mich selbst beobachten, wie ich in der psychischen Welt einen Vortrag hielt. Ich erinnere mich, wie mein Meister (Yohannan) zu mir sprach: ›Du wirst eine Rede halten, und doch wirst nicht du es sein.‹ So zog ich mich also zurück, sozusagen, und hörte meiner Rede zu. Als ich mir so lauschte, entdeckte ich gewisse Fehler, die ich machte. Der Meister brachte mir mit mathematischer Präzision das Elemental meiner selbst, als ich den Vortrag vor Monaten in der psychischen Welt gehalten hatte. Es war eine Aufzeichnung von mir selbst, wie auf einem Videoband. Konnte ich eingreifen und Korrekturen vornehmen, als ich nun meine Irrtümer entdeckte? Nein. Ich habe weder das Recht noch die Macht, irgend etwas hinzuzufügen oder wegzunehmen. In diesem Augenblick war ich einfach eingestellt auf den, der den Vortrag hielt: das Elemental meiner selbst. Ich erlebte den Vortrag als Zuhörer, als Beobachtender. Jemand anderes hätte den gleichen Vortrag anhören können, hätte er sich auf dieses Elemental ebenso eingestellt.

Es ist jedoch möglich, daß ich ein neues Elemental von mir selbst erschaffe und ihm die geeigneten Korrekturen eingebe. Das ist etwas anderes. Aber was auch immer eingeprägt ist im universalen Gedächtnis, kann nicht mehr gelöscht werden, und was aufgezeichnet ist, ist lebendig. Vielleicht können wir daraus eine Erklärung der Bedeutung von Hölle und Paradies ableiten. Ein Elemental von mir selbst kann in einer Hölle existieren, die es selbst erschaffen hat, und die derzeitige Persönlichkeit beeinflussen und tyrannisieren, solange diese ihre Probleme aus der Vergangenheit noch nicht überwunden hat.

Das ist wiederum ein Grund, weshalb die göttliche Barmherzigkeit die Pforten der Erinnerung an die Vergangenheit verschlossen hat, damit wir nicht nachteilig beeinflußt werden von unserem eigenen Leben als Elementale, die wir in einer Hölle oder einem Paradies zurückgelassen haben. Wir sollten uns aber vor Augen halten, daß die derzeitige Persönlichkeit immer durch das Gesetz des Karma mit den lebendigen Schatten der Vergangenheit verbunden ist.

Das Thema, das ihr heute eingebracht habt«, schloß Daskalos, »ist in der Tat unerschöpflich. Ich hoffe, unser Gespräch hat euch einige grundsätzliche Vorstellungen vom Wesen der psychonoetischen Welten vermittelt.«

8

Begegnung mit dem Logos

Brüder und Schwestern«, sprach Daskalos, nachdem wir das kurze Gebet beendet hatten, »Vater Yohannan ist für eure Fragen bereit.«
Einige Momente herrschte Schweigen, doch dann fragte jemand nach der Beziehung zwischen Judas und Jesus.
»Was«, lautete die Frage, »ist die Wahrheit über die Ereignisse, die dazu führten, daß Christus von Judas verraten wurde? Wie stand dieser zum Göttlichen, und warum nahm er sich das Leben?«
Die Frage war zeitgemäß, denn es war der Freitag vor der Karwoche, der wichtigsten und heiligsten Zeit in der griechisch-orthodoxen Kirche. Nachdem von anderen Mitgliedern der Gruppe die verschiedensten Meinungen geäußert wurden, sprach Daskalos und schilderte die Beziehung von Judas zu Jesus.
»Den anderen Jüngern war Judas als ein ehrgeiziger Adeliger bekannt, als hebräischer Patriot, als Zelot, wenn man so will, der am liebsten die Römer aus Judäa vertrieben hätte. Er war begeistert von Jesus und träumte von der Befreiung Israels von der Macht der Römer.
Judas Ischariot erlag den Einflüssen der Umstände, die ihn dazu brachten, sich irrational zu verhalten. Manche nannten es Verrat, andere begrüßten seine Taten. Doch laßt mich erklären.
Judas strebte und eiferte – wie auch die anderen Jünger – nach der Liebe des geliebten Göttlichen. Bei zahlreichen Gelegenheiten stieß er sogar die anderen beiseite, um den Meister zu umarmen, der dies des öfteren mit einem Kuß erwiderte.

Achtet darauf, daß Judas den Meister küßte und seiner Liebe zu ihm Ausdruck gab. Nur Johannes und die sanfteren Jünger zeigten ihre Liebe zu Jesus auf diese Weise. Petrus zum Beispiel hat den Meister nie geküßt. Es wäre peinlich für einen gestandenen Mann wie Petrus, Umarmungen und Küsse mit Jesus zu wechseln.

Judas war Jesus täglich nahe. Möglicherweise war er Jesus näher als jeder andere Jünger, mit Ausnahme von Johannes. Infolgedessen wurde er natürlich Zeuge der meisten Wunder, die Jesus vollbrachte.

Worin bestand das ehrgeizige Ziel des Judas? Jesus als König von Israel auf den Thron zu setzen und an seiner Seite zu stehen. Judas hatte Geld und bestellte eine goldene Krone. Wer, meint ihr, prägte die Worte: ›Selig ist das Reich unseres Vaters David, das da kommt im Namen des Herrn‹? Wer, meint ihr, brachte das Volk dazu, Jesus so einen stürmischen Empfang in Jerusalem zu bereiten? Judas Ischariot. Als Jesus inmitten einer Gruppe von Pharisäern stand, forderte ihn einer von ihnen heraus und fragte, ob er der Sohn Gottes sei. Jesus antwortete: ›Du sagst es.‹ Judas war dabei mit zwei anderen Jüngern und erlebte mit, was darauf folgte. Die Pharisäer beschuldigten Jesus der Gotteslästerung, nahmen Steine auf und fingen an, diese auf den Meister zu werfen. Aber bevor der erste Stein ihn treffen konnte, verschwand Jesus aus ihrer Mitte. Die Steine fielen ins Leere, genau an der Stelle, an der eben noch Jesus gestanden hatte.

Judas wurde Zeuge dieses Phänomens und ging daran, einen Plan zu schmieden, wie Jesus zum König von Israel gekrönt werden könnte. Einmal versammelte er die Jünger und die Menge um sich und zeigte ihnen die Krone, die er mitgebracht hatte, um sie auf das Haupt des geliebten Meisters zu setzen. In diesem Augenblick verschwand Jesus abermals, und die Königskrone blieb in den Händen von Judas Ischariot. Das war das zweite Mal, daß Jesus sich auf diese Weise entzog. Da dachte Judas: ›Dich werde ich zwingen, die Krone anzunehmen. Wenn sie anfangen, dich zu mißhandeln und zu beschimpfen, wirst du deine Meinung ändern. Wenn sie dich dann angreifen, was bleibt dir anderes übrig? Du wirst gezwungen sein, Einhalt zu gebieten und deine Herrlichkeit und Macht unter Beweis zu stellen. Du wirst der Falschheit der Sünder und Gemeinen überdrüssig sein, und du wirst König werden.‹

Das Ziel des Judas Ischariot war also nicht, Christus zu verraten, sondern ihn zu zwingen, der Führer der Juden zu werden und die Römer aus dem Lande zu vertreiben. Und doch erklärte Jesus selbst in aller Deutlichkeit: ›Mein Reich ist nicht von dieser Welt. Verstehet das wohl.‹ Das aber ist es, was Judas nicht verstehen wollte: daß Christus kein Interesse an weltlicher Macht hatte.

Judas war kein Verräter, sondern er war ein unüberlegter Eiferer, der Jesus liebte. Jesus wusch und küßte Judas die Füße, wie er auch die Füße der anderen Jünger gewaschen und geküßt hatte. Dann hieß er Judas zu gehen und das zu tun, was er zu tun habe. Christus liebte Judas. Aber Judas konnte die Lehre Jesu nicht verstehen. Ja, in der Tat waren es nur sehr wenige aus dem Kreise seiner Jünger, die ihn verstanden, besonders Johannes, Philippus und Jakobus. Philippus verstand Jesus, weil er früher schon die griechischen Mysterien in Delphi kennengelernt hatte. Die anderen verstanden Jesus erst nach dem Herabsteigen des Heiligen Geistes.

Jesus rechnete mit seiner Kreuzigung und prophezeite seine Auferstehung in Judas' Anwesenheit, als er sagte: ›Ich kann den Tempel zerstören und in drei Tagen wiederaufbauen.‹ Was meinte er damit? Er sprach wieder in Gleichnissen. Judas aber hörte nur, was er hören wollte und was er als seinen patriotischen Plänen und Denkweisen entsprechend interpretieren konnte.

Als Judas merkte, daß der Meister getötet, gekreuzigt werden sollte, begann er an Christus zu zweifeln. Er dachte, der Meister habe seine Kräfte verloren und könne sich nun nicht einmal mehr davor schützen, geschlagen, beleidigt und getreten zu werden. Als er ihn das Kreuz tragen sah, die Dornenkrone auf dem

Haupte und Blut von der Stirne tropfend, fing Judas auch an, an der Auferstehung zu zweifeln. Er verzweifelte selbst und nahm sich in seiner Seelenqual das Leben.
Es ist zu hart, Judas als einen Verräter zu bezeichnen. Ich würde sagen, daß die Zustände, die ihn dazu brachten, so zu handeln, wie er es tat, Gedankenlosigkeit oder Verwirrung waren. Judas liebte Jesus heiß und innig, närrisch und egoistisch. Und er liebte ein imaginäres Land. Die Welt ist voll solcher nationalistischer Eiferer. Wißt ihr, daß die Schwierigkeiten und das Chaos im heutigen Israel, die zu soviel Blutvergießen von Arabern und Israelis geführt haben, weitgehend die Früchte der Gedanken und Wunschvorstellungen der Zeloten und anderer Patrioten der damaligen Zeit sind? Jene unter ihnen, die inzwischen zur Vernunft gekommen sind, fangen allmählich an zu erkennen, welches Übel sie damit selbst geschaffen haben.
So stehen auch wir vor Zuständen, die aufgelöst werden und getilgt werden müssen, weil es Persönlichkeiten gibt, die solchen Dingen gegenüber empfindlich und empfänglich sind. Judas Ischariot war einer von ihnen. Wir sollten ihn nicht Verräter schimpfen. Als einer seiner Jünger stöhnte und harte Worte über den Ischariot sagte, sprach Jesus: ›Hüte dich, denn jedesmal, wenn du Judas einen Verräter nennst, kreuzigst du mich.‹
Judas hat sich seit jener Zeit viele Male inkarniert, als Reicher, als Armer, als Problembeladener und als gewöhnlicher Mensch – wie jedes andere Menschenwesen auch. Zur Zeit ist er in einem jüdischen Körper inkarniert und ein großer Mystiker.«
Nach einigen Augenblicken des Schweigens fragte jemand, ob man sagen könnte, daß der Verrat Jesu für Judas eine Erfahrung gewesen sei, die er durchleben mußte.
»Es war eine bittere Erfahrung«, antwortete Daskalos, »und Judas spielte dabei eine tragische Rolle, für die er jedoch verantwortlich war, da er entsprechende Schwingungen aussandte. Die Rolle des Judas ist insofern Teil des göttlichen Planes, als sie dessen Entfaltung erleichtert.«
»War es notwendig«, wollte ein anderer wissen, »daß Jesus ver-

raten wurde, oder wäre es auch möglich gewesen, daß er auf eine andere Weise gefangengenommen worden wäre?«

»Vielleicht«, erwiderte Daskalos, »war es notwendig, um die Aufmerksamkeit der Menschheit anzuziehen, um zur Beteiligung und Stellungnahme herauszufordern, um die Spaltungen und Konflikte zwischen den beiden Seiten entstehen zu lassen – zwischen jenen, die ihn heilig nennen, und solchen, die seine Göttlichkeit leugneten. Vielleicht mußte es so kommen, um Kontroversen zu schaffen, die die geeigneten Zustände reifen ließen.«

»Nach Pfingsten«, meinte jemand, »empfingen die Jünger das Licht. Wie verhielten sie sich danach in der Apostelgeschichte?«

»Wenn wir ihr Verhalten vergleichen mit dem zwei Jahre früher – oder auch nur einen Monat vor dem Herabsteigen des Heiligen Geistes –, stellen wir fest, daß es eine große Veränderung gab. Wenn wir aber sagen, daß sie erleuchtet wurden – was bedeutet das? Wurden sie damit von einem Augenblick zum anderen in strahlend helle Sonnen verwandelt? Das hätte doch einen Mißklang in Natur und Mensch ergeben. Und es wäre auch unmöglich gewesen, daß sie ein solches Erlebnis ertragen hätten. Ihre Erleuchtung nahm allmählich ihren Lauf. Sie empfingen so viel Licht, wie sie zur gegebenen Zeit aushalten und aufnehmen konnten. Sie hatten nach wie vor ihre Unzulänglichkeiten. Das Licht wurde ihnen gegeben, damit sie auf ihrem spirituellen Weg weiterschreiten konnten.

Doch beim Herabsteigen des Heiligen Geistes wurde ihnen auch Gnade geschenkt, so daß sie Wunder zu wirken vermochten. Das ist keine Kleinigkeit. Sie verfügten nun auch über mehr Weisheit. Wir wollen nicht vergessen, daß die Apostel weitgehend ungebildete Fischer waren, die plötzlich anfingen, sich wie Philosophen zu geben und zu äußern. Nehmen wir einmal Petrus als Beispiel. Er war Fischer gewesen, und im Vergleich mit den Intellektuellen seiner Zeit hätten wir ihn für schlicht und ungebildet gehalten. Aber plötzlich war er nun zu einem großen Meister

gewandelt. Leute, die Petrus früher als Fischer gekannt hatten und ihm nun, nach dem Einfließen des Heiligen Geistes, begegneten, bemerkten den Unterschied, trotz aller Unvollkommenheit. Worin bestand diese Unvollkommenheit? In seinem hebräischen Fanatismus. Er fing an, die hellenistischen Juden und die nichtjüdischen Jünger abzulehnen. Er stellte sich gegen die Platonische Philosophie. Er begann, Johannes entgegenzutreten. Später zettelte er einen Krieg gegen Paulus an, der griechische Verwandte hatte. Petrus hatte sehr starke hebräische Gefühle und konnte keinerlei griechische Einflüsse in der neuen Religion dulden. Als die anderen Apostel ihm zu erklären versuchten, daß die Beschneidung abgeschafft werden sollte, warf er ihnen vor, sie hätten den Verstand verloren. Ich würde seinen Fanatismus nicht böse nennen. Das war eben seine Art zu denken; er wollte Traditionen aufrechterhalten, die er persönlich für wichtig hielt. Zu solchen Meinungsverschiedenheiten kam es bei den Aposteln auch noch nach der Ausgießung des Heiligen Geistes. Wie ich schon sagte, empfingen sie so viel Licht, wie sie aufnehmen konnten. Es gibt nichts Gefährlicheres für die Augen als zuviel Licht. Das ist, wie wenn man in die Sonne blickte: Man wird blind. Es geht also nicht darum, jemandem mehr Licht zu geben, sondern vielmehr darum, ihm soviel Licht zur Verfügung zu stellen, wie es gut und zuträglich für ihn ist.
Christus offenbarte seinen Schülern genug von seiner Herrlichkeit, so viel, wie sie aufnehmen und verkraften konnten. Ich denke da an die Transfiguration, die Verklärung. Johannes war bei ihm, auch Petrus und noch ein anderer Jünger. Haben sie das Licht der Verklärung auf dem Berge Tabor ertragen? Sie fielen auf die Erde und bedeckten ihre Augen.«
»Was war der Zweck der Verklärung, Daskale«, fragte jemand.
»Nun, es ging gewiß nicht darum, daß Jesus seine Macht demonstrierte, Phänomene zu erzeugen. Er wollte in seinen Zustand der Göttlichkeit eintreten. Der pan-universale Logos wollte sich selbst in den Zustand der Göttlichkeit einweihen. Die Verklärung auf dem Berge Tabor war die Einweihung von Jesus als

Gottmensch, um die Kreuzigung ertragen und danach als Gott und Mensch auferstehen zu können. Nach der Auferstehung, als Jesus sich ganz in seinem göttlichen Zustand befand, materialisierte er sich vor den Augen seiner Schüler im Bild des Menschen Jesus, in einem Körper, der noch die Narben von den Nägeln an den Händen trug, und sprach zu ihnen: ›Mir ist gegeben alle Gewalt im Himmel und auf Erden.‹«

»Als Jesus auferstand, Daskale«, fragte ein Zuhörer, »hat er sich dabei dematerialisiert?«

»Gewiß. Er dematerialisierte seinen Körper vollständig. Nun werdet ihr fragen, ob er sich nicht schon bei früherer Gelegenheit dematerialisiert hatte. Nein. Er legte seinen Körper irgendwo schlafen und praktizierte dann seine Eksomatose. Dann sammelte er ätherische Materie und materialisierte einen neuen Körper, der sichtbar war. Nach der Auferstehung jedoch war das etwas ganz anderes. Er löste jede Zelle seines materiellen Körpers auf. Er wurde Geist, absoluter Geist, und konnte also in jedem beliebigen Augenblick als vollendete, selbstbewußte Persönlichkeit einen Körper schaffen, der identisch war mit jenem grobstofflichen Leib, den er früher getragen hatte, selbst einschließlich der Narben von der Kreuzigung. Das hat mit Eksomatose nichts zu tun. Ein fortgeschrittener Meister wird das erfahren können, wenn er sich selbst materialisiert, während er noch in einem grobstofflichen Körper steckt. Wenn ein solcher Meister stirbt, kann er seinen Körper an jedem beliebigen Ort materialisieren. Das ist ein großer Unterschied.

Wir werden dieses Gespräch ein andermal fortführen«, endete er dann. »Möge die Liebe des Göttlichen Einen mit euch und in eurem Heim und mit der ganzen Welt sein.«

Nachdem das Treffen zu Ende und die meisten Schüler nach Hause gegangen waren, verabredete ich mich mit Iacovos, Kostas und Daskalos zu einer weiteren nächtlichen Unterhaltung im Hause des letzteren. Wir hatten uns kein bestimmtes Gesprächsthema vorgenommen. Gewöhnlich ergab sich ein Thema von selbst, und Daskalos sprach darüber. Es machte ihm Freude zu reden, besonders im Kreise der ihm näherstehenden Schüler. Ganz gleich, wie müde er vielleicht zunächst erschien, brachte ihm die Besprechung wichtiger Fragen sofort einen neuen Schub Energie, und er war wie verwandelt.

Es war ungefähr acht Uhr am Abend, als Iacovos und ich uns auf den Weg zu Daskalos' Haus begaben, nachdem wir noch in einem Souvlaki-Café etwas gegessen hatten. Kostas war bereits bei Daskalos und unterhielt sich mit ihm. Dieser brummelte, er sei so müde wegen der Probleme mit Angehörigen und einigen schwierigen Fällen, die er im Laufe des Tages behandelt hatte.

»Sie lassen mich keinen Moment in Ruhe«, klagte er.

»Dein Problem«, bemerkte Iacovos halb ernst, halb im Scherz, »besteht darin, daß du zu naiv bist und die Leute dich ausnützen.«

»Ja, da hast du recht«, ging Daskalos scheinbar ernsthaft darauf ein. »Ich habe den Einen zu mir sagen hören: ›Selig sind die Schwachen im Geiste‹!«

Ich war verwundert und fragte mich, ob Daskalos das ernst meinte oder nicht. So bat ich ihn gleich um Aufklärung. Daskalos schüttelte zustimmend den Kopf und wechselte seine Sprechweise vom Humorvollen zu nachdrücklichem Ernst.

»Doch, doch«, sprach er leise, »ich bin ihm begegnet!«

»Könntest du mir darüber berichten?« fragte ich, als ich dabei war, meinen Kassettenrecorder anzustellen.

»Das werde ich, unter der Bedingung, daß du nicht aufzeichnest, was ich sage.« Ich fügte mich seinem Wunsch und nahm statt dessen meinen Notizblock und Bleistift, wogegen Daskalos nie etwas einzuwenden hatte. Als ich bereit war, begann Daskalos seinen Bericht.

»Es war eine meiner intensivsten und tragischsten Inkarnationen. Mein Name war Jason, und meine Eltern waren hellenistische Juden. Unser Haus stand am Fuße eines Golgatha-Ausläufers. Es war ein Makrinari mit einem abgeschlossenen Hof, wo wir ein paar Ziegen hielten. An der Seite des Hofes war ein Zimmer, das vom übrigen Haus etwas entfernt war, in dem ein Onkel von mir allein lebte und sich vor allem dem Studium der Religion und Philosophie hingab, zumindest gab er es vor. Meine Mutter und Schwester kannten die Mutter Jesu, die Miriam gerufen wurde. Häufig lauschten sie den Predigten Jesu, der übrigens tatsächlich Jeshua gerufen wurde. Yohannan (Johannes), der Jünger Jesu, kannte unsere Familie und pflegte mich mitzunehmen, um Jesus sprechen zu hören. Obwohl ich damals noch ein Knabe war, verstand ich doch, was Jesus sagte. Diese Wahrheiten waren für mich nicht neu. Das ist auf meine Erfahrung als Oberpriester in Ägypten zurückzuführen. Ja, ich war eines der Kinder, die Yohannan zu Jesus mitzubringen pflegte.«

»Nahm damals deine Verbindung mit Yohannan ihren Anfang?« unterbrach ich ihn.

»Nein, sie reicht weiter zurück«, erwiderte Daskalos und erzählte weiter. »Yohannan war damals zwanzig Jahre alt. Mein Vater wußte nichts von der Bekanntschaft meiner Mutter und Schwester mit Miriam und Jeshua und auch nicht, daß ich immer wieder unter seinen Zuhörern war. Mein Onkel, der einen starken Einfluß auf meinen Vater besaß, betrachtete Jesus als Übeltäter. Beide Männer waren unter der Menge, die später schrie, daß man ihn kreuzigen solle. Wir beharrten darauf, daß Jesus unschuldig sei, aber Vater blieb unerbittlich. Also hielten wir unsere Kontakte geheim.

Als Jesus gekreuzigt werden sollte, lief ich hin, um zu sehen, was geschah. Ich sah einen Zug von Menschen, der sich zum Golgatha hinaufbewegte. An der Spitze des Zuges waren die Richter, die die Hinrichtung verfügt hatten. Pontius Pilatus, der sie dafür bestrafen wollte, hatte verlangt, daß sie ihre Amtsroben tragen und dem Zug vorausgehen mußten. Ungefähr fünf Meter hinter ihnen kam Jesus und schleppte das Kreuz; er war umgeben von Soldaten, die die Menschen aus der Menge mit ihren Speeren davon abhielten, sich ihm zu nähern.« Daskalos stand auf und zeigte mit den Händen, wie die römischen Soldaten ihre Speere hielten, daß keiner an Jesus herangelangen konnte.

»Klein, wie ich war, schlüpfte ich unter den Speeren der Römer hindurch, gelangte vor Jesus und blickte ihm ins Antlitz. Blut tropfte von seiner Stirn. Er sah mich an und lächelte. Ich versuchte, ebenfalls zu lächeln, aber die Tränen waren schneller.«
Als Daskalos diese Szene schilderte, stieg ihm das Wasser in die Augen. Es war das erste Mal, daß ich Daskalos den Tränen nahe sah.
»Ich sagte zu ihm: ›Ich liebe dich‹, und er lächelte mir weiter zu. Da wurden die Soldaten zornig und jagten mich aus ihrem Geleitschutz hinaus. Aber ich probierte es noch einmal. Ich rannte ein Stück voraus und versuchte, wieder unter ihren Speeren hindurchzuschlüpfen. Ein freundlich aussehender Soldat bemerkte, was ich vorhatte, und hob seinen Speer ein wenig, so daß ich leichter hineingelangen konnte. Wieder stand ich vor Jesus. Er versuchte, mir zuzulächeln, aber Traurigkeit stand in seinen Zügen. Vielleicht wußte er, was mir bevorstand. Ein anderer Soldat entdeckte mich und trat mir in sadistischer Wut mit seinem Schuh auf den Fuß. Ich hatte Sandalen an, die mir keinen Schutz boten. Die römischen Soldaten hatten starke Nägel unter ihren Schuhsohlen. Das tat höllisch weh. Der Soldat hat mir buchstäblich die Zehen zertreten. Ich konnte nicht mehr gehen. Ich kroch zwischen den Römern hindurch und versuchte, nach Hause zu kommen. In diesem Augenblick konnte ich nur noch an mich selbst denken. Die Schmerzen waren grauenhaft. Ich muß fast einen Kilometer so gekrochen sein, als es ein Erdbeben gab und der Himmel sich mit Wolken überzog. Häuser stürzten in sich zusammen, und Mauern fielen um. Als ich daheim ankam, war unser Haus das einzige in jenem Gebiet, das noch stand. Der Raum, in dem mein Onkel wohnte, war völlig zerstört. Ich dachte mir: ›Jetzt kann ich meinem Vater wenigstens sagen, daß es das Erdbeben war, das mir den Fuß verletzt hat.‹ Ich fürchtete meinen Vater immer noch sehr. Als ich zu Hause war und meine Mutter sah, was geschehen war, eilte sie, Wein und Kräuter zu holen. Sie reinigte die Wunde mit Wein und legte die Heilkräuter darauf. Dann verband sie mir das Bein mit ein paar Tüchern.

Ich hörte, wie mein Vater mit dem Onkel stritt. Er warf ihm vor, ihn irregeführt zu haben. Dann kam er zu meiner Mutter und Schwester, schloß sie in die Arme und bat sie um Vergebung. Er sagte kleinlaut, daß Jesus tatsächlich der Sohn Gottes gewesen sei. Mein Onkel bestand nach wie vor darauf, daß das Erdbeben und die anderen Erscheinungen bloße Naturphänomene seien und nichts mit der Kreuzigung zu tun hätten. Mein Vater stieß ihn buchstäblich aus dem Haus hinaus.

Mein Zustand verschlechterte sich in der Zwischenzeit zusehends. Ich hatte das Gefühl, als würde mein Körper gelähmt. Vermutlich hatte ich einen Wundstarrkrampf bekommen. Als ich im Bett lag, sah ich Jesus wie ein helles Licht durch die Wand kommen. Das geschah gleich nach der Auferstehung. Offenbar hat auch die übrige Familie ihn gesehen, denn meine Mutter, Schwester und Vater fielen auf die Knie. Er breitete die Arme aus und sagte zu mir: ›Komm.‹ Meine Mutter fing an zu weinen und flehte Jesus an, mich nicht wegzunehmen, weil ich ihr einziger Sohn war. Aber ich ging mit ihm. Ich weiß nicht, wohin, aber ich ging.«

So unglaublich mir diese Geschichte auch vorkam, hatte Daskalos selbst offenbar keinerlei Zweifel an der Echtheit seines Erlebnisses. Da ich keine Möglichkeit hatte, die Realität des Erzählten zu »prüfen«, zog ich es vor, weitere Fragen zu stellen, um ein möglichst umfassendes Bild jener Begegnung zu erhalten.

»Daskale«, fragte ich ihn, »erinnerst du dich an die Lehren Jesu?«

»Ich war damals zu jung, um mir Einzelheiten zu merken. Aber ich erinnere mich noch lebhaft daran, daß mir seine Lehren nicht neu vorkamen. Wie ich dir schon gesagt habe, hatte ich als Priester in Ägypten ähnliche Erfahrungen gemacht. Ich entsinne mich, daß Petrus grobschlächtig aussah, blond, kräftige Arme. Er hatte immer einen Stock in der Hand, mit dem er die Leute von Jesus fortjagte. Petrus war eifersüchtig auf Yohannan, weil dieser gebildet war. Petrus hatte einen regelrechten Minderwertigkeitskomplex als Analphabet. Ich sehe Yohannan noch lächeln und den Kopf schütteln, wenn er sah, wie Petrus mit seinem Stock die Kinder und Erwachsenen vom Meister fernhielt. Aber wenn Yohannan kam, reichte allein ein Blick seiner Augen, um Petrus zu beruhigen.

Einmal, erinnere ich mich, saß Jesus auf einem Stein. Er war sehr müde und streckte ein Bein vor sich aus. Ich fiel vor ihm nieder und küßte ihm die Füße. Da sprach er: ›Warum tust du das? Siehst du nicht, mein Kind, daß meine Füße staubig sind?‹ Ich entgegnete: ›Aber ich bin doch selbst Staub, mein Christus.‹ Da faßte er mich an der Hand, und ich stand auf. Er nahm mich in die Arme, küßte mich auf die Stirn und sagte: ›Sage das nie wieder. Du bist nicht Staub‹, und er segnete mich. Ich liebe Jesus so sehr«, murmelte Daskalos.

»Nein, er ist kein Mensch, der die Theose erreicht hat, wie manche Mystiker behaupten wollen. Er ist die Inkarnation des Logos selbst, sage ich dir. Wann immer ich ihn anrufen muß, hebe ich die Ellbogen zu einem unvollständigen Dreieck empor« – Daskalos hob die Arme, um es zu demonstrieren – »und rufe den Logos an: ›Komm, mein Geliebter.‹ So spreche ich ihn an, wenn ich ihn zu mir rufen will.« Und er machte das Dreieck vollständig.

»Wie oft hast du das bis jetzt getan, Daskale?« fragte ich ihn.

»In diesem Leben viermal. Es ist nicht so einfach. Es ist sehr schmerzlich, in den Normalzustand zurückzukehren, nachdem man Ihn zu sich geholt hat. Wenn ich Ihn anrufe, spüre ich auf der Stelle helle Strahlen von meinem Bauch und Kopf ausgehen, und der Raum wird sehr heiß. Einmal, als Theophanis mit mir im Sanktum war, bogen sich die Kerzen in der Hitze, die frei wurde.«

Ich fragte Theophanis später nach diesem Erlebnis, und er bestätigte, was Daskalos erzählt hatte. Iacovos ergänzte, daß auch er die geschmolzenen Kerzen bemerkt habe.

»Ich sage dir« – Daskalos tippte mir aufs Knie, um zu unterstreichen, was er sagen wollte – »daß ich das selten tue, weil es den Körper sehr beansprucht. Die Energie, die dabei erzeugt wird, ist für einen schwachen Körper zuviel. Die Seligkeit ist so intensiv, daß das Zurückkehren als äußerst schmerzhaft empfunden wird. Du willst da einfach bei Ihm bleiben. Das ist, wie wenn man als Astronaut in eine winzige Gefängniszelle eingesperrt wird. Den Logos anzurufen und dabei nicht zu verbrennen, das verlangt eine gewisse Stufe der spirituellen Entwicklung. Das gleiche gilt bei Yohannan. Du kannst kein Gefäß für Yohannan sein – der der planetare Logos ist –, wenn deine Schwingungen zu niedrig sind. Er würde dich verbrennen.«

»Daskale«, fragte ich, »wenn es so schmerzlich ist, sich in solche ekstatischen Zustände zu begeben – hast du vor, es nie wieder zu tun?«

»Ich werde es tun, wieder und wieder. Ich kümmere mich nicht darum, was mit meinem Körper passiert«, erwiderte Daskalos entschlossen. Nach dem, was er gerade gesagt hatte, nahm ich an, daß man, um sich auf den Logos einzuschwingen, ohne »sich zu verbrennen«, einen Zustand erreichen muß, den Daskalos überbewußtes Selbstgewahrsein nannte. Ich wollte von ihm wissen, was die genaue Bedeutung dieses Begriffes sei. Er antwortete, es bedeutete zuerst, daß man ständig seines permanenten Selbst gewahr sei, was häufig das Gewahrsein der früheren Inkarnationen einschließe. Zweitens meistere man Materialisation und Dematerialisation, und drittens müsse das Bewußtsein zu gleicher Zeit auf sieben und mehr verschiedenen Ebenen sein und Eindrücke und Erfahrungen von all diesen Ebenen aufnehmen können.

»Aber«, warf ich ein, »sind dies nicht die Attribute des Menschen, der die Theose erlangt hat?«

»Ja, das stimmt«, bestätigte Daskalos. »Das sind die Attribute – aber es ist nicht die Theose an sich.«

»Und du«, fragte ich ihn, »behauptest, all diese Dinge tun zu können?«

»Ja.«

»Dann bist du also ein Mensch, der die Theose erreicht hat?« forschte ich weiter. Daskalos antwortete, daß er sich in einen Zu-

stand der Theose begeben könne, dort aber nicht zu bleiben vermöge. Er könne dort nur vorübergehend verweilen, bemerkte er.
»Du kannst nicht in der materiellen Welt leben«, fuhr Daskalos fort, »und zugleich die Theose leben.«
Da fragte ich ihn, ob der Begriff der Theose ähnlich dem sei, was andere Mystiker als Gottesbewußtsein bezeichneten.
»Ja«, sagte er. »Du hast das Bewußtsein von Gott, lebst aber nicht ständig in Gottesbewußtsein oder Theose.«
»Daskale«, wechselte ich das Thema, »was ist der Grund für dein Leben auf der Erde?«
»Liebe. Es ist Liebe, was einen Meister in der Materie hält. Du trägst das Karma von anderen und kehrst zurück, um ihnen zu helfen. Wenn du von deinem eigenen frei geworden bist, kannst du dich entscheiden, anderen zu helfen. Das wird dich auf der Erde halten.
Ich weiß nicht, wie es euch geht«, stellte Daskalos unvermittelt fest, wobei er sich Iacovos und Kostas zuwandte, die bis dahin still zugehört hatten, »aber ich werde allmählich hungrig.«
Ich legte Block und Bleistift auf den Stuhl, auf dem ich gesessen hatte, und folgte den anderen drei in die Küche. Wir bereiteten rasch einige Teller mit Obst, Gurken, Tomaten, Brot und Käse zu. Unsere Speisekarte schien irgendwie zu dem Gespräch über Jesus zu passen. Wir genossen unser Mahl.

9

Weltbild

Ich erhob mich unauffällig, verabschiedete mich und ging aus dem Hause hinaus zu meinem Wagen. Es war Mittwoch nachmittag, der Tag, an dem der innere Kreis sich traf. Da ich kein Angehöriger dieser Gruppe war, hielt ich es für angebracht, mich zu entfernen. Die Zusammenkunft sollte in einer Viertelstunde beginnen, und fast alle Schüler von Daskalos waren bereits eingetroffen.

Ich war gerade dabei, in das Auto zu steigen, als Iacovos an die Tür geeilt kam und mir zuwinkte. Daskalos stand im nächsten Augenblick hinter ihm und bedeutete mir zu warten. »Laß uns sehen, ob wir eine Genehmigung von Yohannan bekommen, daß du am heutigen Treffen teilnehmen kannst«, sagte er, als ich ihnen entgegenging. Ich war sehr erfreut. Vor einigen Tagen hatte ich Iacovos gegenüber meinen Wunsch geäußert, bei einigen der Zusammenkünfte des inneren Kreises anwesend sein zu dürfen. Ich nahm an, daß er Daskalos davon unterrichtet hatte.

»Iacovos und Kostas werden zusammen im Sanktum meditieren und um Erlaubnis bitten, daß du am Treffen teilnehmen kannst«, wiederholte Daskalos, als wir ins Haus zurückgingen.

Bald darauf verlautete von Iacovos, daß Vater Yohannan einverstanden sei. Ich freute mich, nicht nur, weil ich die Gelegenheit erhielt, das Wirken des inneren Kreises kennenzulernen, sondern weil gerade an diesem Mittwoch Loizos, ein Schüler von Daskalos, eingeweiht werden sollte.

Die meisten Mitglieder des inneren Kreises kannte ich bereits. Sie versammelten sich im Sanktum, zogen ihre weißen Gewänder an und warteten auf Daskalos. Es war das erstemal, daß ich sie in ihren weißen Gewändern sah, die ausschließlich im inneren Kreis getragen wurden.

»Komm schon, du Tibetaner«, forderte Daskalos mich scherzhaft auf, packte mich am Ellbogen und führte mich ins Sanktum. »Vater Yohannan«, verkündete er dort, »hat den Wissensdurst von Kyriakos erkannt und gab die Erlaubnis, daß er einigen unserer Zusammenkünfte beiwohnt.« Dann erklärte er, daß ich in mehreren Inkarnationen ein Tibeter gewesen sei und deshalb dem Esoterischen nicht fremd gegenüberstehe. Daß ich so mühelos die spirituellen Lehren absorbieren könne, sagte er, sei durch die harte Arbeit begründet, die ich in früheren Inkarnationen geleistet hätte. Dann fragte Daskalos, ob jemand etwas dagegen einzuwenden hätte, daß ich vorübergehend den Treffen des inneren Kreises beiwohne. Keiner brachte einen Einwand vor. Dann legte er mir ein langes Stück weißen Tuches über die Schulter und zog sein eigenes weißes Gewand an.

Loizos stand vor dem Altar und hatte ein großes Bild Christi vor sich. Auf dem Altar lag, zusammengefaltet, ein weißes Gewand, darauf das Schwert ohne Spitze. Kostas entzündete eine weiße Kerze und etwas Räucherwerk, während Iacovos mit einem Schalter zwei starke Strahler anknipste, die von der linken und rechten Seite der Ikone das Bild Christi beleuchteten.

Daskalos kniete nieder und legte seine rechte Hand über das Schwert. Er hielt die Augen einige Sekunden geschlossen und sprach leise ein Gebet. Dann stand er auf.

»Ich möchte, daß du uns sagst«, sprach er Loizos an, »ob du mit den folgenden sieben Aussagen einverstanden bist, die Iacovos dir vorsprechen wird. Es sind Versprechen, die du dir selbst ablegst, wenn du das weiße Gewand zu tragen wünschst. Es ist kein Schwur, sondern ein Versprechen.«

Daskalos hatte bei einer früheren Gelegenheit gesagt, daß ein Schwur große Verantwortung mit sich bringe. Ihn zu brechen, kann tragische Folgen nach sich ziehen. Wenn man andererseits einem Versprechen nicht nachkommt, ist man nur sich selbst

Rechenschaft schuldig. Die sieben Versprechen, fuhr Daskalos fort, sind die Schlüssel zur spirituellen Vollendung. Sie wurden von Yohannan gegeben, als er sieben Jahre alt war. Er bestand kategorisch darauf, daß die sieben Versprechen absolut, unveränderlich und für alle Zeiten gültig seien.

»Ich gelobe mir selbst«, begann Iacovos.

»Ich gelobe mir selbst«, wiederholte Loizos leise.

»Allezeit und allerorten dem Absoluten zu dienen, dem ich aus ganzem Herzen zugehöre«, fuhr Iacovos fort, und Loizos sprach es nach.

»Allezeit und allerorten bereit zu sein, dem göttlichen Plan zu dienen;

die göttlichen Gaben von Gedanken und Wort allezeit, allerorten und unter allen Umständen wohl zu gebrauchen;

geduldig und ohne Klage mich allen Formen von Prüfung und Drangsal zu fügen, die das göttliche Gesetz in seiner Weisheit mir auferlegen mag;

meine Mitmenschen zu lieben und ihnen zu dienen, aufrichtig und aus den Tiefen meines Herzens und meiner Seele, ganz gleich, wie sie sich mir gegenüber verhalten mögen;

täglich mich in das Absolute zu versenken und in die Stille zu gehen mit dem Ziel, meine Gedanken, Wünsche und Taten ganz auf seinen göttlichen Willen einzustellen;

jeden Abend zu untersuchen und zu prüfen, ob all meine Gedanken, Wünsche, Worte und Taten in absoluter Harmonie mit dem göttlichen Gesetz stehen.«

Nachdem Loizos die sieben Punkte nachgesprochen hatte, ergriff Daskalos seine Rechte und sprach mit ernster Stimme, während jedermann lauschte: »Das weiße Gewand ist weder ein Lohn noch ein Vorrecht. Es ist ein schweres Kreuz, das zu tragen ist. Es bedeutet Gelöbnis und Verpflichtung, deinen Mitmenschen immer zu dienen. Deine Mitbürger hier bestätigen, daß du es verdienst, dies weiße Kleid zu tragen. Es ist auch Symbol und Aufforderung für die Notwendigkeit, deine Seele rein und weiß zu erhalten. Liebe muß die bestimmende Kraft in deinem Leben sein. Hasse niemanden, auch nicht jene, die dir Schaden zufügen. Sei hart, wenn es notwendig ist, aber sei es aus Liebe, und behalte immer im Sinne, was das Beste ist für deine Mitmenschen.«

Dann fragte Daskalos, ob einer der Anwesenden etwas dagegen einzuwenden habe, daß Loizos ihr »weißgewandeter Bruder« werde. Einstimmig erklärten alle, daß er »áxios« sei, das heißt wirklich würdig. Theophanis und Kostas nahmen das weiße Kleid vom Altar und halfen Loizos, es anzulegen. Nach Daskalos küßte jeder der anderen Brüder Loizos auf die Stirn. Dann kniete dieser nieder, und Daskalos beschrieb über seinem Kopf mit dem Schwert das Zeichen des Kreuzes. Der Neophyt küßte das Schwert an der Stelle, wo der sechszackige Stern eingraviert ist.

»Wir werden nun zur Kommunion der Liebe weitergehen«, gab Daskalos bekannt und erteilte Theophanis das Wort. Dieser mischte Wasser und Wein und goß sie in einen silbernen Kommunionskelch, der auf dem Altar stand. Theophanis schloß die Augen, streckte die Arme nach oben und hob den Kommunionskelch vor der Christusikone empor. Wir anderen knieten nieder, während er einige Minuten in dieser Stellung verharrte. Es herrschte völlige Stille. Als Theophanis sich umdrehte, standen alle auf. Er gab jedem der Brüder die Kommunion. Bei Daskalos fing er an, der ihm die Hand küßte, nachdem er aus dem Kelch getrunken hatte. Alle – mit Ausnahme von mir – tranken dreimal aus dem Kommunionskelch, »im Namen des Vaters, des Sohnes und des Heiligen Geistes«. Dann goß Theophanis etwas von dem »gesegneten Wein« in eine gewöhnliche Plastiktasse, wiederholte das Ritual und bot ihn mir dar: »Im Namen des Vaters«, und ich trank einmal, »und des Sohnes«, und ich trank das zweite Mal, »und des Heiligen Geistes«, und ich leerte die Tasse.

»Ich möchte dir einiges von der Symbolik des Rituals erklären, das du gerade erlebt hast«, sagte Daskalos zu mir, als die anderen das Sanktum verließen und in den größeren Raum in der Stoa gingen. »Die Kommunion der Liebe ist kein Ersatz für die Kommunion in der Kirche, an der teilzunehmen ich meinen Schülern empfehle.«

»Wozu ist dann die Kommunion der Liebe da?« fragte ich.

»Bevor wir im inneren Kreis mit der Unterweisung beginnen, brauchen wir den Segen des Christus-Logos. Wer die Kommunion der Liebe durchführt, muß sehr weit fortgeschritten sein in der Erschaffung noetischer Bilder. Als Theophanis mit geschlossenen Augen den Kelch emporhob, betete er zuerst, und dann stellte er sich eine mächtige Sonne vor, die aus dem Innern des Kelches Licht verstrahlte. Danach ging er daran, dieses Bild aufzulösen. Wenn die Sonne mit größerer Intensität weitergestrahlt hat, so ist das ein Zeichen, daß der Logos übernommen hat. Das Wasser und der Wein im Kelch wurden gesegnet.«

»Ist es nur Theophanis, der dieses Ritual durchführt?« fragte ich.

»Nein, nicht jedesmal. Da wird abgewechselt. Aber nur jene unter uns, die über die psychonoetischen Kräfte verfügen, können die gewaltige Konzentration aufbringen und damit die Aufgabe erfüllen.«

»Was bedeutet die Inschrift auf dem Schwert?« wollte ich wissen und blickte zu dem geheiligten Gegenstand, der auf dem Altar lag. Auf seiner kurzen, abgebrochenen Klinge las ich Στούς Ἀχράντους Σου Πόδας Λόγε Πάσα Ἐξουσία. (Zu deinen makellosen Füßen, o Herr, ruht alle Macht.)

»Laß uns darüber nach der Unterweisung sprechen. Die anderen warten schon, und wir müssen vorankommen«, sagte Daskalos rasch, als wir in den benachbarten Raum hinübergingen.

Daskalos setzte sich vorne auf den Stuhl, von dem aus er die kleine Zuhörerschaft vor sich hatte; Kostas nahm neben ihm Platz und sah nachdenklich aus.

»Kyriako«, bemerkte Kostas ernst, »was du heute hörst, darfst du nicht auf Band aufnehmen oder mit Außenstehenden besprechen.« Ich merkte, daß es Kostas, mit dem mich bereits eine enge Freundschaft verband, nicht wohl dabei war, daß ich die Erlaubnis erhalten hatte, an dieser Zusammenkunft teilzunehmen. Im

Unterschied zu Daskalos und Iacovos war er viel vorsichtiger in bezug auf die Weitergabe der »Mysterien«. Ich versicherte ihm, daß ich die Unterweisungen im inneren Kreis weder auf Tonband aufnehmen noch mitnotieren würde.

»Kinder des Geistes, des Lichtes und des Feuers...«, begann Daskalos zu sprechen. Es war das erstemal, daß ich ihn seine Schüler mit diesen Worten anreden hörte. Bevor die Unterweisung zu Ende war, bat mich Daskalos, den Raum zu verlassen, weil, sagte er, Vater Yohannan eine Meditationsübung erklären wolle, die nur Angehörige des inneren Kreises durchführen dürfen.

Ich wartete so lange in Daskalos' Wohnzimmer. Nach ungefähr einer halben Stunde hörte ich Geräusche aus der Stoa. Ich nahm an, daß die Meditationsübung vorüber war. Daskalos kam als erster heraus und wollte einen Kaffee trinken. Er entschuldigte sich, mich hinausgeschickt zu haben, aber es sei auf Wunsch Vater Yohannans geschehen, erklärte er. Ich versicherte ihm, daß ich nicht im geringsten verletzt sei, und bot mich an, türkischen Kaffee zu brauen.

»Kannst du mir jetzt den Sinn der Inschrift auf dem Schwert ohne Spitze erklären?« fragte ich Daskalos, als ich ihm eine Tasse dampfend heißen Kaffees überreichte.

»Das Schwert ohne Spitze«, begann er, »ist das Symbol unserer Kreise. Wir sind Teil eines größeren Kreises, den man die ›Weiße Bruderschaft‹ nennt. Unsere unsichtbaren Meister baten uns jedoch, unsere Gruppen als ›Kreise zur Wahrheitsforschung‹ zu bezeichnen, um uns von gewissen Zirkeln in Europa zu unterscheiden, die gute Namen mißbrauchen.«

»Wann wurde die Weiße Bruderschaft gegründet?« fragte ich.

»In dem Augenblick, als der Mensch zum ersten Mal seinen Blick nach oben richtete und die Frage stellte: ›Wer bin ich?‹ Dann fiel er auf die Knie und machte sich seine Gedanken über die gewaltige Kraft, die das Universum regiert.«

»Ich denke«, fügte ich hinzu, »alle Religionen auf unserem Planeten erfüllen die Voraussetzungen zur Mitgliedschaft in der Weißen Bruderschaft.«

»Ja, solange das zentrale Charakteristikum dieser Religionen universale Liebe ist. Doch unser spezielles System der Wahrheitsforschung begann in dem Jahr, als Christus geboren wurde, kurz nachdem er von den drei Weisen besucht worden war.«
Dann zählte Daskalos kurz die Ereignisse auf, die zur Gründung dieses Zweiges der Weißen Bruderschaft geführt haben.

»Der Maharadscha Ram beobachtete zusammen mit seinem Freund, dem Weisen Tsekinata, hellsehend von Indien aus, daß die Geburt Christi nahte. Stell dir vor: Ram war imstande, die genaue Geburtszeit Christi zu berechnen. Gemeinsam mit Tsekinata reiste er auf dem Kamel den ganzen weiten Weg her und kam zur richtigen Zeit in Jerusalem an.

Ram überließ sein Reich seinem Bruder und reiste ohne Begleitung. Sie konnten sich durch die Macht ihrer Gedanken vor Überfällen durch Banditen schützen. Auf ihrer Reise nach Jerusalem kamen sie durch Armenien, das in zwei Reiche geteilt war. Das eine Reich wurde von König Ntikran regiert, das andere von dessen Bruder Gaspar, einem großen Mystiker. Gaspar söhnte sich mit Ntikran aus, und so wurde dieser König über ganz Armenien. Dann schloß Gaspar sich den beiden anderen Weisen auf ihrer Pilgerreise an. Die drei Männer begegneten später Valtasassour, dem arabischen König der Wüste.

Als sie an der Höhle ankamen, nahm der Maharadscha Ram seinen goldenen Königsmantel ab und legte ihn zu Füßen des Gottmenschen. Dann nahm er sein Schwert, brach es in zwei Stücke, legte es vor Jesus und sprach: ›Zu deinen makellosen Füßen, o Herr, ruht alle Macht.‹ Dann kniete er nieder, küßte Jesus und sagte: ›Cham el chior‹, was in der altindischen Sprache bedeutet: ›Ich habe Gott gesehen.‹

Als die Weisen in ihre Heimatländer zurückkehrten, begründeten sie die Kreise zur Wahrheitsforschung. Wie du bemerkt hast, tragen die Brüder im inneren Kreis ihr weißes Gewand ohne Abzeichen oder Zierrat. Dies symbolisiert das Untergewand von ›Chamelchior‹, der seinen Königsmantel abgenommen und Christus zu Füßen gelegt hat.«

»Das ist vielleicht eine Geschichte!« rief ich, und noch bevor ich ausgesprochen hatte, erschien der kleine Marios, der dreijährige Enkel von Daskalos, in der Tür und schwenkte triumphierend die Weinflasche, aus der Theophanis für die Kommunion der Liebe genommen hatte. Das Kind, das bei Loizos' Einweihung dabeigewesen war, hatte allem Anschein nach die Flasche vom Altar genommen und ihren Inhalt in der Stoa ausgegossen.

»Keine Sorge«, beruhigte Daskalos die anderen, »wir können eine neue Flasche kaufen. Jetzt kennt Marios jedenfalls den Unterschied zwischen dem gesegneten Wein im Kommunionskelch und dem Wein in der Flasche.«

»Woher soll er den Unterschied kennen?« wunderte ich mich.

»Marios ist hellsichtig. Er kann sehen, wie gesegneter Wein Licht ausstrahlt. Der Wein, den er hier vergossen hat, strahlt kein Licht aus. Ihn zu verschütten, war seine Methode, den Unterschied herauszufinden.«

»Das ist gewiß eine sehr heilsame Methode, Marios' Unfug zu erklären«, wunderte ich mich, und die anderen lachten mit mir.

»Ich frage mich, Daskale«, bat ich, nachdem Kostas und Iacovos gegangen waren, »ob du noch ein wenig weiter auf die Unterweisung eingehen würdest, die du vorhin gegeben hast. Mir ist nicht ganz klar, was du mit der ›Selbsterfüllung‹ und ›göttlichen Ausdruckskraft‹ des Absoluten genau gemeint hast.«

»Es ist mit unseren menschlichen Gehirnen«, führte Daskalos aus, während ich meinen Rekorder einschaltete, »nicht möglich, das Wesen des Absoluten zu erfassen. Wie ich dir schon wiederholte Male gesagt habe, können wir Gott nicht kennenlernen, bevor wir uns nicht selbst kennenlernen. Wenn wir diesen Punkt erreichen, wird unser eigenes Selbst ein Spiegel, der es uns – durch die Reflexion – ermöglichen wird, Gott zu erfahren. Unser kleines Bewußtsein wird im Überbewußtsein erwachen.

Doch wenngleich unsere irdischen Gehirne zwangsläufig beschränkt sind im Begreifen des Absoluten, können wir immer noch einen schwachen Eindruck seiner Charakteristika erhalten. Jetzt spreche ich auf der Grundlage meines persönlichen Erle-

bens, das auf meinen Nachforschungen im universalen Gedächtnis beruht. Ich weiß, daß das Absolute *ist*. Stelle dir aber nicht vor, daß dieses Absolute irgendein eigenartiger Gott sei, wie ihn die verschiedenen Religionen uns vermitteln. Das Absolute ist alles, ein mannigfaltiges Wesen in einem.
Ein Grundzug des Absoluten ist seine Selbsterfüllung oder Autarkie. Aber damit meine ich, daß es alles bereits in sich enthalten hat. Es ermangelt nichts, und es bedarf nichts.«
»Wäre das Wesen des Absoluten nur Autarkie gewesen«, bemerkte ich, »wäre die Schöpfung der Welten wohl unmöglich geworden.«
»Gut. Ein anderes Attribut des Absoluten aber ist der Drang – man kann ihn göttliche Ausdruckskraft nennen, wenn man mag –, sich zu manifestieren, der Drang zur Offenbarung. Das Göttliche schwingt in sich selbst. Es hat das Leben, besitzt Bewegung. Kannst du dir Leben vorstellen ohne das Phänomen der Bewegung? Nein. Aufbauend auf dieser Beobachtung gelangen viele Mystiker zu dem Schluß, Gott sei Bewegung. Das ist jedoch ein Irrtum. Leben als Bewegung ist die Natur des Absoluten. Es ist nicht das Absolute selbst.
Doch nun aufgemerkt, denn jetzt kommt ein Punkt, der schwer zu erfassen ist. Stelle dir vor, in der Grenzenlosigkeit des Unendlichen gäbe es keine Erscheinungen, keine Phänomene. Was könnten wir dann über das Unendliche überhaupt erfahren?«
»Aber wer wäre der Erfahrende in diesem Fall, da auch wir nicht existieren würden?« fragte ich zurück.
»Schön. Wir würden nicht existieren, aber wir würden immer noch sein.«
»Du meinst, wir würden sein als heilige Monaden, als ewige Seelen?«
»Ja. Wenn wir davon ausgehen, daß das Unendliche Leben in sich birgt, Bewegung, Schwingung, ohne daß es irgend jemanden oder irgend etwas gibt, das schwingt oder sich bewegt, dann wären wir einfach in absoluter Selbsterfüllung. Existieren würden wir nicht. Doch es entspricht der Natur des Absoluten, sich

Ausdruck zu verschaffen, Universen zu erschaffen. Geist wurde geschaffen. Wann? Da er Teil des Absoluten ist, ist er immer gewesen.«

»Was verstehst du hier unter Geist, Daskale?«

»Geist ist die Übersubstanz, die die göttliche Ausdruckskraft des Absoluten möglich macht.«

»Dann muß er auch das grobstoffliche, also das materielle Universum in sich enthalten«, ergänzte ich.

»Natürlich. Nicht nur das grobstoffliche Universum, sondern alle Universen, das psychische, das noetische, das höhere noetische und jenseits davon. Alles ist Geist, aber Geist ist nicht das Absolute. Er ist das Mittel, durch das das Absolute sich manifestiert. Das Absolute ist jenseits alles Manifestierten. Denke nur einmal einen Augenblick daran: Alles, was wir um uns sehen, ist das Erzeugnis göttlichen Denkens, das materialisiert wird.«

»Daskale«, fragte ich, »was ist der Unterschied zwischen dem Christus-Logos und dem Heiligen Geist?«

»Ich bin froh, daß du das fragst. Der Christus-Logos und der Heilige Geist sind die beiden Arten der Manifestation, der Offenbarung des Absoluten durch den Geist. Der Heilige Geist steht für das unpersönliche Überbewußtsein, das die Kraft des Absoluten ausdrückt und die Schöpfung der Universen ermöglicht. *Er ist der dynamische Teil des Absoluten.*

Der Christus-Logos ist jener Teil des Absoluten, der die Existenz von Selbstbewußtheit möglich macht. Wir, als ewige Wesenheiten, sind eine Verbindung der beiden Aspekte Logos und Heiliger Geist. Tiere sind nur heilig-geistig. Kannst du mir folgen? Stellen wir uns vor, das Absolute sei das Haupt, der Heilige Geist die linke Hand und der Logos die rechte. Da haben wir die Dreiheit im Einen, die Dreieinigkeit. Verstehst du nun, warum es in der Kirche heißt ›Im Namen des Vaters, des Sohnes und des Heiligen Geistes‹?«

»Wenn du Christus-Logos sagst, meinst du Jesus Christus?«

»Nein. Jesus sagte selbst: ›Ich bin schon vor den Bergen und den Hügeln.‹ Der Christus-Logos war immer schon Teil des Absolu-

ten, also schon vor dem Auftreten Jesu. Wir nennen Jesus von Nazareth ›Christus‹, weil er der vollkommenste und vollständigste Ausdruck des pan-universalen Logos war. Er ist das Licht, das jeden Menschen erleuchtet, der auf die Erde herabsteigt.
Laß mich verdeutlichen, was ich meine. Nehmen wir an, Christus ist die Sonne, deren Licht von der Oberfläche unseres Planeten reflektiert wird. Ein schwarzer Stein wird dieses Licht kaum reflektieren. Ein Stein von anderer Farbe wird mehr Licht reflektieren. Das Licht, das jeder Stein reflektiert, ist abhängig von seiner Qualität und Farbe.«
»Ich nehme an, wir sind diese Steine.«
»Genau. Die Menge des Logos-Lichtes, die in uns reflektiert wird, wird davon abhängig sein, wie weit wir in unserer Selbstbewußtheit entwickelt sind, wie unser psychonoetischer Körper entfaltet ist. Aber jeder Stein, ganz gleich, wie dunkel er im Augenblick erscheint, wird eines Tages durch das Einwirken der Sonne so hell wie Alabaster werden. Verstehst du nun? Wir sprechen jetzt von Existenz im Unterschied zur Seinsheit.«
»Und worin unterscheiden sich diese beiden?«
»Alles, was existiert, IST, jenseits von Evolution, jenseits von Ausdruck. Es ist in dem ewigen Jetzt, innerhalb des Absoluten.«
»Jetzt bin ich ganz durcheinander«, gab ich zu.
»Schau: Wir *sind*, als heilige Monaden, als Seelen, bereits bevor wir existieren. Wir erlangen Existenz, wenn wir das Urbild des Menschen passieren und in die Welt der Getrenntheit, der Existenz, eintreten. Alles, was existiert, hat einen Anfang und ein Ende, welches wiederum zu einem neuen Beginn für einen weiteren Zyklus der Existenz wird. Als ewige Wesen *sind* wir einfach. Wir sind immer gewesen. Durch Zyklen der Existenz erwerben wir unsere Selbstbewußtheit. Das ist die Bedeutung von Christi Gleichnis vom verlorenen Sohn, wie ich es dir bereits erklärt habe. Als Christus sagte: ›Ich bin der Weg, die Wahrheit und das Leben‹ – was, denkst du, meinte er damit? ›Ich bin Zeit. Ich bin die Weisheit des Absoluten hinter der Evolution von Phä-

nomenen in Raum und Zeit.‹ Wie viele, meinst du, können den Sinn der Worte Jesu erfassen? Glaube mir, die christliche Religion hat einen Gehalt. Aber wir plätschern nach wie vor auf der Oberfläche ihres tiefen Ozeans umher. Die Tiefen müssen wir erst noch erkunden.

So«, fuhr Daskalos fort und schlug sich auf die Knie, »das Denken des Menschen kann zwei Wesen des Absoluten und drei Attribute des Absoluten empfangen. Die beiden Wesen sind – wie wir gesehen haben – die Aspekte Logos und Heiliger Geist. Durch das Studium der Natur können wir auch die drei Attribute des triadischen Gottes erfassen – nämlich Allwissen, Allmacht und absolute Güte. Wir können diese Eigenschaften im kleinsten Materieteilchen ebenso finden wie in der größten Galaxis. Was im Mikrokosmos gilt, das trifft auch im Makrokosmos zu.

Alles«, sprach Daskalos weiter, »befindet sich in der göttlichen Autarkie, unausgedrückt, unmanifestiert. Innerhalb der göttlichen Autarkie ist auch göttliche Ausdruckskraft, durch die die Manifestation dessen, was ist, ihren Anfang nimmt.«

»Daskale«, fragte ich, »könntest du noch ein wenig mehr über den Unterschied zwischen Existenz und Seinsheit sprechen?«

»Der gewöhnliche Mensch denkt, es gebe nichts außer dem, was existiert. Wenn du die Frage stellst: ›Existiert Gott?‹, wird meine Antwort darauf ein kategorisches Nein sein. Gott *ist* einfach. Existenz ist die Manifestation Gottes durch die Übersubstanz, die wir Geist nennen. Alles, was existiert, hat einen Anfang und ein Ende. Gott als das Absolute hat weder Anfang noch Ende.«

»In unserer Bibel lesen wir zu Beginn des Johannes-Evangeliums: ›Im Anfang war das Wort...‹«

»Das ist auf einen Irrtum bei der Übersetzung aus dem griechischen Original zurückzuführen«, fiel mir Daskalos ins Wort. »Wie du weißt, bedeutet das griechische Wort ἀρχή (arché) sowohl Anfang als auch Vollmacht, Herrschaft, Autorität. In eurer Bibelübersetzung wurde irrtümlich die erste Bedeutung verwendet. Es sollte eigentlich heißen: ›*In Vollmacht ist der Logos...*‹«

»Ich würde dich gerne noch etwas zum Unterschied zwischen Seinsheit und Existenz fragen. Ich denke, wir könnten sagen, daß Seinsheit die Realität ist, während Existenz sich auf die Welt der Erscheinungen bezieht, die die grobstoffliche, die psychische und die noetische Welt umfaßt. Aus dieser Sicht bedeutet das Eintreten in die Realität nämlich das Übersteigen der Existenz und die Rückkehr in die Seinsheit, also in eine Form der Nicht-Existenz.«

»Sehr gut. Es ist nicht einfach, die verschiedenen dimensionalen Welten zu übersteigen und angstlos in unsere Seinsheit einzugehen. Ich spreche jetzt aus eigener Erfahrung. Obwohl wir spüren, daß wir Teil der einen Realität, des einen Lebens sind, müssen wir in eine Art Nicht-Existenz eintreten. Das war es vermutlich, was selbst den Buddha verwirrt hatte, der da sagte, daß Nirwana ein Zustand des Nichtseins sei. Du weißt in diesem Zustand aber immer noch, daß du du bist. Als gegenwärtige, vorübergehende Persönlichkeit reflektierst du dich in drei Spiegeln: dem Spiegel der Materie, dem Spiegel der psychischen Existenz und dem Spiegel der noetischen Existenz, der konkreten Gedanken.

Stelle dir vor, ich gebe dir einen Hammer in die Hand und fordere dich auf: ›Schau, es sind da so viele Verzerrungen deines Bildes in den drei Spiegeln. Zerschlage sie.‹ Und dann zerbrichst du sie. Was bist du jetzt? Du kannst keine Reflexion deines Wesens als Gedanke, als Gefühl oder als materielles Wesen mehr sehen. Wer bist du dann? Du bist immer noch du, nicht weniger und nicht mehr, als du warst, bevor du die drei Spiegel zerschlagen hast. Aber solange du nicht reflektiert bist, kannst du nicht eine Erscheinung, ein Phänomen also des Lebens werden.

Nehmen wir an, ich begebe mich kühn in jenen Zustand der Nicht-Existenz – wenn auch des Seins in der absoluten Seinsheit. Kann ich daraus zu jeder beliebigen Zeit hervortreten und mich in der Materie von neuem reflektieren, das heißt inkarniert werden? Definitiv ja; wir sind ewige Wesen.«

»In einem solchen Zustand müssen wir uns befunden haben, bevor wir das Urbild des Menschen passierten, um inkarniert zu werden«, bemerkte ich.

»Gut. Du kannst in diesen Zustand eintreten, wann immer du willst – vorausgesetzt, du bist ein erfahrener Meister der metaphysischen Welt.«

»Das muß ein entsetzlicher Zustand sein, Daskale«, meinte ich dann.

»Nun, um die Wahrheit zu sagen: Ich lernte ihn vor langer, langer Zeit kennen, vor Jahrhunderten, und zuerst spürte ich auch große Angst. Aber meine Meister halfen mir. In diesen Zustand des Seins einzutreten, ohne sich als die Reflexion seiner selbst zu empfinden, erfüllte mich mit großem Glücksgefühl, mit einem Gefühl überwältigenden Reichtums, der Selbsterfüllung und Autarkie. Oder gibt es ein anderes Wort für Autarkie, für Selbsterfülltsein? Doch selbst in diesem Zustand hat man das Verlangen zurückzukehren. Aber ich kann es kein wirkliches Verlangen nennen, denn damit befände ich mich automatisch in der psychischen Dimension. Ich kann es auch nicht Gedanken oder Verpflichtung nennen, denn wenn ich das sage, bedeutet es, daß ich mich in der noetischen Welt befinde. Was ist es dann, dieser Zustand der Nicht–Existenz, der selbsterfüllten Seinsheit, der mich doch drängt zurückzukehren? Es liegt vielleicht in der Natur der Seinsheit, sich an sich selbst zu reflektieren. Meister haben es getan. Christus hat es getan.

Wenn ich mich in mich selbst begebe, was vom menschlichen Standpunkt der Zustand der Nichtheit ist, aus der Sicht der Seinsheit jedoch reichstes Erfülltsein, dann weiß ich, daß es meiner Natur entspricht, wieder zurück in die Welt der Materie einzutreten. Das sage ich jedoch allein aufgrund meiner eigenen Erfahrung. Wenn du mich fragen wolltest: ›Wo würdest du dich lieber aufhalten, in der Selbsterfülltheit des nichts-vorstellenden Seins, wo wir das finden, was wir Glücklichsein nennen, oder in Prüfungen und Drangsal unserer Existenz in der Welt der Erscheinungen?‹ – glaube mir: Wenn ich einen geliebten Menschen bei mir habe, dem ich in die Augen blicken, dessen Duft ich wahrnehmen und dessen Füße ich liebkosen kann, würde ich sagen: Das ziehe ich vor. Nenne es Schwäche, nenne es, wie immer du willst, es ist trotzdem immer noch Attribut unserer Seinsheit und nicht unserer Existenz. Mag sein, daß dies der gleiche Drang in der absoluten Seinsheit selbst ist, die zur Erschaffung der Welten geführt hat: liebevoll mit den Strahlen ihrer Sonne noch die trübsten, unbewegtesten Wasser zu berühren und zärtlich zu liebkosen.

»Vielleicht«, fuhr Daskalos nach einigen Sekunden des Schweigens fort, »ist es blasphemisch, was ich spreche. Aber so empfinde ich es. Die materielle Welt mit all ihrer Pein und Unvollkommenheit ist schön, wunderschön! Meinst du, daß ich mich darin irre?«

Daskalos' letzte Frage überraschte mich. Der Klang seiner Stimme und die Eindringlichkeit seines Blicks gaben mir den Eindruck, daß er tatsächlich eine Antwort erwartete, als ob ich überhaupt imstande wäre, ihm eine zu geben.

»Ich wünschte«, murmelte ich hilflos, »ich könnte dir darauf antworten.« Tatsächlich war ich von Daskalos' irdischer Sehnsucht tief bewegt. Sie erinnerte mich an die Geschichte über einen Zen-Meister. Sein ganzes Leben lang predigte er über die Unwichtigkeit und das illusorische Wesen der materiellen Welt. Als er dem Tode nahe war, versammelten sich seine Schüler um sein Totenbett, um seine letzten Worte der Weisheit zu hören. Alles, was er sagen konnte, war: »Ich will leben, ich will leben.« Seine Adepten waren bestürzt. »Aber Meister, wie kannst du so etwas sagen?« protestierten sie. »Wirklich, wirklich, ich will leben«, wiederholte er und schloß die Augen. Das war die letzte Lehre des Meisters gewesen.

Am frühen Abend verließ ich Daskalos. Wir hatten vereinbart, unser Gespräch über das Wesen des Absoluten und den Platz des Menschen im Universum fortzuführen. In der Zwischenzeit hatte ich mich schon mit Kostas abgesprochen, ihn am Samstag zu treffen. Er würde dann wieder zurück in Nikosia sein. Ich hatte vor, mit ihm nach Limassol zurückzufahren und einer Zusammenkunft mit seinem Schülerkreis beizuwohnen, die am selben Nachmittag stattfinden sollte.

Kostas war selbst ein Meister. Ich hatte schon an mehreren seiner Veranstaltungen teilgenommen und war beeindruckt von der hohen Qualität der Gespräche, die sich der offiziellen Unterweisung anschlossen. Im Unterschied zu Iacovos, dessen Vater Arbeiter war, stammte Kostas aus einer wohlhabenden Familie in Famagusta, der wichtigsten Hafenstadt der Insel, bevor Zypern im Jahre 1974 von den türkischen Truppen überrollt wurde. Nach dieser Tragödie fand er mit seiner Frau und den beiden Kindern Zuflucht in Limassol, wo er Chef einer großen Kraftfahrzeugwerkstatt wurde. Vor der türkischen Invasion hatte Kostas fünf Jahre in England verbracht und dort ein Diplom in Maschinenbau erlangt.

Nachdem ich seine Schüler kennengelernt hatte, fiel mir auf, daß die meisten von ihnen sich seinem Kreis angeschlossen haben, nachdem sie Heilungen erlebt hatten, die entweder er oder Daskalos vollbracht hatten. Eine Frau Mitte vierzig erzählte mir, daß sie sich Kostas' Gruppe anschloß, als er sie von höllischen Kopfschmerzen befreit hatte, unter denen sie mehr als zwölf Jahre gelitten hatte. Der am weitesten entwickelte Schüler von Kostas, ein Regierungsbeamter, stieß dazu, nachdem Daskalos seine kleine Tochter geheilt hatte, die Probleme beim Gehen hatte.

»Als ich zu Daskalos kam«, erzählte er mir, »war meine Tochter drei Jahre alt. Ich saß auf einem Stuhl und hatte das Mädchen auf dem Schoß. Daskalos sprach mit mir über ihren Zustand. Plötzlich streckte er die Hände aus und sagte zu ihr: ›Komm, mein Liebes.‹ Bevor ich merkte, was geschah, und zu meinem größten Erstaunen, glitt sie von meinen Beinen herunter und ging auf ihn zu. Er nahm sie auf und setzte sie auf seinen Schoß. Einen Augenblick lang war ich erschrocken. ›Was macht er mit meiner Tochter?‹ dachte ich bei mir. Sie hatte bis dahin kaum gehen können. Sie hatte Angst vor Fremden. Als ich sie auf Daskalos' Schoß sitzen sah, lächelnd, fühlte ich mich auf einmal erleichtert und erkannte, daß ein Wunder geschehen war. Er zog ihr die

Schuhe aus, stellte das Kind auf den Fußboden und sagte: ›Gehe, mein Liebes.‹ Seit damals geht sie völlig normal.«

Ein anderer Schüler von Kostas war früher Mitglied von Daskalos' Kreis, zog aber dann um nach Limassol und schloß sich dort der Gruppe Kostas' an. »Ich hatte einmal«, erzählte er mir, »starke Nierenbeschwerden und sollte operiert werden, um die Steine zu entfernen, die die Koliken verursachten. Am Tage der Operation versuchte ich, aufzustehen und die Hose anzuziehen. Aber ich hatte so schlimme Schmerzen, daß ich ins Bett zurücksank. Als ich dort lag, kam mir das Bild von Daskalos vor Augen. Ich fing an, mich auf meine Nieren zu konzentrieren, und beschickte sie in Gedanken mit Lichtstrahlen verschiedener Farben, die Daskalos uns genannt hatte. Nach wenigen Minuten der Konzentration gingen die Steine ab, und die Schmerzen waren verschwunden. Ich hatte mich selbst geheilt und brauchte keine Operation mehr.«

»Wie lange kennst du Daskalos schon?« fragte ich Kostas, als wir Richtung Limassol abfuhren.

»Solange ich mich erinnern kann. Ich rutschte schon auf seinem Schoß herum«, antwortete Kostas lachend. »Meine Eltern waren Schüler von ihm, und so wurde ich mit seinen Lehren schon früh im Leben vertraut. Ich erinnere mich an einen Tag – ich war noch ein kleines Kind –, als Daskalos bei uns zu Hause war und ich Schläge von meinem Vater bekam. Daskalos sagte zu ihm: ›Ist dir klar, mein Lieber, daß du einen Meister schlägst?‹ Damals konnte ich noch nicht verstehen, was er meinte.«

Kostas berichtete mir weiter, es sei erst fünf Jahre her, daß er für die Wirklichkeit dessen, der er war, ›erwachte‹. Erinnerungen aus früheren Leben kamen allmählich in sein Bewußtsein. Er behauptete, daß er in einer seiner Inkarnationen Ritter am Hofe von Richard Löwenherz gewesen sei und an den Kreuzzügen teilgenommen habe.

»Als ich in England studierte, hatte ich sehr stark das Gefühl, daß die Landschaft mir bekannt war. Aber die eigentlichen, spezifischen Erinnerungen kehrten erst vor verhältnismäßig kurzer

Zeit zurück. Glaube mir, das sind keine Träume«, bemerkte er und blickte mich an, als wollte er prüfen, wie ich auf seine Mitteilung reagierte. »Die Intensität jener Inkarnation muß sehr stark gewesen sein«, fuhr er dann fort. »Einmal, als ich mich außerhalb meines Körpers befand, begegnete ich – zum ersten Male – einem bedrohlichen, schwarzen Elemental. Instinktiv faßte ich nach meinem Schwert. Ich dachte, ich sei ein Ritter, der mit einem bösen Feind kämpfte. Auf der Stelle aber erkannte ich, daß dies nicht die passende Methode ist, Elementale zu bekämpfen«, fügte Kostas lachend hinzu.

»Nun, was hast du dann gegen jenes Monster unternommen?« fragte ich lächelnd.

»Ich erschuf mit meinen Gedanken ein Elemental, das weißes Licht ausstrahlte, und schickte es gegen das schwarze Elemental. Wenn man weiß, wie das zu bewerkstelligen ist, hat man damit immer Erfolg.« Kostas fuhr fort und berichtete mir, daß er immer, wenn er spüre, daß ein Elemental zu mächtig für ihn sei, zur Sicherheit in seinen Körper zurückeile.

»Unsere Körper sind wie Festungen. Sie schützen uns vor Feinden von außen«, bemerkte Kostas, als wir einen großen Lastwagen überholten, der unsere Fahrt schon seit Meilen recht verlangsamt hatte.

»Was verstehst du unter ›erwachen‹?« fragte ich. »Gibt es gewisse Schritte, die zu befolgen sind, bevor man ›erwacht‹?«

»›Erwachen‹ heißt für uns erkennen, wer wir tatsächlich sind – und das ist etwas anderes als unsere derzeitige Persönlichkeit. Es bedeutet auch das Erinnern an frühere Inkarnationen. In der Regel geschieht es in drei Phasen. Zuerst hat man unterbewußt das Empfinden, früher schon gelebt zu haben. Das kam mir, als ich in Glasgow studierte. Die zweite Phase besteht darin, daß man anfängt, Bilder in Form von Träumen zu empfangen. Die dritte Stufe ist dann, daß man beginnt, gewisse Erlebnisse aus der Vergangenheit bewußt erneut zu erleben.«

»Kann man die beiden ersten Schritte nicht überspringen?« wollte ich wissen.

»In der Regel nicht. Ich spreche jetzt für den durchschnittlichen Menschen auf seinem Weg der Wahrheitserforschung. Vielleicht sind für einen fortgeschrittenen Meister die beiden ersten Stufen nicht notwendig. Daskalos ist möglicherweise schon erwacht geboren – oder jedenfalls fast erwacht. Aber glaube nicht, daß Daskalos nicht auch nach der Wahrheit forscht. Auch er ist ein Schüler. Man hört eigentlich nie auf, Schüler zu sein, bis man als Gott wiedererwacht. In dem Augenblick, in dem man sich auf den Pfad des Wissens begibt, fängt man bewußt an, sein Kreuz auf sich zu nehmen. Man kann auch bewußt daran gehen, das Kreuz seines Nächsten mitzutragen.«

»Du meinst, anfangen, sein Karma zu übernehmen?«

»Ja. Das kannst du tun durch die Liebe. Wenn du eine Therapie durchführst, nimmst du bewußt oder unterbewußt den Schmerz des anderen auf. Glaube mir, das ist nicht masochistisch. Man genießt das Leben sogar noch mehr. Man kommt dem sogenannten Glücklichsein noch näher. Natürlich gibt es das in der grobstofflichen Materie nicht. Da existieren nur Vergnügen und Zufriedenheit.«

»Wo gibt es dann das Glücklichsein?« fragte ich.

»Wirkliches Glück gibt es nur in den noetischen Welten. Natürlich ist die Bedeutung des Glücks auf jeder Stufe der Realität verschieden. Wenn du dich aber auf den Weg des Wissens begibst, erhält das Leben mehr Sinn. Oder meinst du, es ist belanglos und nebensächlich zu erkennen«, fragte Kostas überschwenglich, »daß du nicht verloren bist?«

»Vielleicht ist es Wunschdenken, das dich dies glauben läßt«, bemerkte ich zwiespältig.

»Nein. Wenn du es einmal erfahren hast, dann kann nichts mehr dieses Gefühl der Gewißheit erschüttern«, erwiderte Kostas. Das war eine Standardantwort, die ich von Daskalos und Iacovos ebenfalls schon wiederholte Male erhalten hatte. Sie hatten die Sicherheit, Träger der Erleuchtung zu sein und daß ihre Mission darin bestand, ihren Mitmenschen zu helfen, aus ihrem Dunkel der Unwissenheit und Verzweiflung herauszukommen.

»Kosta«, meinte ich, »ich habe bemerkt, daß du nur sehr zögernd Informationen über die Lehren gibst. Warum bist du so vorsichtig? Warum ist so viel Geheimhaltung nötig?«

»Horch, Kyriako«, antwortete Kostas und blickte unverwandt auf die Straße, »es ist nicht klug, jemanden zu plötzlich allzu vielem Licht auszusetzen. Er könnte geblendet werden. Du kannst einem Menschen Schaden zufügen, indem du ihm gewisse Wahrheiten offenbarst, wenn er noch nicht bereit ist, sie aufzunehmen.«

»In welcher Hinsicht kann Wahrheit einem schaden? Kannst du mir anhand eines Beispiels erklären, was du meinst?«

»Das werde ich«, erklärte Kostas mit Bestimmtheit, nachdem er einige Augenblicke über mein Anliegen nachgedacht hatte. »Vor einigen Monaten mußten wir einen Bruder aus unserem Kreise ausschließen, weil er, sobald er gelernt hatte, die Eksomatose durchzuführen, diese Fähigkeit mißbrauchte.«

»Wie ?« fragte ich und sah, daß Kostas lächelte.

»Er war Direktor einer weiterführenden Schule, und dieser Halunke pflegte sich aus seinem Körper hinaus- und in die Schlafzimmer seiner weiblichen Schüler zu begeben«, antwortete Kostas und lachte. »Trotz seiner Bitte, wieder in den Kreis aufgenommen zu werden, blieb ich unnachgiebig. Ich konnte in seiner Aura sehr viel Egoismus erkennen. Hätten wir ihn wieder aufgenommen, hätte er bald versucht, solche Kräfte zu mißbrauchen, um nicht nur anderen, sondern auch sich selbst dabei Schaden zuzufügen.

Du siehst also«, fuhr Kostas fort, »Wenn du dich auf die Mystik einläßt, kann dich ein Fehler von dieser Kategorie für mehrere Inkarnationen blockieren. Je höher du steigst auf dem mystischen Wege, desto schmerzlicher wird es, wenn du fällst. Deshalb wird über den mystischen Weg nicht viel geredet, sondern geheimgehalten. Vergiß überdies nicht, daß es durch gewisse Meditationsübungen, die man im inneren Kreise lernt, möglich ist, seine Chakras vorzeitig zu öffnen; dann wird man von Furcht und Schrecken übermannt. Wenn solche Dinge stattfinden, hemmt dies die Empfänglichkeit für spirituelle Angelegenheiten möglicherweise über mehrere Inkarnationen hinweg.«

»Oder man landet in der Irrenanstalt«, ergänzte ich.

»Das stimmt. Deshalb ist es klug, immer einen Mentor, einen Lehrmeister zu haben, der einen auf dem Wege anleitet. Das ist das sicherste Verfahren. Glaube mir, wenn jemand für diese Wahrheiten reif genug ist, wird ein Meister in sein Leben treten.

Übrigens«, sprach Kostas weiter, »ist es sehr schwierig zu beurteilen, ob eine spezielle Information über mystische Themen einen vorteilhaften oder katastrophalen Effekt auf einen Menschen haben wird. Solche Dinge können Leute, die zu sehr an irdischen Interessen hängen, sehr verwirren. Was den einen weiterbringt, kann dem anderen schaden.«

»Ist es möglich, das in den Kreisen vermittelte Wissen durch die Lektüre von Büchern zu erlangen?« fragte ich.

»Nein. Die Unterweisungen, die Vater Yohannan uns gibt, sind nirgendwo aufgezeichnet.«

»Ich habe bemerkt, daß Daskalos, du und die anderen absolut sicher sind, daß das Wissen, das ihr in bezug auf spirituelle Dinge erlangt, von höchstem Rang ist. Wie könnt ihr so sicher sein, da es doch manche Widersprüche und Unterschiede zwischen den verschiedenen mystischen Lehren gibt?«

»Unsere Information kommt direkt aus der Quelle. Yohannan ist nicht einfach nur ein Meister, der auf der anderen Seite lebt. Er ist der Lieblingsjünger Christi und das Wesen, das die Evolution unseres Planeten überwacht.«

»Bedeutet das, Daskalos sei unfehlbar? Nimmst du alles, was er dir sagt, als Wahrheit an?«

»Ganz und gar nicht, bestimmt nicht. Wir haben unsere Meinungsverschiedenheiten, wie du gewiß schon bemerkt hast, besonders in Dingen, die sich auf weltliche Angelegenheiten beziehen.«

Kostas äußerte, daß es natürlich sei, auf den niederen Ebenen der Existenz uneins zu sein, da das materielle Gehirn immer ein

Hindernis bei der Aufnahme von Weisheit sei. Deshalb erfolgt die Klärung raum-zeitlicher Dinge durch Diskussion und Übereinkunft und niemals durch Oktroyieren von Daskalos' Willen oder dem der unsichtbaren Meister. »Auf den höheren Ebenen der Existenz jedoch gilt, daß das Wissen seinem Wesen nach reines Licht und Weisheit ist, die jeder aufnimmt, der sich dort aufhält.

Die Meister befehlen uns nicht diktatorisch, was wir zu tun haben. Sie zeigen uns den Weg, und dann liegt es an uns, wie wir auf dem Wege weiterkommen. Ja, wir werden dabei auch Fehler machen, aber auf diese Weise lernen wir.

Unsere Ansichten über Politik und soziale Fragen mögen sich unterscheiden«, fuhr Kostas fort, »aber wir alle wissen, daß diese Dinge nicht zu den wichtigsten, letzten Fragen zählen. Deshalb messen wir ihnen nicht mehr Wert bei, als ihnen gebührt. So habe ich zum Beispiel in meinen Kreisen Leute, die den verschiedensten politischen Parteien angehören. Ja, sogar auch ein führendes Mitglied der kommunistischen Partei verkehrte in meinem Kreise.«

»Das zu glauben fällt mir schwer«, meinte ich lachend: »ein kommunistischer Mystiker?«

»O ja!« rief Kostas spontan. »Aber ich muß sagen, daß er am Ende Probleme hatte, seine politische Rolle mit seiner spirituellen Aktivität zu vereinbaren. Seine Frau drohte ihm, wenn er unsere Kreise nicht verlasse, werde sie bei der Partei darüber Bericht erstatten.«

»Was hast du ihm geraten?«

»Bleibe in der Partei, und besuche unseren Kreis vorübergehend nicht, bis deine Eheprobleme geklärt und geordnet sind. – Er konnte seinen Mitmenschen auch von seiner Stellung aus helfen, als Mitglied der kommunistischen Partei. Seine Frau war übrigens krebskrank, und wir versuchten, ihr während unserer Zusammenkünfte aus der Ferne zu helfen.«

Wir machten in Skarinou Rast, einem Ort auf halbem Wege zwischen Nikosia und Limassol. Es war ein Rastplatz mit Tradition, eine kleine Oase, wo man sich mit örtlichen Delikatessen verwöhnen konnte: Süßigkeiten aus rohen Walnüssen; Wassermelonen und den allgegenwärtigen türkischen Kaffee gab es auch. Kostas beantwortete weiterhin großzügig meine unermüdlichen Fragen über seine Beziehung zu Daskalos und seine persönliche Arbeit mit den Kreisen. Einen großen Teil seiner Zeit widmete er Heilbehandlungen und den Lehren Yohannans, so daß er kaum noch Zeit übrig hatte, sich um das eigene Geschäft zu kümmern.

»Weißt du«, bemerkte Kostas, als wir zum Wagen zurückgingen, »wir sind im Vergleich zu Daskalos wie Zwerge. Er ist uns auf dem geistigen Wege Lichtjahre voraus. Aber die Öffentlichkeit hat keine Ahnung, wer er ist oder was er tut. Die meisten Leute meinen, er sei einfach ein Medium oder Zauberer, und so kommen sie oft aus den banalsten Anlässen zu ihm.«

»Was für Anlässen zum Beispiel?«

»Ein Mann kam letztes Jahr und verlangte von Daskalos, dem Mann seiner Schwägerin ›den Rest zu geben‹. Daskalos wurde zornig und forderte den Mann auf, sofort das Haus zu verlassen. Der Bursche nahm aber ein Bündel Geldscheine aus der Tasche und fuchtelte Daskalos damit vor dem Gesicht herum. ›Sehen Sie die, Mister?‹ rief er. ›Das sind alles Fünf-Pfund-Scheine. Sie können sie haben, wenn Sie tun, worum ich Sie gebeten habe.‹«

»Ich kann mir vorstellen, wie wütend Daskalos gewesen sein mußte«, bemerkte ich.

»Seine Antwort war: ›Roll deine Fünf-Pfund-Scheine zusammen und...‹«

»... den Rest kann ich mir vorstellen«, rief ich und lachte mit Kostas.

»Eine ganze Woche lang«, fuhr Kostas fort, »hielt Daskalos es mit einem anderen Mann aus, der ihn ständig belästigte. Er verkaufte Lotterielose und verlangte, daß Daskalos aus dem Stapel die Glückszahlen herausziehe. Daskalos erklärte ihm, daß er so etwas nicht tun könne, und bat den Mann – vergeblich –, ihn in

Frieden zu lassen. Der Mann blieb stundenlang auf dem Flur sitzen. Schließlich verlor Daskalos die Geduld, als ein paar junge Frauen ihn aufsuchten und der Bursche unzüchtige Bemerkungen machte. Daskalos nahm ihn beim Ohr, zog ihn aus dem Haus und schickte ihn mit zwei Schlägen in den Nacken davon. ›Teufel auch!‹ schimpfte der Mann, als er davonlief und sich den Kopf hielt. ›Du bist ja verrückter als ich!‹
Manchmal kommen Leute zu Daskalos«, erzählte Kostas weiter, »die ihn zum Narren halten wollen. Ich war Zeuge, als ein Paar ihm ein Foto ihres toten Bruders brachte. In dem Augenblick, als Daskalos das Bild berührte, erkannte er, daß der ›Tote‹ am Leben und gesund war und draußen im Wagen wartete. Empört schickte er die Leute zu ihm hinaus.«
»Ich kann mir kaum vorstellen, wie es möglich ist zu sagen, ob jemand tot oder lebendig ist, nachdem man einfach nur sein Bild berührt hat.«
»Glaube mir«, sagte Kostas, »das ist das Einfachste auf der Welt. Das Bild ist das Mittel, mit dessen Hilfe du dich auf den Magnetismus und die Schwingungen der Person einstellst. Wenn du wahrnimmst, daß seine Silberschnur intakt ist, dann bedeutet dies, daß der Betreffende am Leben ist.«
»Klingt einfach«, stellte ich fest und lächelte hilflos.
Die Silberschnur, erklärte mir Kostas, ist das, was den psychonoetischen Körper mit dem grobstofflichen verbindet. Wenn man auf der psychischen Ebene jemandem begegnet, der eine Silberschnur besitzt, dann bedeutet dies, daß er auch im Bereich der grobstofflichen Ebene lebt. Ohne eine Silberschnur hält er sich ausschließlich innerhalb der psychonoetischen Welten auf.
Wir näherten uns nun Limassol, als Kostas auf meine Frage zu schildern begann, wie er selbst sich während der Eksomatose fühlte.
»Intensive Konzentration ist notwendig, bevor du deinen Körper verlassen kannst. Dein materielles Gehirn muß völlig aufhören zu schwingen. Du mußt zuerst lernen, die Pforten deines Unterbewußten zu schließen, so daß keine Gedanken deine Konzen-

tration stören. Dann wirst du dich, nach Anwendung einer speziellen Meditationstechnik, die du lernen wirst, wenn du deinen Weg um einiges weitergegangen bist, außerhalb deines Körpers befinden.
Als erster Schritt meiner Eksomatose trete ich in einen Zustand erhöhter Spannung. Ich fühle mich sowohl innerhalb meines materiellen Körpers als auch außerhalb. Das ist ein Umstand, der es mir manchmal nicht erlaubt, den Leib zu verlassen. Wenn du dich außerhalb des Körpers aufhältst und dein Bewußtsein ihm nahe ist, dann ist die Versuchung sehr groß, an ihn zu denken und ihn anzusehen. In dem Augenblick, da du das tust, schlüpfst du in den Körper zurück. Wenn wir uns außerhalb unseres Körpers befinden«, fuhr Kostas fort, »dann nehmen wir ätherische Energie aus dem Universum auf, und durch diese Energie können wir Heilungen durchführen.«
»Was empfindest du, wenn du in deinen Körper zurückkehrst?« fragte ich.
»Ich bin hellwach und ungemein energiegeladen. Ich bin erfüllt von Leben. In der Eksomatose nimmt man so viel Energie auf, daß sie einen regelrecht neu belebt. Jedes Teilchen deines Körpers wird mit Vitalität aufgeladen. Das ist etwas, das du selbst erleben wirst, wenn du diesen Zustand kennenlernst.«
»Ich bezweifle, daß ich das je erleben werde«, murmelte ich.
»Nicht verzweifeln«, erwiderte Kostas beruhigend. »Ich weiß von einem Bruder, der zwanzig Jahre lang erfolglos versucht hat, seinen Körper zu verlassen. Als er am Ende beschloß, seine Übungen aufzugeben, befand er sich auf einmal außerhalb seines Körpers. Man sollte sich immer des Prinzips der Grenzen erinnern, das wir überall in der Natur wiederfinden.«
»Was ist das für ein Prinzip?«
»Eis bleibt Eis bis zu einem kritischen Punkt im Temperaturanstieg, an dem es zu Wasser schmilzt. Wasser bleibt so lange flüssig, bis ein gewisser Punkt beim Erhitzen erreicht wird, an dem es zu Dampf wird. Das gleiche gilt auch für die Übungen. Vielleicht mühst du dich jahrelang ab, um eine bestimmte psycho-

noetische Fähigkeit zu verwirklichen, und verzweifelst am Ende, weil du nicht weiterkommst. Die ganze Zeit aber bewegst du dich auf den kritischen Punkt, die nötige Schwelle oder Grenze zu, ohne dir dessen bewußt zu sein. Und eines Tages, ganz unerwartet, wachst du auf und fängst an, bewußt in den psychonoetischen Welten zu leben. Aber wenn du nicht erst Ausdauer und Bemühung zeigst, kannst du nicht weit gelangen.«

Ohne zu merken, wie die Zeit verging, befanden wir uns schon in Limassol. Auf den Straßen war die Hölle los. Linke Organisationen hatten eine Antikriegskundgebung gegen die nahe gelegenen britischen Militärstützpunkte aufgezogen. Die Demonstrationszüge endeten im Stadtpark in der Nähe der Wohnung meiner Schwiegereltern. Dank der Lautsprecher konnten wir die politischen Reden und Parolen hören, die von Protestliedern von Mikis Theodorakis gefolgt wurden. Der bekannte griechische Komponist war auf die Insel geflogen, um an der Kundgebung teilzunehmen, und wir hörten seine heisere Stimme einen improvisierten, mißtönenden Chor einleiten.

Mit großen Schwierigkeiten gelang es, uns durch die Menge zu manövrieren und die Wohnung eines Schülers von Kostas zu erreichen, wo das Treffen stattfinden sollte. Die meisten Freunde waren schon versammelt, bis auf einige wenige, die bei der Kundgebung waren.

Nach einem kurzen Gebet las Kostas langsam eine kopierte Unterweisung vor, die Daskalos schon früher gegeben hatte. Es ging über das Absolute und das Wesen der heiligen Monaden. Individuen, die von derselben heiligen Monade ausgegangen seien, sagte Kostas, verbinde eine besondere Verwandtschaft miteinander. Mit solchen Personen stehen wir in telepathischer Verbindung und beeinflussen uns gegenseitig. In den »Bereichen des Getrenntseins« haben wir Geschwister, die vielleicht sogar als unsere Feinde gelten, mit denen wir aber doch psychisch verbunden sind.

Wenn wir uns spirituell weiterentwickeln, helfen wir zugleich unseren Geschwistern, ebenfalls höherzusteigen. »Die geistige

Entwicklung des einzelnen führt zur spirituellen Entfaltung aller.« Unser eigener Aufstieg wird deshalb auch von der spirituellen Entwicklung unserer Geschwister abhängen.

Bei mehreren Gelegenheiten hatte Kostas mir gegenüber schon erwähnt, daß Daskalos, Iacovos, Theophanis und er Emanationen derselben heiligen Monade seien. Daher stehen sie in ständigem telepathischen Kontakt. Was immer dem einen zustößt: Die anderen spüren es. Als Daskalos einen kleinen Unfall hatte, behauptete Kostas, habe er selbst automatisch den Schmerz an der gleichen Stelle gespürt, an der Daskalos verletzt wurde. Kostas mußte seine Arbeit liegenlassen und einen Tag im Bett bleiben. Es gab keine medizinische Ursache für seine Schmerzen.

Als der offizielle Teil der Zusammenkunft zu Ende war, folgte noch eine lebhafte, zweistündige Diskussion über heilige Monaden und die Beziehung des Menschen zum Absoluten.

Ich stellte die letzte Frage: »Da das Absolute, wie du sagst, allwissend ist, muß es schon im voraus wissen, wie wir uns entscheiden und was wir tun werden. Wo bleibt dann unsere Freiheit?«

Meine Frage verursachte fast einen kleinen Tumult. Es sah so aus, als ob fast alle Mitglieder des Zirkels vor dem gleichen Dilemma standen. Kostas bestand darauf, daß der Mensch frei und voll verantwortlich sei für sein Tun und für die Schaffung seines Karmas. »Wenn wir die Elementale verwandeln, die wir ausstrahlen«, behauptete er, »können wir unser Schicksal verwandeln. Alle Mutmaßungen und Voraussagen über die Zukunft«, fuhr Kostas fort, »sind nicht mehr als Wahrscheinlichkeiten, die auf dem basieren, was bis zum gegenwärtigen Zeitpunkt geschehen ist. Jeder Augenblick, der verstreicht, stellt die Geschichte unserer Zukunft um, aufgrund der Entscheidungen, die wir ständig neu treffen.« Kostas führte dann Argument nach Argument dafür an, daß der Mensch die volle Verantwortung für seine Taten und Gedanken trägt. In dem aufrichtigen Versuch, uns die Bedeutung des freien Willens vor Augen zu führen, erzählte er uns dann von einem psychischen Erlebnis, das er vor einiger Zeit hatte, als er vor der gleichen Frage stand.

»Recht häufig gibt es keine Worte, um gewisse Wahrheiten auszudrücken. Das ist selbst für Yohannan ein Problem. Um uns eine Unterweisung über das Wesen der Beziehung zwischen dem Absoluten und der Zukunft zu geben, nahm er uns eines Tages hinein in das ewige Jetzt. Wir fanden uns da in einem gewaltigen Tempel, der von mächtigen Säulen gestützt wurde. Fußboden und Wände des Tempels waren aus Alabaster. Das Gewölbe war aus Silber. Wir blickten zum Ende des Tempels – und konnten keines erkennen. An der Front wurden ständig neue Erweiterungen angebaut. Es hatte den Anschein, daß der Tempel am Eingang immer größer und größer wurde. Als wir das Bauwerk betraten, gingen wir in der Zeit zurück. Yohannan war bei uns, aber ein anderer Meister führte uns durch den Tempel. An beiden Seitenwänden befanden sich Flachreliefs, und wir beobachteten, daß ständig neue dazu geschaffen wurden. Daskalos fragte, um zu erfahren, was sie darstellten. Die Antwort lautete: ›Das ist der Logos, der die Einzelheiten von allem aufzeichnet, was in den Universen geschieht, in den Welten der Getrenntheit.‹ Daskalos erhielt dann die Erlaubnis, eines der Reliefs zu berühren und einen Augenblick zu erfahren, welche Geschehnisse da aufgezeichnet waren.
In diesem Tempel der Zeit sahen wir nichts in der Zukunft aufgezeichnet. Wir wurden aufgeklärt, daß nichts im voraus festgelegt ist und daß die Zukunft kontinuierlich im ewigen Jetzt erschaffen wird. Man gab uns zu verstehen – was wir selbst erlebten –, daß die Freiheit des Menschen eine Realität ist und nicht eine abstrakte Vorstellung.«

10

Die Hüter des Planeten Erde

Wir aßen gerade mit Daskalos und Iacovos zu Hause zu Mittag, als der Nachrichtensprecher im Radio die neuesten Meldungen über Skylab durchgab, die amerikanische Weltraum-Versuchsstation, die die Erde umkreiste. Es war der 11. Juli 1979, der Tag, an dem Skylab wieder in die Atmosphäre der Erde eintauchen sollte, und die Medien der Welt waren mobilisiert. Einige Fluggesellschaften strichen sogar Flüge während der Stunde, in der Skylab herunterkommen sollte, und man war allgemein unsicher und in Sorge. Es war berichtet worden, daß die Amerikaner die Kontrolle über Skylab verloren hätten und die Möglichkeit bestehe, daß der Raumgleiter über bewohntem Gebiet abstürzen werde.

Heiter schilderte Daskalos, wie vor einigen Tagen ein Dorfbewohner sehr spät nachts noch an seine Tür geklopft habe und wissen wollte, ob Skylab auf sein Haus herunterfallen werde. Es war ein armer Mann, der sein Drei-Zimmer-Heim gerade erst fertiggebaut hatte. Seine Frau bekam es wegen der Nachrichtensendungen mit der Angst und verlangte von ihrem Mann, daß dieser den »Magus von Strovolos« aufsuchte, um herauszufinden, was passieren werde. Daskalos fühlte sich belustigt und belästigt zugleich, zu so später Stunde und aus so trivialem Grund heimgesucht zu werden. »Wenn es dein Kismet (Schicksal) ist, daß dir Skylab auf den Kopf fällt, dann wird das geschehen!« gab er dem Mann Bescheid. Das beruhigte dessen Ängste kaum. Daskalos war nicht immer tolerant gegenüber Leuten, die – seiner Ansicht nach – aus so törichtem Anlaß wie dem Wunsch

nach ein wenig Wahrsagerei zu ihm kamen. Und so machte er sich in diesen Fällen gerne lustig über sie.
Eines Tages kam ein Mann, der ihn aufsuchen wollte, während Daskalos gerade im Garten stand und sein Gemüse goß. Der Fremde meinte offensichtlich, dem Gärtner zu begegnen. »Ich suche diesen Fakir«, sagte er; »weißt du, wo ich ihn finden kann?« – »Ja«, antwortete Daskalos. »Er liegt oben auf seinem Nagelbett. Dort wirst du ihn finden.« Der Mann ging mit ungläubiger Miene die Treppe hinauf. Nach wenigen Minuten kam er zurück und sagte, daß niemand oben sei.
»War das Fenster offen?« fragte Daskalos, scheinbar allen Ernstes.
»Ja.«
»Oh«, meinte Daskalos schulterzuckend, »dann ist er wohl gerade ausgeflogen.«
Ich erwähnte beiläufig, daß in der gestrigen Zeitung zu lesen war, daß ein indischer Yogi behauptet habe, er werde versuchen, Skylab in Asche zu verwandeln.
»Das ist ein sehr gefährliches Spiel. Er kann dabei seinen eigenen Körper verbrennen«, bemerkte Iacovos.
»Dieser indische Yogi«, schloß sich Daskalos an, nachdem er seinen letzten Bissen geschluckt hatte, »ist nicht der einzige, der Skylab bearbeitet. Es gibt eine Reihe von Mystikern, die versuchen, seine Fallkurve abzulenken. Ich habe mich schon den ganzen Tag darum bemüht.« Dann wandte er sich abrupt zu Iacovos und sagte leise: »Loizos, dieser Spitzbube, war heute morgen in meinem Hause und hat gemerkt, was ich tat. Manchmal ist er so helle, dann aber wieder wie ein Holzklotz.«
Ich merkte, daß etwas Bedeutsames im Anmarsch war, und suchte nach meinem Notizbuch. Emily hatte bereits alle Türen und Fenster geschlossen und die Vorhänge zugezogen, um die Julihitze aus dem Hause zu halten. Auf den Straßen war es still. Es war die Zeit der Siesta. Alle Geschäfte und Büros sind nachmittags zwischen ein und vier Uhr geschlossen. Auf den Straßen war kaum eine Spur von Leben wahrzunehmen.
Daskalos meinte, es sei Zeit für ihn, nachzusehen, was »Skylab dort oben« mache.

Er setzte sich auf die Couch und lehnte sich zurück. Ich beobachtete ihn, hatte Bleistift und Notizbuch in der Hand. Emily saß neben mir und sah verwundert und entsetzt zugleich aus. Iacovos saß auf der anderen Seite von Daskalos, seine Züge verrieten Besorgnis.

»Möchtest du mit mir hinaufgehen?« fragte ihn Daskalos.

»Nein«, antwortete Iacovos unsicher.

Daskalos schloß die Augen, wie er es zu tun pflegte, bevor er seinen Körper verließ. Iacovos sah angestrengt aus, er richtete seinen Blick auf die Nabelgegend seines Meisters, als dieser sich in einer Art Trance zu befinden schien. Wir beobachteten schweigend, was geschah. Ein unheimliches Gefühl war in der Luft. Nach zehn Minuten wachte Daskalos auf.

»Es war sehr dunkel dort oben«, bemerkte er mit düsterer Stimme. »Es sind noch andere dort. Ich sah einige Inder, Tibeter und einen schwarzen Amerikaner. Ich war der einzige Europäer. Die anderen schienen sich vor der Dunkelheit zu fürchten und hielten Abstand von Skylab. Ich versuchte, so nahe zu kommen, wie es möglich war. Es vibriert dämonisch.« Daskalos zeigte mit der Hand, wie Skylab sich bewegte.

»Daskale, was hast du dort oben getan?« fragte ich.

»Ich versuchte, es in Richtung südliche Hemisphäre zu stoßen, wo mehr Wasser und weniger bewohntes Land ist.«

»Sag uns, wie hast du das angestellt: versucht, Skylab zur Südhalbkugel zu schubsen?«

»Ich erschuf mit meinen Gedanken eine mondähnliche Scheibe und richtete sie auf Skylab, so daß sie durch den Aufprall zurückgeschleudert würde und Skylab selbst einen Anstoß nach Süden bekäme.« Dann sagte Daskalos, daß seine Silberschnur ihn zurück in seinen Körper gezogen habe.

»Das war der Grund«, fuhr Daskalos fort, »daß die Gegend rund um mein Sonnengeflecht so stark vibrierte, wie ihr vermutlich auch bemerkt habt.«

Nun, Iacovos hatte es beobachtet, wir nicht.

»Warum willst du diesmal nicht mitkommen und mir helfen, das

Ding nach Süden zu schieben?« drängte Daskalos ihn. Iacovos lehnte wieder ab. Ihm war es lieber, statt dessen den Körper des Meisters zu bewachen. Offensichtlich betrachtete er Daskalos' Abenteuer als recht gefährlich und konnte seine Furcht kaum verbergen.

»Solange ich atme«, wies Daskalos ihn an, »sollst du mich nicht stören. Und«, fügte er lachend hinzu, »unterstehe dich, die Ohrfeige zu wiederholen, die du mir das letzte Mal gegeben hast, um mich zu zwingen, zurückzukommen.« Er bezog sich damit auf eine Gelegenheit, als Iacovos ihn auf diese Weise »gezwungen« hatte, in den Körper zurückzukehren, während er sich in Eksomatose befand.

Daskalos schloß die Augen. Er schien in einen Zustand tiefer Trance zu gehen. Iacovos paßte auf. Emily und ich blieben schweigende, passive Zuschauer des eigenartigen Dramas, das sich hier, vor unseren Augen, abspielte. Nach wenigen Minuten öffnete Daskalos die Augen wieder.

»Skylab bewegt sich mit ungeheurer Geschwindigkeit und zittert wie ein Säufer«, berichtete er und ahmte die Bewegung wieder mit der Hand nach. Dann schloß er die Augen abermals und ging in eine noch tiefere Trance. Mehrere Minuten verstrichen, und Iacovos schien noch ängstlicher zu werden als zuvor. Dann fragte er mich, ob Daskalos schon mehr als zehn Minuten oben sei.

»Nein, er ist jetzt gerade sieben Minuten dort oben«, konnte ich ihm mitteilen. Dann nahm Iacovos das rechte Handgelenk Daskalos', um den Puls zu fühlen. »Jetzt wird es Zeit, daß er zurückkehrt«, murmelte er und blickte uns an, als könnten wir dazu etwas sagen. Kaum hatte er seinen Satz beendet, öffnete Daskalos die Augen wieder. Er war hellwach und noch sehr angeregt nach dem Erlebnis, von dem er gerade zurückkam.

»Das ist, wie wenn ein Minarett sich anschickt, in die Atmosphäre einzutauchen.« Ich fand die Vorstellung eines um die Erde kreisenden Minaretts trotz des Ernstes der Situation so lustig, daß ich mein Lachen nur mit Mühe zurückhalten konnte.

Daskalos hielt einen Augenblick inne und betrachtete uns. Er mußte bemerkt haben, wie seine Meldung auf uns wirkte. Er lächelte und meinte, daß ich in der Öffentlichkeit vielleicht besser nicht über das sprechen solle, was ich gerade miterlebt hatte. Man könnte zu leicht daran »Anstoß nehmen«. Daskalos machte sich Sorgen darüber, daß die großartigen Übermittlungen und Lehren, die durch Yohannan gegeben wurden, möglicherweise nicht mehr ernst genommen würden, wenn über Dinge berichtet wird, die allzu »phantastisch« scheinen. Ich gestehe, daß ich der Versuchung nicht widerstehen konnte, über jenes außergewöhnliche Erlebnis an einem heißen Julitag zu schreiben. Ich war sicher, daß das echt war, ohne Rücksicht zu nehmen auf den Umstand, daß es uns, um es gelinde auszudrücken, sehr außergewöhnlich vorkam. Natürlich hatte ich keine Möglichkeit, die »objektive Realität« dieses Erlebnisses zu überprüfen, da ich nicht selbst »nach oben« gehen konnte.

»Hast du deine Meinung jetzt geändert?« drängte Daskalos Iacovos noch einmal.

»Nein.« Der Lehrling zog es vor, wie ein aufmerksamer Arzt den körperlichen Zustand seines Meisters zu überwachen.

Daskalos ging noch einmal in Trance. Absolutes Schweigen herrschte im Raum, während wir auf den »nächsten Zug« von Daskalos warteten. Als er die Augen öffnete, schien er noch erregter als vorher.

»Eben habe ich drei fliegende Untertassen gesehen. Die Leute darin setzten sich mit mir in Verbindung und baten mich, damit aufzuhören, mondähnliche Scheiben gegen Skylab auszusenden, weil sie dessen Gleichgewicht störten. Ihre Methode sei besser, behaupteten sie und luden mich ein, mich auf ihre Seite zu begeben und ihr Wirken zu beobachten.« Dann erläuterte er, daß diese Wesenheiten Lichtstrahlen auf Skylab richteten und sich dann nach Süden bewegten, um die Versuchsstation hinterherzuziehen. Daskalos faßte Iacovos an der Hand und redete noch einmal auf ihn ein, diesmal doch mitzukommen. Inzwischen schaltete ich mein Kofferradio ein, um die neuesten Nachrichten der BBC zu hören. Der Sprecher berichtete, daß die Amerikaner hofften, daß das Raumschiff in den Südatlantik oder den Indischen Ozean stürzen werde. Sie hatten nach wie vor keine Kontrolle darüber und machten sich Sorgen, daß Skylab in ein besiedeltes Gebiet abstürzen könnte. Als Daskalos wieder aus der Trance zurückkehrte, erzählte er abermals angeregt von seinen Erlebnissen mit den Außerirdischen.

»Diese Wesen sind uns wirklich weit voraus. Sie leben in der höheren noetischen Welt und haben keine äußere Gestalt. Sie baten mich, das Bild meiner selbst loszulassen und mich ihnen anzuschließen.«

»Muß das wirklich sein?« fragte Iacovos leise und schüttelte den Kopf; er wußte nur zu gut, daß es keinen Zweck hatte zu versuchen, seinen Meister umzustimmen.

»O ja«, antwortete Daskalos unnachgiebig und erklärte, was er zu tun beabsichtigte.

»Jetzt muß ich das Bild meiner selbst hinter mir lassen und gestaltlos, nur mit meinem Selbstgewahrsein, aufsteigen.«

Während er sein neues Abenteuer noch erklärte, eilte Emily hastig aus dem Haus, um unsere beiden Kinder in Empfang zu nehmen, die meine Schwester gerade herüberbrachte. Constantine, mein zweieinhalbjähriger Sohn, ging in ein anderes Zimmer hinüber und spielte allein, während Vasia, unsere halbjährige Tochter, geräuschvoll vor Daskalos auf dem Fußboden krabbelte. Ich fragte ihn, ob ihr Geplapper ihn störe, aber er versicherte uns, daß dies kein Problem für ihn sei. Wir könnten auch Musik spielen, wenn uns danach der Sinn stehe.

Dann, nach dieser kleinen Ruhepause, ging er wieder selbständig in Trance. Ich beobachtete, daß diesmal seine Hände sich heftig schüttelten, und seine Gesichtszüge zuckten krampfartig. Iacovos beobachtete ihn genau. Nach zehn Minuten überprüfte er Daskalos' Puls. Flüsternd teilte er uns mit, daß der Herzschlag nun eine Frequenz von einhundertzehn erreicht habe. Bald öffnete Daskalos die Augen wieder.

»Sie haben Probleme, Skylab zu schieben. Es pfeift dämonisch, macht einen betäubenden Lärm. Diese Superintelligenzen arbeiten sehr hart. Wir sind so unbedeutend im Vergleich zu ihnen. Wenn es ihnen nicht gelingt, die Flugbahn zu ändern, wird Skylab über Kanada herunterkommen.« Dann machte er sich bereit, wieder »nach oben zu gehen«.

»Laß meinen Puls bis einhundertvierzig gehen. Das wird dann leichter für mich sein«, wies er seinen Schüler an.

»Bist du sicher, daß das nicht gefährlich ist, was du tust?« fragte ich, als ich sah, daß Iacovos' Sorge sich der Verzweiflung näherte.

»Es würde noch gefährlicher, wenn wir es nicht schaffen, Skylab nach Süden zu schieben. Das ist das erste Mal, daß ich so etwas tue«, fügte Daskalos hinzu und schloß die Augen. Acht Minuten vergingen, während Iacovos den Puls seines Meisters kontrollierte.

»Es ist auf die gewünschte Flugbahn gelangt«, stellte Daskalos fest, als er aus der Trance kam, und er schien sehr zufrieden mit der guten Arbeit, die »dort oben« geleistet worden war.

»Daskale, könnte man jene Wesenheiten auch mit bloßem Auge sehen?«

»Nein, sie leben in der noetischen Welt. Sie haben keine äußere Gestalt.« Dann berichtete er uns weiter über sein Erlebnis mit den Außerirdischen.

»›Wir sind die Hüter des Erden-Gartens‹, sagten sie. ›Eure Erde ist wie ein Kindergarten von lauten Kleinkindern.‹ – ›Sie ist ein Garten voller Parasiten und Viren‹, erwiderte ich. ›Nein, sie ist ein Ausdruck des Lebens‹, entgegneten sie.

Sie schienen in Gruppen zu arbeiten, die mir den Eindruck fliegender Untertassen vermittelten. Ich fragte sie, ob sie tatsächlich fliegende Untertassen seien, aber sie schienen meine Frage zu ignorieren. Ihre Antwort war statt dessen die Aussage, sie seien ›Raumbewohner‹. Sie leben um unseren Planeten herum. Die Erde sieht übrigens wie ein hübscher Ball aus von dort oben.

Ich verständigte mich mit diesen Wesen, indem ich mich auf sie einstellte. Ich war in ihnen, und sie waren in mir. Ich gab dem

Wunsch Ausdruck, ihnen wieder einmal zu begegnen, und lud sie ein, auf die Erde herunterzukommen. Sie lehnten ab. Sie zögen es vor, sagten sie, uns aus der Entfernung zu beobachten. ›Du weißt den Weg; komme du zu uns herauf‹, gaben sie mir zu verstehen.

Vielleicht ist es für sie nicht angenehm, die Erde zu besuchen. Als ich daranging, zu meinem Körper zurückzukehren, empfahlen sie mir: ›Nimm den Rückweg durch uns hindurch, dann kommst du erholt unten an.‹ Ich fühlte mich danach sehr entspannt. Diese Wesen lieben uns wirklich.« Daskalos gab seinem Erstaunen Ausdruck und machte sich Gedanken über das Wesen jener Superintelligenzen.

»Ich hatte das Gefühl, daß sie eine Art von Licht waren, das vibrierende Intensität zeigte. Sie sind unzählbar.« Dann schwieg Daskalos einige Augenblicke und grübelte weiter. »Denken ist so etwas Herrliches! Ich empfing ihre Gedanken und konnte sie verstehen. Ich hatte den Eindruck, sie wußten, was immer ich auch wußte. Vermutlich sind sie Erzengelwesen.«

»Meinst du, sie besitzen Selbstbewußtheit?«

»Allem Anschein nach, ja.«

»Aber steht das nicht im Widerspruch zu dem, was du uns über Erzengelwesenheiten gesagt hast: daß sie eher Heiliggeist-Wesen als Logos-Wesenheiten seien?«

»Vielleicht bezieht sich das, was im Bereich der Erde Gültigkeit hat, nicht in gleicher Weise auf höhere Ebenen des Bewußtseins. Heiliggeistige Wesen können also auch Selbstbewußtheit besitzen. Ich muß dieser Sache nachgehen.«

Es war halb fünf Uhr nachmittags, und die Straßen füllten sich wieder mit Leben. Die Hitze hatte ein wenig nachgelassen, und die Nachmittagsbrisen vom Meer brachten Erleichterung. Daskalos bat mich, ihn nach Hause zu fahren. Unterwegs wunderte er sich noch über dieses einzigartige und erhebende Erlebnis, das ihm sehr teuer und lieb geworden ist.

Abends um neun Uhr hörte ich die Nachrichten von der BBC. Der Sprecher berichtete, daß die amerikanischen Wissenschaftler in gewissem Maße die Kontrolle über Skylab wiedererlangt hätten. Es könnte jedoch immer noch über dem Nordosten der Vereinigten Staaten oder über Kanada niedergehen. Später in der gleichen Nacht meldete BBC, daß Teile von Skylab in den Indischen Ozean und über unbewohnten Gebieten Australiens herabgestürzt seien. Alle waren erleichtert.

Am nächsten Tage traf ich Iacovos und sprach mit ihm über diese außergewöhnliche Geschichte. Ich fragte ihn, ob er tatsächlich beobachtet habe, wie Daskalos seinen Körper verließ. Iacovos erklärte mir, daß er Daskalos aus seinem Körper habe aufsteigen sehen wie Rauch, der seinen Kopf verlassen hätte. Was wie ein kleiner Rauch erschien, war in Wirklichkeit ein Teil von Daskalos' ätherischem Doppel. Er gebrauchte das ätherische Doppel seines grobstofflichen Körpers, weil er am ätherischen Doppel der materiellen Erde arbeiten wollte. Skylab umkreiste ja nicht die psychische, sondern die grobstoffliche Erde. Iacovos betonte noch einmal, daß Daskalos' Puls bis auf einhundertvierzig angestiegen sei. Aus diesem Grunde habe er sich wiederholt geweigert, ihn zu begleiten. Er mußte auf seinen körperlichen Zustand achtgeben, weil jene Arbeit sehr gefährlich sei.

Im späteren Laufe dieses Tages trafen wir uns mit Daskalos und setzten unser Gespräch über Skylab fort. Er erwähnte, daß er, sobald er am Vortag zu Hause angekommen sei, sofort wieder »aufgestiegen« sei, um ein Auge auf Skylab zu haben. In dem Augenblick, als es in die Atmosphäre eintauchte, begann es auf und ab zu tanzen wie ein Motorboot auf dem Meer.

»Die Amerikaner«, bemerkte Iacovos ironisch, »berichteten, sie hätten keine Kontrolle mehr über Skylab und seien besorgt, es könnte über Kanada oder Maine herunterfallen. Dann, ganz plötzlich, schickten sie wohl das Signal hinauf und lenkten das Raumschiff zur Südhalbkugel.«

»Ohne das Bemühen jener Superintelligenzen«, fügte Daskalos hinzu, »wäre Skylab höchstwahrscheinlich über Kanada niedergegangen. Ich habe gesehen, wie sie dreimal versucht haben, es nach Süden umzulenken. Sie warteten, bis es am Horizont erschien, und richteten dann Lichtstrahlen auf Skylab. Es wird Zeit, daß die Amerikaner lernen, Skylabs zu bauen, die sich auflösen, wenn sie in die Atmosphäre eintauchen.«

Es war früher Abend, und Daskalos schien entspannt und gesprächig. Merkwürdigerweise kamen keine Telefonanrufe oder Besucher, die uns unterbrachen. Nachdem Iacovos drei Tassen türkischen Kaffees gebraut hatte, setzten wir unsere Unterhaltung bis spät in den Abend hinein fort.

Ich fragte Daskalos, ob er früher schon Kontakte mit außerirdischen Wesen gehabt habe, außer jenen, denen er bei der Beeinflussung der Skylab-Flugbahn begegnete.

»Ja«, antwortete er und fing an, von einer weiteren Begegnung zu erzählen, die ihn vor längerer Zeit mit einem solchen Wesen zusammengeführt hatte.

»Ich spürte ihn irgendwo in der Nähe von *Petra tou Romiou* (einer Stelle an der südlichen Küste, wo – nach dem Bericht Homers – Aphrodite geboren wurde. Nach Daskalos ist dies eines der Energie- oder magnetischen Zentren des Planeten). Ich befand mich, zusammen mit Iacovos und Theophanis, in Eksomatose. Nachdem ich meine beiden Begleiter zu ihren Körpern zurückeskortiert hatte, kehrte ich an jene Stelle zurück, um ihn zu suchen. ›Aber ich habe dich gesehen‹, murmelte ich vor mich hin; ›wo bist du nur?‹ – ›Ich bin in deinem Inneren‹, flüsterte er. ›Ich bin in dir, so daß wir ein gemeinsames Kommunikationszentrum haben. Soll ich dir zu ein paar Erlebnissen verhelfen? Breite dich aus‹, forderte er mich auf. ›Das kann ich tun‹, antwortete ich. ›Ich weiß, daß du das schon kannst, aber jetzt wird das nach einer anderen Methode geschehen.‹ – ›Was meinst du damit?‹ – ›Warte es ab, und du wirst es erleben.‹ Einen Augenblick hatte ich das Gefühl, alles in mir zu haben und mich über ein weites Gebiet auszudehnen. ›Werde zum Pulsschlag des Lebens. Vergiß, wer du bist.‹ – ›Nein, ich fürchte mich‹, erwiderte ich. ›Vergiß, daß du ein separates Wesen bist. Ganz gleich, wieviel du meinst, von deiner Persönlichkeit schon abgelegt zu haben: Du bist immer noch daran gebunden.‹ – ›Was meinst du damit?‹ fragte ich. ›Höre auf mit dem Empfinden, eine Wesenheit zu sein.‹ – ›Meinst du, ich sollte mich in Gott auflösen?‹ – ›Wieso? Denkst du, Nichts zu werden, wenn du der Atem des Lebens wirst, hier, überall, in allem?‹ – ›Ja‹, gab ich zu. – ›Und doch wirst du mehr, breitest dich weiter aus, wirst nicht ausgelöscht. Ohne deine Seinsheit zu verlieren, kannst du dich von ihren Grenzen freimachen, du wirst nicht zum Nichts. Nimm diesen Raum. Werde der Atem dieses Ortes, der Atem des Wassers, des Lebens, überall. Du wirst merken, daß es wunderbar ist!‹ – ›Ich fürchte mich.‹ – ›Einen Augenblick‹, erwiderte er, ›du wirst sehen, daß du dich durch mich nicht fürchten wirst.‹ Einen Moment wandte ich mich um und konnte ihn sehen. Er war absolut wunderschön!«

»Hatte er menschliche Gestalt?«

»Das Urbild des Menschen, nicht die äußere Gestalt. Er war der Inbegriff des Urbildes des Menschen.«

»›Ich bin verwirrt‹, sagte ich, ›aber ich weiß, daß ich existiere.‹ – ›Immer wenn du dich im Spiegel siehst und sagst: Ich existiere‹, erwiderte er, ›ist das eine Illusion. Wenn du über das Selbst sprichst, was meinst du da?‹ – ›Liebe!‹ – ›Darin stimmen wir völlig überein. Wenn du Liebe sagst, verbindest du damit das Bild von Personen, die du liebst. Du wirst eins mit ihnen. Es ist nicht du.‹ – ›Weißt du‹, antwortete ich, ›daß ich verstehe und empfinde, was du sagst, aber dennoch verwirrst du mich?‹ – ›Es ist Verwirrung, durch die du ins Wissen eingehst. Denn wenn du nicht verwirrt wirst, konzentrierst du deine Aufmerksamkeit nicht auf das Entdecken der Wahrheit und wirst sie nicht finden. Du würdest zufrieden sein mit Situationen, die nicht die Wahrheit sind.‹ – ›Ich bin, solange ich Daskalos bin, noch nicht bereit, dir zu folgen.‹ Da fing er an zu lachen. ›Ha, ha, ha. Wie entzückt du doch bist von diesem Namen, und du sprichst ihn aus wie einen Zuckerlutscher, an dem du deinen Enkelsohn einmal schlekken läßt: dieser Daskalos ...‹«

Daskalos lachte herzlich, als er sich an die ironische Bemerkung des Außerirdischen erinnerte, und fuhr dann fort zu berichten:

»›Ich kann dich nicht verstehen‹, sagte ich zu ihm. – ›Trotz allem verstehst du mich vollkommen. Aber du wirst es müde, weil du dich nicht von gewissen Illusionen lösen willst. Trotzdem wärst du bereit, sie ohne Schmerzen zu überwinden, wann auch immer du dich dafür entscheidest.‹ – ›Willst du mich vielleicht zu einer Form von Auflösung oder Universalismus führen?‹ fragte ich ihn. – ›Was hast du aber auch für hübsche Wörter bereit! Was verstehst du unter Universalismus?‹ – ›Nun, alles zu fühlen; und nicht, daß ich eine separate Wesenheit bin.‹ – ›Wie wäre das möglich? Das bedeutet doch einfach, daß du anstelle von Iacovos, Marios (Enkel), Nina, Yianna (Enkelin) sowohl dieses als noch mehr wirst. Verstehst du? Zittere nicht so!‹ – ›Ich werde nicht aufhören zu vibrieren.‹ – ›Dann geh zurück. Du bist noch nicht so weit.‹ – ›Hast du eine Familie?‹ fragte ich ihn. ›Liebst du deinen Vater, Mutter und Kinder?‹ – ›Was hat dein Meister gesagt, der Große und Liebste? Und wer verläßt Vater, Mutter und Kinder um meines Namens willen, der wird es hundertfältig erhalten und das ewige Leben ererben. Christus sagte das doch im Neuen Testament, oder nicht? Hast du schon über die Bedeutung dieser Worte nachgedacht?‹ – ›Ich bin müde‹, erwiderte ich. ›Laß uns die Lektion später fortsetzen.‹«

»Der hat es vielleicht in sich! Und was für Schläge er dir verpaßt hat!« rief Iacovos lachend.

»Er blickte mich an«, fügte Daskalos hinzu, »und fragte: ›Weißt du, mein Lieber, daß du ich bist?‹ – ›Nein. Davon will ich nichts wissen‹, erwiderte ich. ›Ob du es willst oder nicht: Du bist es.‹ – ›Wenn du ich sagst – welches Ich meinst du dann, nachdem du mich doch annihilieren möchtest?‹ fragte ich ihn da. – ›Ich will dich in das große Selbst, in einen größeren Raum bringen.‹«

»Habt ihr euch auf Griechisch miteinander unterhalten?« warf ich ein und erkannte noch im gleichen Moment, daß meine Frage irrelevant war.

»Er spricht zu dir in einer Weise, die du verstehen wirst. Außerdem, wenn ich will, daß er sich nur durch Gedanken ausdrückt, ist die Kommunikation viel einfacher. Man verliert die Bedeutung von Zeit und Raum und betritt die Gegenwart im Inneren der Realität, des Lebens aller Dinge.«

»Und dieser Dialog fand«, fuhr ich fort zu fragen, »direkt auf dem *Petra tou Romiou* statt?«

»Das war wohl der irdische Entsprechungspunkt, aber wir dehnten uns weit über die psychische Ebene jenes Gebietes aus. Wieviel von Zypern wir dabei überspannten, kann ich nicht mit Sicherheit sagen. Es ist nicht leicht, dir das verständlich zu machen. Wie soll ich dich all jene unendlichen Bilder sehen lassen?«

»Daskale, war er ein menschliches Wesen, das die Theose erreicht hat?«

»Ich weiß nicht. Ich habe ihn nicht gefragt.«

»War er vielleicht ein Erzengel wie Michael oder Gabriel?« forschte ich weiter.

»Vielleicht ist er Angehöriger einer höheren Klasse. Ein Mensch ist jenen Erzengeln überlegen, die so monolithisch sind. Sie kennen nur ihre Aufgabe und sonst nichts. Sie folgen einfach dem Befehl des Herrn.«

»Aber ich kann euch sagen«, bemerkte Daskalos, »es ist nicht so einfach, das aufzugeben, woran man hängt.«

»Darüber habe ich mir auch schon Gedanken gemacht«, sagte Iacovos.

»Und wer sagt dir, daß sie nicht unterbewußt an dir arbeiten, ohne daß du es merkst?«

»Nun, da du davon sprichst«, meinte Iacovos, »kommt mir allmählich der Verdacht, daß dies der Fall ist.«

»Er sprach zu mir viel über ihn«, bemerkte Daskalos und wies auf Iacovos. »Einmal sagte er: ›Es ist er, den du fürchtest zu verlieren.‹ Dann eröffnete er mir gewisse Angelegenheiten, die allein meine Familie betrafen, was mich sehr erschütterte.«

»Hat er dir irgend etwas über Nicos (Daskalos' Schwiegersohn) gesagt?« fragte Iacovos.

»›Wenn du dich ihm entziehst, ist er verloren. Er leidet, wenn er nicht bei dir ist. Aber jetzt wird er eine Erfahrung machen.‹ –

›Ich möchte wegziehen‹, meinte ich. – ›Was bedeutet das: wegziehen?‹ fragte er zurück. ›Je mehr du versuchst, dich von ihm zu entfernen, desto mehr wirst du mit ihm verbunden sein.‹«

»Kannst du mir das erklären?« fragte Daskalos Iacovos eindringlich. »Er sprach zu mir über so viele Dinge, die ich nicht verstehen konnte.«

»Ich wünschte, du könntest denken wie er«, bemerkte Iacovos scherzhaft.

»Aber wie könnte ich denken wie er?« erwiderte Daskalos entschuldigend. »Weißt du, was er noch zu mir gesagt hat? ›Wir werden darüber sprechen, was Liebe ist, weil du das nur ahnst.‹ – ›Was meinst du damit?‹ fragte ich ihn. – ›Du konzentrierst deine Aufmerksamkeit auf die Moleküle der Liebe, und dann denkst du, die Liebe zu kennen. Der materielle Körper‹, fuhr er fort zu erklären, ›ist – ganz gleich, wie vollkommen er ist und wie sehr der geliebte Eine ihn geheiligt hat – nicht absolute Liebe.‹ – ›Ich weiß, worauf du hinaus willst. Aber willst du ihn dann böse nennen?‹ entgegnete ich. – ›Nein. Ich würde ihn nicht böse nennen. Ich würde ihn Unvollständigkeit nennen. Kannst du die geliebte Person auch von einer höheren Warte aus sehen?‹ – ›Aber sie ist schon von hier aus wunderschön‹, wandte ich ein. – ›Ich habe nicht gesagt, sie sei nicht wunderschön, aber hört es auf, zauberhaft, entzückend zu sein?‹ – ›Es ist Liebe‹, gab ich zur Antwort. – ›Siehst du denn nicht, daß du nicht weißt, was Liebe wirklich umfaßt? Stelle dir vor, daß in diesem Augenblick die geliebte Person aus Gründen des Karma ihren Körper verliert und dir damit fehlt‹, meinte er. – ›Karma hat dies geschehen lassen, und gab ihn (Iacovos) mir zurück.‹ – › Schön‹, erwiderte er, ›Karma gab ihn dir zurück, weil du ihn wolltest. Aber kannst du Liebe auch jenseits der äußeren Gestalt finden?‹ – ›Ja‹, sagte ich. – ›Warum richtest du dann deine Aufmerksamkeit nicht darauf? Warum brauchst du die äußere Gestalt?‹ – ›Weil sie schön ist‹, erwiderte ich. – ›Ich sagte nicht, daß sie nicht schön sei, aber sie ist unvollkommen. Du bist zu klein für einen Gott. Du bist zu groß für einen Menschen.‹ – ›Gott sei Dank‹, entgegnete ich,

›daß ich kein kleiner Mensch bin.‹« Daskalos lachte auf. Dann berichtete er weiter von seiner psychoanalytischen Begegnung mit dem Außerirdischen.

»Er sandte mir Gedanken zu: ›Laß das Bild los! Höre auf, in das Bild des materiellen Körpers verliebt zu sein. Breite dich aus in der Liebe. Wenn ich dir jene zeige, die du im Innern der Liebe liebst, dann wirst du nicht mehr danach fragen, ob sie materielle Körper besitzen oder nicht.‹ – ›Warum hast du mir das nicht gezeigt, als er mich verließ?‹ – ›Du warst nicht reif genug und hättest mich damals auch nicht verstehen können.‹«

»Wer verließ dich wann?« fragte ich dazwischen.

»Der da«, antwortete Daskalos und wies auf Iacovos. Er bezog sich auf Iacovos' Tod in einem früheren Leben.

»Er hatte so einen fabelhaften Sinn für Humor«, bemerkte Daskalos lachend.

»Erinnerst du dich noch an irgendwelche Einzelheiten davon?« fragte Iacovos lustig.

»Woher soll ich das wissen?« erwiderte Daskalos schulterzukkend.

»Ich wünschte, du würdest über all die Dinge nachdenken, die er dir gesagt hat«, schlug Iacovos vor.

»Hast du dir denn darüber schon Gedanken gemacht?« schoß Daskalos zurück.

»Nicht über alle«, gab Iacovos lachend zu.

»Und woher willst du wissen, ob du auf diese Gedanken tatsächlich selbst gestoßen bist? Vielleicht hast du sie durch Reflexion empfangen?«

»Das kann ich nicht sagen«, meinte Iacovos kichernd. »Vielleicht habe ich sie von dir.«

»Nächstes Mal«, fügte Daskalos scherzhaft hinzu, »werde ich dich nicht in deinen Körper zurückstecken. Ich werde zu ihm sagen: ›Schnapp dir diesen Burschen an den Haaren und verpasse ihm ein paar Erlebnisse!‹«

»Oh, das würde ich genießen«, erwiderte Iacovos mit leuchtenden Augen.

»Daskale«, fragte ich, »hast du je eine jener Superintelligenzen hier auf der Erde getroffen, unter anderen Menschen, meine ich?«

»Du denkst, auf der Straße?«

»Ja.«

»Mehrere. Sie bewegen sich und sehen aus wie ganz gewöhnliche Menschen. Ich kann sie durch ihre Aura ausfindig machen und mit ihnen durch Gedanken kommunizieren. Einmal ging ich auf der Ermou Street, mitten im Bazar. Das war das erste Mal, daß ich so einem Wesen begegnet bin.«

»Hatte es einen Namen?«

»Das ist möglich, daß so eine Superintelligenz einen Namen annimmt, wenn sie herunterkommt. Der, dem ich damals begegnete, ist ein großer Meister. Der Logos blendete ihn vorübergehend, als Er vor ihm wie ein mächtiges Feuer erschien. Weißt du jetzt, von wem ich spreche?«

Iacovos nickte, aber ich brauchte noch weitere Fragen, um zu erkennen, wen er meinte.

»War er ein Zypriot?« fragte ich ziemlich naiv.

»Nein«, entgegnete Daskalos und sprach leiser. »Es war der heilige Paulus, der in seiner derzeitigen Inkarnation als Vater Hilarion unten im Sudan lebt. Einige Freunde von mir haben ihn dort aufgesucht. Er materialisiert und dematerialisiert wie ein großer Meister.

Er kam mit einem materiellen Körper«, fuhr Daskalos mit ernster Miene fort. »Das war zu der Zeit, als meine Frau noch am Leben war. Ich war auf dem Markt, als ich ihn plötzlich in der Nähe spürte. Ich fand ihn, wie er die Straße entlangging, und nahm in Gedanken Verbindung mit ihm auf. ›Meister, bist du es?‹ Er wandte sich um, lächelte mich an und ging weiter. In diesem Augenblick kam ein Lieferwagen hinter ihm angefahren. ›Paß doch auf, du dummer Idiot, sonst fahre ich dich noch über den Haufen!‹ schrie der Fahrer ihm zu. Er blickte zurück, sprach in makellosem Griechisch: ›Oh, Verzeihung, das tut mir leid, mein Herr‹, und ging auf die Seite.« Daskalos lachte, als er dieses Erlebnis erzählte.

»Warum hat er sich materialisiert?« fragte Iacovos.

»Ich habe keine Ahnung. Aber ich sah ihn mit einem materiellen Körper bekleidet. Ich versuchte, näher zu ihm zu gelangen, aber plötzlich verlor ich ihn in der Menge. Kyrie eleison, murmelte ich noch. Als ich nach Hause zurückkam, fand ich ihn dort; er unterhielt sich mit meiner Frau. ›Weißt du, wer das ist?‹ fragte ich sie und deutete auf den Besucher. ›Ja, ich sah ihn an deinem Bett sitzen, als du krank warst. Es ist Vater Hilarion‹, antwortete sie. Er blieb bei uns zum Abendessen, und wir führten noch ein langes Gespräch. Er befand sich in einem materiellen Körper. Er aß sogar Bohnen und Zwiebeln. Als er sich zum Gehen wandte, erwähnte er, daß er auf dem Wege zu verschiedenen Teilen der Insel war, um Talismane zu plazieren. Ich konnte nicht verstehen, was dieses Ziel seines Besuches bedeutete. Als meine Frau in die Küche ging, um etwas zu holen, verschwand er aus unserer Mitte. Einige Tage später begegnete ich ihm wieder. ›Sage zu keinem etwas darüber, was du gerade erlebt hast‹, bat er mich.

Nun werdet ihr vermutlich fragen, wozu er all diese Dinge tat. Ich weiß es nicht. Es ist ein göttlicher Plan, den wir nicht begreifen können. Zumindest ich kann ihn nicht begreifen. Andere Meister materialisieren sich nicht. Sie bleiben in der psychischen Welt und wirken von dort oben aus. Sie arbeiten auf unterschiedliche Weise.« Plötzlich beendete Daskalos seinen Bericht und blickte mir in die Augen. »Jetzt haben wir dich bestimmt völlig verwirrt, Kyriako«, meinte er und brach in Gelächter aus.

Das war von der Wahrheit nicht weit entfernt. Diese »phantastischen« Geschichten waren Teil seiner täglichen Wirklichkeit. Für mein gewöhnliches, konventionelles Denken waren sie nicht so leicht zu verdauen. Was mich aber verblüffte, war, daß Daskalos weder versuchte, mich zum Narren zu halten noch vor mir anzugeben. Und in jeder anderen Hinsicht war er wie jeder normale Sterbliche, wenn auch mit außerordentlichen Fähigkeiten begabt. Er konnte Heilungen vollbringen, die wirklich wie Wunder aussahen und jeder herkömmlichen wissenschaftlichen Erklärung zu spotten schienen.

11

Fälle von Besessenheit

Es war nun schon Hochsommer. Das Thermometer zeigte 41 °C an, und die Wetterleute drohten, daß das Quecksilber bis 43 °C weitersteigen werde. Die Straßen von Nikosia waren menschenleer. Trotz der Energiekrise fuhren die Stadtbewohner in Massen Richtung Küste, um sich im Mittelmeer abzukühlen und zu erfrischen. Sonntags jedoch ans Meer zu fahren war eine quälende Odyssee, da der Zugang zur Nordküste durch die türkische Besatzungsmacht abgeschnitten war. Nur die Südküste blieb erreichbar, und nur eine einzige, überfüllte Landstraße verband die Hauptstadt mit dem Süden der Insel.

Ich zog es vor, zu Hause zu bleiben, an meinen Aufzeichnungen zu arbeiten und den tristen Klängen aus dem Radio zu lauschen. Es war der 15. Juli, offiziell ein Tag der Trauer um die griechischen Zyprioten. An diesem Tag im Jahre 1974 hatte die damals in Griechenland regierende Junta den schrecklichen Coup gegen die zyprische Regierung geführt, der die Invasion durch die Türken provozierte.

Ich verabredete mich mit Daskalos und Iacovos für den späten Nachmittag. Kostas telefonierte, daß er nicht kommen könne. Als freiwilliger Angehöriger der Zivilverteidigung mußte er an einer besonderen Drillübung teilnehmen.

Iacovos verbrachte den Tag damit, seinem Bruder beim Bau von dessen neuem Haus zu helfen. Als er zu uns kam, trank er große Mengen Wasser. Nachdem er den ganzen Tag in der gnadenlosen Sonne gearbeitet hatte, war er ausgetrocknet.

Wir kamen um sieben Uhr bei Daskalos an, trafen ihn aber nicht zu Hause an. Die Tür war nicht verschlossen, und so setzten wir uns hinein und warteten. Nach wenigen Minuten kam Daskalos mit Loizos an. Er begrüßte uns freudig, sah aber müde aus und ging direkt zum Kühlschrank, um sich ein Glas kaltes Wasser einzuschenken. Er hatte den ganzen Tag in Larnaka Patienten besucht und einem Ehepaar geholfen, das in Problemen steckte. Er war zufrieden, weil er dazu beigetragen hatte, die Ehe zu retten, und erzählte uns von den Erlebnissen des Tages. Iacovos schien leicht ungeduldig, und nach einer Weile unterbrach er Daskalos' Monolog.

»Daskale, dazu sind wir nicht hier«, bemerkte er sanft. Er wies darauf hin, daß wir uns verabredet hatten, um ein Gespräch über Geisteskrankheit fortzusetzen, das wir früher einmal begonnen hatten.

»Aber ich dachte, ihr seid nur gekommen, um mich zu sehen!« antwortete Daskalos scherzhaft und spielte den Enttäuschten. »Mein lieber Iacovo, bitte mache mir eine Tasse Kaffee«, bat er dann übertrieben unterwürfig, und Iacovos beeilte sich, der Bitte nachzukommen.

»Iacovos«, sagte Daskalos zu mir, nachdem er den ersten Schluck Kaffee getrunken hatte, »ist nicht so tolerant, wie er sein sollte. Ich habe zum Beispiel bemerkt, daß es ihm schwerfällt, Nikiforos zu ertragen.«

»Das stimmt. Ich kann ihn nicht in dem gleichen Maße tolerieren, wie du es tust; du gehst da Nacht für Nacht hin ...«

»Aber er braucht mich!« beteuerte Daskalos. »Der dumme Kerl würde Selbstmord begehen, wenn ich ihn sitzenließe. Ich muß sehr geduldig mit ihm sein und darf nicht erwarten, daß er unsere Maßstäbe bald erfüllt. Wenn er sich das Leben nimmt, dann habe ich ihn Tag und Nacht am Hals.«

»Wie meinst du das?« fragte ich neugierig.

Daskalos erklärte, daß Menschen, die Selbstmord begehen, sich unter Umständen in einer schwierigen Situation wiederfinden, wenn sie in die psychische Welt gelangen. Gelegentlich bleiben sie im ätherischen Feld der grobstofflichen Welt hängen und können sich nicht in höhere Ebenen hinaufbegeben. Ihre Schwingungen sind dann denen der materiellen Welt zu verwandt, und so finden sie keine Ruhe.

»Deshalb«, fuhr Daskalos fort und wandte sich zu Iacovos, »müssen wir auf Nikiforos gut achtgeben.« Er hatte offensichtlich das Gefühl, daß Nikiforos selbstmordgefährdet sei. Ich warf ein, daß ich nicht sicher war, verstanden zu haben, was er meinte, als er sagte, ein Mensch könne nach seinem Tode in der ätherischen Welt weiterleben und an die materielle Ebene gebunden sein.

»Vielleicht«, antwortete Daskalos nachdenklich, »ist es besser, dir das anhand einiger Fälle zu erläutern, die ich erlebt habe.« Sofort bereitete ich meinen Rekorder zur Aufnahme vor.

»Nein, diese Geschichten kommen nicht auf Tonband«, bestimmte Daskalos kategorisch. Daraus schloß ich, daß die »Geschichten«, über die er sprechen wollte, vermutlich höchst ungewöhnlich oder kontrovers waren, und um sich zu schützen, verbot er deshalb die Bandaufnahme. So nahm ich statt dessen meinen Notizblock und ging daran, alles mitzuschreiben, was er sagen würde.

»Vor vielen Jahren«, begann er langsam, »lebten zwei Verlobte schon vier Jahre lang zusammen, ohne geheiratet zu haben. Das Mädchen war die ganze Zeit jungfräulich geblieben. Sie hatte nicht zugelassen, daß ihr Verlobter die Ehe vollzog. Schließlich bekam er Tuberkulose, und der Arzt brachte ihn zur Isolation in ein Zelt außerhalb Nikosias. Das Mädchen versprach dem Kranken, daß sie heiraten würden, sobald er wieder genesen sei. Er hatte vier Jahre lang sehr darunter gelitten, daß sie ihm keinen Verkehr gestattet hatte. Er starb, ohne daß seine Sehnsucht Erfüllung gefunden hatte. Dieses überwältigende Verlangen nach ihr hielt ihn in der ätherischen Welt fest, von wo aus er sie zu belästigen begann. Das Mädchen glaubte, den Verstand verlieren zu müssen. Jeden Abend, bevor sie schlafen ging, versetzte er sie in eine Art hypnotischen Zustand, in dem er ihr befahl, das Fenster über Nacht offenzulassen. Dann schlüpfte er in eine Fleder-

maus und sucht sie heim. Das Tier pflegte sich in ihren Hals zu verbeißen und Blut und ätherische Substanz zu saugen.«
»Warum Blut und Äthersubstanz?« fragte ich.
»Ein Wesen in diesem Zustand braucht ätherische Materie, um sich damit zu ernähren. Das Mädchen verlor viel Blut und wurde immer schwächer. Ihre Eltern brachten sie in ihrer Verzweiflung zu mir. ›Daskale‹, flehten sie mich an, ›unsere Tochter stirbt noch, und die Ärzte können uns nicht helfen. Schau sie dir an, wie schwach sie geworden ist.‹ Mir fiel auf, daß sie trotz hochsommerlicher Temperaturen den Hals bedeckt hielt. Als ich sie danach befragte, antwortete sie, das sei wegen Pickeln, die da aufgetaucht seien. Ich bat sie, mir diese Pickel ansehen zu dürfen. Sie öffnete den Kragen, und ich sah deutlich die typischen Spuren eines Fledermausbisses, paarweise nebeneinanderliegende Wunden, direkt über den Schlagadern. Es war das erste Mal, daß ich einen solchen Fall erlebte, und – unerfahren, wie ich war – ich bat Vater Dominico um Hilfe, der auf der anderen Seite lebt. Er erklärte mir, daß der tote Mann, der sich durch Benutzung der Fledermaus ernähren konnte, sehr intensiv in der ätherischen Welt lebte. Vater Dominico gab mir dann Anweisungen, wie ein solcher Fall zu behandeln sei. ›Bleibe eine Weile bei ihnen im Haus‹, sagte er. ›Das Mädchen wird nachts aufwachen und das Fenster öffnen. Halte eine Pfanne mit glühenden Kohlen im ganzen Zimmer bereit. Wenn die Fledermaus ankommt, nimm einen Besen, gehe in das Schlafzimmer des Mädchens und schließe das Fenster. Nimm dich in acht, denn die Fledermaus wird dich angreifen. Schlage mit dem Besen nach ihr, damit ihr schwindelig wird. Dann wickele sie in ein Handtuch ein. Nimm sie im Handtuch mit in das andere Zimmer, und wirf die Fledermaus ins Feuer. Bedecke sie mit den glühenden Kohlen, und laß sie verbrennen.‹«
Daskalos lehnte sich in seinen Sessel zurück und berichtete weiter: »Nun, genau das ist dann auch eingetreten. Als ich das Fenster schloß, griff die Fledermaus mich an. In dem gleichen Moment wachte das Mädchen auf und stürzte sich auf mich. Ihr Va-

ter, der dabei war, packte seine Tochter und hielt sie fest. Sie stöhnte und schrie hysterisch, während die Fledermaus verbrannte. Dann beruhigte sie sich wieder und wurde entspannter. ›Was tut ihr mir an?‹ fragte sie. ›Warum versucht ihr, mich zu verbrennen?‹ Ich riet den Eltern, einen Priester zu holen, der das Haus segnen sollte.«

»Was wurde aus dem Verlobten?« fragte ich.

»Wir halfen ihm, sich aus der ätherischen Sphäre zu befreien, so daß er höhersteigen konnte. Verstehst du nun, was es bedeutet, wenn jemand in der ätherischen Welt hängenbleibt?«

Ich war kaum damit fertig, Daskalos' letzte Bemerkung aufzuschreiben, als er schon einen weiteren, ähnlichen Fall zu erzählen begann.

»Vor dreißig Jahren war ich auf einer Reise auf dem Peloponnes in Griechenland. Ich verbrachte dort einige Tage in einer Stadt, in der ein Mädchen unter einem ernsten psychologischen Problem litt. Ich wurde gefragt, ob ich helfen könne. Sie war ungefähr 25 Jahre alt und alleinstehend. Ein Schäfer, 25 Jahre älter als die junge Frau, verliebte sich in sie und hielt bei ihren Eltern um die Hand der Tochter an. Sie lehnten seinen Antrag ab. Der Schäfer – Loizos hieß er – starb bei einem Autounfall. Fünf Jahre vergingen nach seinem Tode, ohne daß etwas geschah. Aber eines Tages behauptete die junge Frau, daß sie, als sie ihre beiden Ziegen versorgte, Loizos gesehen habe, der sie rief. Erschreckt rannte sie nach Hause. Er folgte ihr. ›Du bist tot. Was willst du von mir?‹ rief sie ihm zu. Während sie das noch rief, fühlte sie sich auf einmal sehr müde und schläfrig, und setzte sich unter einen Ölbaum. Er hatte sie hypnotisiert. Die junge Frau vertraute mir an, daß sie unter jenem Ölbaum zum erstenmal in ihrem Leben sexuelle Lust erlebt hatte. Bei einer Untersuchung stellte sich heraus, daß sie noch jungfräulich war. Drei Tage nach dem Zwischenfall besuchte der Verstorbene sie zu Hause. Er kam in der Nacht durch die Wand herein. Sie gewöhnte sich daran, daß er sie körperlich liebte. Als sie wieder untersucht wurde, war sie entjungfert. Der Arzt jedoch stellte fest, daß sie nicht von einem

Mann, sondern von ihren eigenen Fingern defloriert worden sei. Ich bemerkte an ihrem Hals rötliche Flecken. Ich fragte sie danach. ›Er küßt mich da, aber das sind besondere Küsse. Es fühlt sich an, wie wenn er saugt, und das macht mir Spaß‹, antwortete sie.

Ich blieb über Nacht im Hause der Familie. Er tauchte nicht auf. Auch nicht in der zweiten Nacht. Aber am späten Nachmittag des dritten Tages sah ich ihn vom Obstgarten her kommen. Als er das Haus betrat und mich bemerkte, benahm er sich, als kennten wir uns schon seit Jahren. ›He, Freund Loizo‹, sagte ich, ›weißt du eigentlich, in welcher Situation du dich befindest?‹ Er erklärte mir, daß er sich seit Jahren nach der jungen Frau verzehrt hatte und daß er nie sexuellen Kontakt mit einer Frau gehabt habe. Die einzigen Sexualkontakte, die er bisher erlebt hatte, waren mit Tieren wie Eseln, Ziegen und sogar Hühnern, die nach dem Akt starben. Nun, da sie die Seine geworden sei, wolle er sie auch besitzen und nicht mehr von ihr ablassen. Ich versuchte, ihm klarzumachen, daß er nicht am Leben sei wie wir anderen. Er konnte das nicht verstehen. ›Wovon redest du, Mann?‹ protestierte er. ›Ich rede schließlich mit dir, verdammt noch mal, und du willst mir weismachen, daß ich nicht lebendig bin?‹

Der Exorzismus half in diesem Falle nicht, denn er fürchtete sich nicht vor dem Kreuz. Er war, wenn wir so wollen, ein unmoralischer Gläubiger. Jesus akzeptierte er. Also war es notwendig, daß wir ihn mit logischen Argumenten davon überzeugten, daß er zu verschwinden hatte. Zum Glück hatte ich damit Erfolg. ›Ich gehe dann‹, versprach er mir, ›und ich werde nicht zurückkehren. Aber ich will nicht sterben.‹ – ›Wenn du diese Frau weiter belästigst, wirst du in deinem narkotischen Zustand bleiben, wie ein Vampir‹, warnte ich ihn. Er drehte sich um und ging davon. Die Hunde auf dem Hof spürten, daß er vorbeikam, und fingen an zu bellen. Als der Priester und Arzt mich fragten, was vorgefallen sei, vermied ich es, ihnen die volle Wahrheit zu sagen, weil ich annahm, daß sie mir wahrscheinlich ohnehin nicht glauben würden. Ich erwähnte, daß die junge Frau unter dem Einfluß von

Illusionen gestanden habe, und daß ich ihr durch Psychoanalyse geholfen hätte, ihr Problem zu überwinden. Am Abend hielt der Arzt einen Vortrag für die Dorfbewohner, die im Kaffeehaus versammelt waren, und sprach über Psychoanalyse. Er sprach über Freud, das Unbewußte und so weiter. Ich saß in einer Ecke, hörte ihm zu und lachte in mich hinein.«

Daskalos brüllte vor Lachen, als er an das Erlebnis mit jenem Arzt zurückdachte.

»Am nächsten Tage reiste ich ab.« Als ob er gespürt hätte, welche Frage mir auf der Zunge lag, sprach Daskalos weiter: »Ich habe nie herausgefunden, ob es der tote Schäfer war, der das Mädchen deflorierte, oder ob sie das Jungfernhäutchen selbst mit den Fingern geöffnet hatte.

Die Menschen werden von Elementalen in Besitz genommen, die sie selbst als Früchte ihrer Schwächen erschaffen. Nur in seltenen Fällen begegnete ich Besessenheit durch Wesen, die in der ätherischen Welt leben. Zum Beispiel enden viele junge Männer auf Zypern in der Anstalt, nachdem sie mächtige Elementale durch besessenes Masturbieren über dem Bild einer Frau erschaffen haben. Solche Elementale saugen das Ätherische des Menschen aus, um ihr eigenes Leben im ätherischen Doppel der grobstofflichen Welt zu verlängern. Das kann einen in den Wahnsinn führen. Das ›Blutsaugen‹ sogenannter Vampire ist in Wirklichkeit das Saugen ätherischer Substanz. Die gleiche Situation – wenn auch weitaus seltener – liegt vor, wenn menschliche Wesen sich wie Vampire verhalten. Man sollte diesen Wesen gegenüber nicht feindselig oder engherzig sein. Selbst im Falle dämonischer Elementale sollte man auch Toleranz zeigen. Auch Dämonen wissen zu lieben.«

Ich bemerkte, daß mir die letzte Äußerung von Daskalos unverständlich blieb, und bat um Erläuterung. Wie es seine Art war, beantwortete Daskalos meine Frage, indem er eine weitere Geschichte zum besten gab.

»Nach dem Bürgerkrieg im Libanon kamen viele Flüchtlinge nach Zypern, und eine Epidemie von schwarzmagischer Hexerei breitete sich aus. Unter den Flüchtlingen befanden sich etliche große Hexer, die davon lebten, ihre Dienste anzubieten und zu verkaufen. Diese Schwarzmagier bedeuteten für uns eine gewaltige Herausforderung. Meine Sorge war, daß sie die Inselbewohner in die Geheimnisse ihres Handwerks einweihen würden.

Ein solcher Hexer wurde gebeten, zum Preis von 300 Pfund ein junges Paar zu töten. Er wußte, wie man satanische Gewalten anrief, und es gelang ihm, einen Dämon in einer Flasche zu fangen. Er verwendete Gummi von einem Autoreifen, um das Bild des Dämonen zu schnitzen. Dann manipulierte er die Flasche mit dem Dämonen-Elemental unter die Matratze der Jungvermählten. In ihrer Hochzeitsnacht begannen beide aus Ohren und Nase zu bluten. Sie fingen an, ihre Kraft zu verlieren. Sie kamen, um mich aufzusuchen, aber ich war an jenem Tage bei Theophanis in Paphos. Die jungen Leute kehrten um und besuchten mich am nächsten Tage wieder. Ich war noch nicht zurück. In der Zwischenzeit brach ich meinen Besuch in Paphos ab, weil ich spürte, daß mich jemand dringend brauchte. Am fünften Tage war ich zu Hause und fand beide auf meiner Türschwelle sitzen und warten. Sie hielten sich Taschentücher vor den Mund, um die Blutung zu verbergen. Ich wußte auf der Stelle, was geschehen war. Sie waren beide sehr erschöpft und zeigten mir die Flasche mit dem Dämonen, die sie unter ihrem Bett entdeckt hatten. Ich unterbrach sofort die Verbindung zwischen dem Dämon und dem jungen Paar, und beide atmeten erleichtert auf. Die Blutungen hörten auf, und sie konnten nun ein normales Leben führen.

Absichtlich hielt ich den Dämon in der Flasche fest und wartete, daß Iacovos und Theophanis ankämen, um mit ihnen die Angelegenheit zu besprechen und zu beraten, was wir weiter unternehmen sollten. Als sie eintrafen, zeigte ich ihnen die Flasche und berichtete, was passiert war. Ich erklärte ihnen, daß ich beabsichtigte, den Dämon ins Sanktum zu stellen. Als Emanation Luzifers würde er das Kreuz und den geweihten Altar nicht ertragen können. Als ich versuchte, ihn ins Sanktum zu zwingen, brach er seine Bande und floh. Es gab eine Explosion wie von einer kleinen Bombe.«

»Ich habe diese Explosion auch gehört«, bestätigte Iacovos. »Es war sehr laut.«

»Ich versicherte Theophanis und Iacovos, daß sie sich keine Sorgen zu machen brauchten, daß der Dämon weiteres Unheil anrichten könne. Er war geflohen, aber ich konnte ihn jederzeit zurückholen. Ich stand unter dem Schutz Yohannans. Selbst wenn der Dämon mich angreifen wollte, hätte ich außer einigen Tagen mit Schmerzen nichts zu befürchten. Als Iacovos und Theophanis gingen, wandte ich mich anderen Fällen zu und vergaß die Episode mit dem Dämon. Dieser aber vergaß sie nicht. Er kam selbständig zurück. ›Heilige Jungfrau! Du bist so häßlich. Warum belästigst du die Leute?‹ Er antwortete: ›Weil es mir so großes Vergnügen macht. Ich liebe die Leute.‹ Er kam mir vor wie ein Satyr aus der Welt der Mythen. Er war dunkelgrün. Seine Augen waren rot, und er hatte Wölbungen auf der Stirn, die aussahen wie Hörner. Er blickte mir in die Augen und sagte: ›Ich hätte dir schaden können, wenn ich wollte. Wenn ich das nicht getan habe, so geschah das, weil ich dich liebe.‹ – ›Oh, damit hast du mir wirklich einen großen Gefallen getan‹, bemerkte ich.« Und Daskalos lachte heraus, als er dieses Zwiegespräch mit einem Dämonen wiedergab.

»›Ich liebe dich auch‹, erwiderte ich, ›aber du mußt mir versprechen, daß du – ganz gleich, wie stark sie dich anrufen und beschwören – niemals wieder jemandem Leid zufügen wirst.‹ Er gab mir sein Wort. Danach begegnete ich ihm noch siebenmal. Ich beobachtete, daß er allmählich an Häßlichkeit verlor, und auch die hornähnlichen Vorwölbungen auf seiner Stirn begannen sich zurückzuziehen. Sein Aussehen wurde immer erträglicher. Ich lud ihn ein, mit mir ins Sanktum zu gehen, damit er sich an die Heiligkeit dieses Raumes gewöhnen konnte. Eines Tages, während ich mich bei einer Zusammenkunft mit Angehörigen des inneren Kreises in der Stoa aufhielt, spürte ich, daß er im Sanktum war. Mutig trat er ein. ›Komm, ich habe etwas für dich‹, sagte er. Ich entschuldigte mich bei den anderen Brüdern und eilte ins Sanktum. Als ich eintrat, materialisierte er ein Bild von sich selbst in Gestalt einer kleinen Statue aus gebranntem Ton. Als ich sie in die Hand nahm, war sie sehr heiß.«

»Der Wechsel von einer Dimension in die andere«, erklärte Iacovos, »setzt immer Wärme frei.«

»Mit Hilfe eines Handtuchs«, fuhr Daskalos fort, »konnte ich die Statue in die Hände nehmen, und ich brachte sie zu Bruder Theophanis. Einer meiner Schüler war so entsetzt«, bemerkte Daskalos lachend, »daß er sich weigerte, näher zu kommen. Einige der anderen berührten sie nur. Dann nahm ich die Statue zurück ins Sanktum und bedeckte sie mit einem schwarzen Tuch.«

»Wozu ein schwarzes Tuch?« unterbrach ich.

»Damit die Statue sich nicht dematerialisierte. Wenn sich etwas dematerialisiert, gibt es Energie ab. Die schwarze Farbe läßt keine Energie durch, sie nimmt sie nur auf. Ich wollte die Statue eine Zeitlang in diesem Zustand erhalten.

Als ich ins Sanktum ging, sah ich den Dämonen mit übereinandergeschlagenen Beinen sitzen und das Kreuz anstarren. Er saß genau an der Stelle, wo ich die Statue gefunden hatte. Er war mit seinem Ätherleib gekommen. ›Ich habe getan, was du von mir erwartet hast‹, meinte er zu mir, ›aber es war ein schwerer Kampf. Es hat weh getan. Ich liebe dich.‹

Ich spürte, daß er mich liebte, wie ein anhänglicher Hund seinen Herrn liebt. Es war keine menschliche Liebe. Einige Tage danach zerstörte ich die Statue.«

»Ich wünschte, ich hätte ein Foto davon gemacht«, murmelte Iacovos.

»Was redest du da!?« fiel ihm Daskalos mit ernster Stimme ins Wort. »Ein Bild von ihm aufzunehmen bedeutet, seine Existenz in jedem Zustand zu verlängern. Ich mußte die Statue zerstören, damit er sie nicht benutzen und sich in diesem Zustand fixieren konnte. Jetzt sehe ich ihn häufig. Er ist ganz gut geworden.«

Plötzlich wandte sich Daskalos zu Iacovos und gab ihm ein geheimnisvolles Zeichen. Iacovos reagierte aufgeregt. Ich hatte keine Ahnung, was gespielt wurde. Dann fing Iacovos an zu kichern. Unruhig verlangte ich zu erfahren, was hier vorgehe.

»Er sitzt neben dir«, sagte Daskalos genüßlich und lächelte breit.

»Wer sitzt neben mir?« fragte ich alarmiert, als ich mich umdrehte und niemanden entdeckte.

»Der Dämon«, antwortete Daskalos sanft. »Er ist gerade hereingekommen und hat sich neben dich gesetzt.«

Diese Wendung der Ereignisse erfüllte mich plötzlich mit Unruhe. Ich merkte, daß ich stark schwitzte, aber ich versuchte mir einzureden, daß mein Elend von der hohen Temperatur kam und nicht von einer Angst vor dämonischen Mächten. Ich rettete mich in eine wissenschaftlichere Verfassung und schrieb eifrig und verbissen auf, was Daskalos sprach. Tief im Innern fühlte ich mich zugleich unwohl und gespannt.

»Er hat sogar ein reizendes Lächeln«, fügte Daskalos fröhlich hinzu.

»Ich hoffe, ihn in einen wohltuenden Geist verwandeln zu können«, sprach er weiter. »Schaden zufügen kann er jetzt nicht mehr. Ich bat ihn, einen Namen anzunehmen. Er möchte gerne Baalbuk genannt werden, das bedeutet in der assyrischen Sprache ›Der von Gott geläuterte‹. ›Baal‹ heißt Gott, und ›Buk‹ ist einer, der gereinigt, geläutert worden ist. Ich hoffe, daß er eines Tages ins Absolute aufgelöst wird. Wie Menschen sich entwickeln, so tun es auch böse Geister. Infolgedessen ist eine unserer Aktivitäten als Wahrheitsforscher die Hilfe in allen Bereichen der Schöpfung. Wenn dieser Dämon sich weiterentwickelt, wird er viele seinesgleichen mit sich ins Licht, in die Heiligkeit emporziehen. Noch kann er nicht zwischen Gut und Böse unterscheiden. Er tut nichts Böses, weil er mir gefallen will. Ich habe ihm streng verboten, sich selbst oder Gegenstände zu materialisieren. Er hat mir das versprochen. Ich verbot ihm auch, in die Schwingungen des Feuers abzusteigen, denn er hat die Kraft, eines zu entfachen. Ich empfahl ihm, soviel wie möglich Verbindung mit Wasser aufzunehmen. Menschliche Sexualität betrachtet er als ein Spiel zwischen Kindern. Seine Intelligenz ist sehr gering. Er kann sich entwickeln, nicht im Sinne menschlichen Wissens, aber in bezug auf Gewohnheiten und Instinkte. Ich glaube nicht, daß es möglich ist, viel mehr mit ihm anzustellen. Möge er in einen Erzengel einer bestimmten Gattung aufgelöst werden. Er hütet bereits meine Blumen und hilft Tieren wie Katzen, Hunden und Kaninchen bei der Entbindung. Vor einiger Zeit fragte er mich noch: ›Soll ich jene schlagen, die deinen Blumen weh tun?‹ – ›Nein, nichts dergleichen‹, befahl ich ihm. Eines Tages, als du ein paar Blumen geschnitten hast«, fuhr Daskalos fort und wandte sich zu Iacovos, »kam er zu mir und fragte: ›Warum mußte er die Blumen schneiden?‹ Er kann sprechen, besitzt aber keine Intelligenz. Er hat große Kräfte, ist ihrer aber nicht gewahr. Menschen fürchten sich vor Dämonen, weil sie unsichtbar sind. Wären sie das nicht, hätte der Mensch sie ebenso ausgebeutet wie Tiere. Dieser Dämon hat keinen Schwanz, und er ist sehr häßlich. Er ist dick, kurz und besitzt Ähnlichkeit mit einem Schwein. Aber die Zeit wird kommen, da er sich im Heiligen Geist auflösen wird. Dämonen nehmen die Gestalt menschlicher Wesen an, weil sie sich allem anpassen, was sie sehen. Sie sind die Chamäleons der Form. Ich muß noch soviel über sie lernen«, schloß Daskalos.

»Ich finde den Gedanken, daß Dämonen sich in den Heiligen Geist emporentwickeln, in Übereinstimmung und Harmonie mit der Ansicht, daß nur Gott existiert«, bemerkte ich.

»Genau. Hätten Dämonen sich nicht entwickelt, würde das bedeuten, daß es Böses im Absoluten gäbe. Dieser Dämon sagte mir eines Tages: ›Weißt du, du bist so hübsch wie ich.‹ Ein andermal betäubte er eine Schlange. Ich befahl ihm, sie aufzuwekken. Er lachte nur. Er kann meine Stimmungen nicht unterscheiden, ob ich zornig oder fröhlich bin. Er nimmt uns alle als Teile des Tierreiches wahr. Dämonen haben übrigens keine Genitalien. Sie sind in der Regel dunkel und zuweilen sogar hübsch. Weißt du, wie er Iacovos nennt? ›Den dunkelhäutigen

Geliebten.‹ – ›Wie sieht er aus?‹ fragte ich den Dämon. Er antwortete: ›Wie ein Wurm, der über ein Blatt kriecht‹!« Daskalos grinste.

Auf meine Frage über den Unterschied zwischen Dämonen und Engeln antwortete Daskalos, daß sie beide Emanationen von Erzengel-Wesen sind. An sich sind weder Dämonen noch Engel ewige Wesen. Sie sind die Elementale der Erzengel-Kraft, die sie ausstrahlt. Menschen können sowohl dämonische als auch engelhafte Elementale erschaffen.

»Dämonen sind Emanationen von Erzengelwesen der Gegenseite der Existenz, die die Bereiche des Getrenntseins schaffen. Erzengel Luzifer in der noetischen Welt ist nicht anders als die anderen Erzengelsysteme. Aber sein Werk hier unten ist es, die Gegenseite der Energie und Macht zu schaffen, um den Ausgleich herzustellen. Ich glaube, daß dies ein Teil des göttlichen Planes sein muß. Es ist das, was wir als das Böse bezeichnen. Der Zweck des Bösen ist es, uns deutlicher den Sinn des Guten erkennen zu lassen.«

»Wie«, fragte ich, »unterscheiden sich Dämonen von den Elementalen, die der Mensch täglich erzeugt?«

»Die Elementale, die von Menschen erschaffen werden, sind entweder engelhaft oder dämonisch. Der Mensch hat die Freiheit, beide Arten zu erzeugen. Ein Erzengel dagegen kann nur engelhafte Elementale schaffen – mit Ausnahme Luzifers, der nur Dämonen erzeugen kann.

Dämonen«, sprach Daskalos, »besitzen eine Form von Bewußtsein, die es ihnen ermöglicht, sich mit Menschen zu verständigen. Ich sage euch«, erklärte Daskalos, »mit einem Dämonen könnt ihr rechten, aber nicht mit einem Engel, denn ein Engel ist ein unerschütterliches Gesetz. Kein Engel kann von seinem göttlichen Ziel abweichen. Aber wenngleich ein Dämon etwas dem Engel Entsprechendes ist, stellt er sich gegen das Wirken des Engels und kann den Menschen beeinflussen. Wenn ein Dämon sich einmal an einen Menschen heftet, wirkt er zusammen mit ihm, gebraucht die Logik des Menschen, selbst wenn sie eine Art

von Unvernunft ist. Ein Engel kann das nicht tun. Er wirkt unbeirrbar innerhalb der Bereiche der Schöpfung. Verstehst du jetzt, was geschieht?
Ein Engel hat keine Wahl, er kann nur Gutes tun. Ein Dämon kooperiert mit dem Menschen und nimmt daher einen Teil von dessen Erfahrungen auf, wie zum Beispiel die Fähigkeit, logische Denkvorgänge zu vollziehen. Der Engel gibt die Liebe seines Erzengels ungetrübt weiter. Ein Dämon drückt im Reich der Getrenntheit die Liebe seines Erzengels aus, und das ist Sentimentalität. Sie ist der menschlichen Gefühlsduselei sehr ähnlich. Deshalb kann sich ein Dämon viel leichter an einen Menschen heften als ein Engel. Das ausschließliche Wirken des Engels im Pflanzen- und Tierreich sowie im Menschen besteht darin, blind und schön durch den Heiligen Geist Zellen und Gewebe zu schaffen und bei Heilungen zu helfen. Der Dämon andererseits tut alles, was auch der Mensch tut. Er lebt ganz nach den Gefühlen des Menschen.«
»So ist«, bemerkte ich, »ein Dämon wesentlich menschlicher als ein Engel.«
»Natürlich. Man begegnet selten einem Engel, der menschliche Gestalt annimmt. Die Engel bleiben die meiste Zeit als Mächte, als System. Ein Dämon jedoch nimmt menschliche Gestalt an.«
»Dann ist es«, meinte ich, »in Fällen von Schizophrenie und anderen mentalen Störungen wohl das Werk Luzifers.«
»Genau. Die Heilung andererseits ist das Werk des Engels. Aber da gibt es noch einen Punkt: Engel und Dämonen befinden sich nicht in Konflikt. Sie scheinen nur im menschlichen Bewußtsein gegeneinander zu kämpfen. Ich habe das beobachtet, aber es wäre zu dreist, so etwas offen zu sagen. In der Natur sieht man Dämonen und Engel nicht einander bekämpfen. Sie arbeiten zusammen.«
»Das gleiche habe ich auch festgestellt«, bemerkte Iacovos nachdenklich: »Sie arbeiten zusammen.«
»Ich nehme an«, fügte ich hinzu, »wäre es anders, so bedeutete dies, daß es zwei Götter gibt, einen guten und einen bösen.«

»Richtig«, bestätigte Daskalos. »Doch ich habe auch beobachtet, daß sie im Unterbewußtsein des einzelnen verschiedene Positionen beziehen, um uns die Bedeutung von Gut und Böse zu erschließen.«

Unser Gespräch über Dämonenkunde dauerte noch einige Zeit an. Ich hatte fast vergessen, wer es ausgelöst hatte: der kleine Satan, der zu meiner Rechten saß. Ich denke, er hat sich bei soviel Aufmerksamkeit wohl gefühlt.

»Iacovo«, fragte Daskalos unvermittelt, »warum, meinst du, untersucht unser kleiner Besucher deine Zehe? Meinst du, er will dein Bein nachahmen?«

Ich habe nie herausgefunden, ob Daskalos diese letzte Bemerkung ernst meinte oder ob es nur ein Scherz war. Aber ich fühlte mich irgendwie erleichtert, daß sein sentimentaler Freund meine Seite verlassen hatte und weitergegangen war, um die Füße von Iacovos zu inspizieren!

12

Heilungen

Meine Beziehung zu Daskalos wurde unter Freunden und Verwandten allmählich bekannt, trotz meiner Bemühungen, ein gewisses Maß an Diskretion in dieser Hinsicht zu bewahren. Doch das wachsende Interesse eines immer größeren Kreises von Menschen am Gegenstand meiner Forschungen zeigte unerwartet positive Wirkungen. Ein solches Ergebnis war die Rolle, in die ich selbst mehr und mehr gedrängt wurde: als Vermittler zwischen Daskalos und den Menschen zu dienen, die seine Dienste in Anspruch nahmen. Ich hatte diese Rolle so oft gespielt, daß ich sie inzwischen mehr und mehr als Teil meiner alltäglichen Tätigkeit auf Zypern betrachtete. Und ich muß gestehen: Diese Rolle genoß ich. Vielleicht hätte meine Forschung darunter gelitten, wenn andere nicht gewußt hätten, was ich tat, da einige der wichtigsten Ereignisse, deren Zeuge ich wurde, sonst gar nicht stattgefunden hätten.

Ein solcher Fall war die Heilung einer Frau, die Wirbelsäulenbeschwerden hatte: Seit mehreren Wochen war sie völlig gelähmt. Es war im Mai 1981. Ich war nach zweijähriger Abwesenheit gerade auf die Insel zurückgekehrt. In der Zwischenzeit hatte ich – soweit es meine akademischen Verpflichtungen zuließen – versucht, meine Feldnotizen zu überarbeiten. Wie schon in früheren Fällen wurde ich von einem Bekannten angegangen, der mich bat, Daskalos zu fragen und herauszufinden, ob dieser willens sei, die Patientin in ihrer Wohnung zu besuchen. Man sagte mir, daß es sehr schwierig wäre, sie herzubringen, da sie ans Bett gebunden sei. Transportiert zu werden bereitete ihr unerträgliche Schmerzen. Die Patientin hatte zuvor schon alle führenden Ärzte Zyperns konsultiert, und keiner hatte ihr helfen können. Darüber hinaus hatte sie auch schon einige Zeit in einem israelischen Krankenhaus gelegen, aber auch das brachte keine Besserung. Ihre Beschwerden verschlimmerten sich zusehends. In diesem verzweifelten Stadium wurde Daskalos um Hilfe gebeten.

Als ich Daskalos anrief, erklärte er sich bereit, noch am selben Tage zu der Frau zu fahren. Ohne weitere Verzögerung fuhr ich, zusammen mit der Schwiegertocher der Patientin, nach Strovolos. Wir luden Daskalos ein und erreichten nach einer weiteren Viertelstunde das Haus der Kranken. Es war ein hübsches Haus mit einem Innenhof und der auf Zypern üblichen Vegetation: Jasmin, Rosenbüsche aller Farben, Zitronenbäume und eine große, schattige, weinbewachsene Laube. Das alles vermittelte den Eindruck von Wohlstand. Später erfuhr ich, daß der Mann der Patientin ein erfolgreicher Importeur von elektronischem Gerät war.

Einige Verwandte hielten sich im Hause auf, und der Sohn der Patientin war gerade zu Hause zu Besuch. Er studierte an einer Universität in New England. Daskalos schien recht leutselig, wie so oft – trotz seiner eigenen Probleme. Bevor wir dann das Schlafzimmer der Kranken betraten, blieb er einige Sekunden im Flur stehen, um ein Gemälde zu betrachten, das an der Wand zum Zimmer der Patientin hing. Es war ein Druck von El Grecos »Heiliger Hieronymus«. Daskalos erkannte das Bild und bewunderte es. Dann betrat er das Zimmer. Die Frau schien in den Fünfzigern und machte einen sehr kultivierten Eindruck. Später erfuhr ich, daß sie fließend Französisch und Englisch sprach.

»Was ist denn mit Ihnen los?« fragte Daskalos sie scheinbar überrascht. Sein scherzhafter Ton »brach das Eis« sofort, und die Frau berichtete lächelnd, daß ihre Wirbel ständig aus der richtigen Stellung wegglitten, und die Ärzte könnten nichts unternehmen, um ihr zu helfen. Wir hörten, daß sie schon sehr schmerzhafte Behandlungen auf Zypern und in Israel hinter sich hatte, wo die Ärzte ihr die Wirbelsäule buchstäblich verdrehten, um die Wirbel wieder an ihren Platz zurückzuzwingen. Doch ihre Situation wurde keineswegs besser; ja, sie verschlimmerte sich sogar. Wir erfuhren, daß ein berühmter Spezialist in Israel ihr den Rat gegeben hatte, sie solle lernen, mit ihren Schmerzen zu leben, da ihr Fall unheilbar sei. Diese Empfehlung hatten ihr auch schon Ärzte auf Zypern gegeben.

Ohne zu zögern und ohne weitere Fragen zu stellen, bat Daskalos die beiden Frauen, die noch im Raume waren, die Patientin umzudrehen und ihr den Oberkörper zu entkleiden. Ich stand bei der Türe und beabsichtigte, die ganze Operation so genau wie möglich zu beobachten. Dann legte Daskalos die Hände auf den Rücken der Frau und fing an, sanft über die Wirbelsäule zu streichen und sie zu massieren.

»Nur nicht verspannen«, forderte er die Frau auf, »laß ganz locker. Es wird nicht weh tun.« Während er mit den Händen entlang der Wirbelsäule auf und ab strich, blickte Daskalos zu uns herüber und legte seine Diagnose des Falles dar.

»Es ist ernst«, sagte er. »Ihre ganze Wirbelsäule ist durcheinander. Die Wirbel stehen nicht aufeinander, wie sie sollten, und die Knochensubstanz ist schon reichlich porös.« Er sagte, er wolle die Knochen weich und formbar machen, damit er sie an die richtigen Stellen zurückbringen und wieder verfestigen könne.

»Kommt und seht«, schlug er vor, nachdem er noch einmal einige Minuten die Wirbelsäule entlanggestrichen hatte. »Jetzt sind die Knochen ganz weich. Kommt und prüft mit eigenen Händen nach.« Die beiden Frauen, die Daskalos am nächsten standen – darunter die Schwiegertochter der Patientin – traten vor und drückten mit den Fingern auf die Wirbelsäule. Ich bedaure, mich nicht ebenfalls getraut zu haben, weil ich die Frau noch nie zuvor gesehen hatte und es mir etwas peinlich war, ihr jetzt meine Finger auf den bloßen Rücken zu drücken. Aber ich bemerkte das Erstaunen der Frauen, die Daskalos' Aufforderung nachgekommen waren. Später erzählten sie mir, daß die Knochen sich weich wie ein Schwamm angefühlt hatten.

»Jetzt«, kündigte Daskalos an, als gebe er einer Gruppe von Assistenzärzten im Operationssaal Unterweisungen, »werde ich die Knochen an die richtigen Stellen zurücksetzen und sie dann verfestigen. Ich habe die Kristallstrukturen schon dematerialisiert.« Nach einigen weiteren Minuten sanfter Streichungen war die Behandlung beendet. Der ganze Vorgang hatte ungefähr fünfundzwanzig Minuten gedauert.

»Jetzt bist du wieder in Ordnung«, sagte er zu der Frau in selbstverständlichem Vertrauen in das, was er vollbracht hatte. »Dreh dich herum, und stehe auf. Du bist jetzt völlig geheilt. Deine Wirbelsäule ist gerade, und alle Wirbel sind genau da, wo sie sein sollen.«

Zum Erstaunen aller Anwesenden stieg die Patientin aus dem Bett und begann, ohne Hilfe und ohne Schmerzen auf und ab zu gehen. Ihre Miene hellte sich auf aus freudiger Erregung.

»Und nun«, forderte Daskalos sie auf, »beuge dich ein paarmal zu den Füßen hinunter.« Sie folgte seinen Anweisungen mit Leichtigkeit und offensichtlich ohne Beschwerden. Die Patientin war ganz außer sich, streckte die Ellbogen und seufzte tief vor Erleichterung. Die Atmosphäre im Zimmer war begeisternd. Daskalos sah zufrieden aus, aber er schien nicht besonders beeindruckt durch diesen Erfolg. Er blickte recht sachlich, wie ein Geburtshelfer, der eine gute Entbindung abgeschlossen hat – eine Routineangelegenheit.

Die Patientin ging nun frei umher und bot uns Kaffee an. Wir nahmen an und setzten uns ins Wohnzimmer. Nach wenigen Minuten war der Kaffee fertig, und Daskalos trank ihn – zwischen den Scherzen, die er dabei zum besten gab – mit großem Behagen. Türkischen Kaffee liebte er besonders.

Bevor wir das Haus verließen, teilte Daskalos Mrs. Katina, der Patientin, noch mit, welche Nahrungsmittel sie meiden sollte. Sie hörte aufmerksam zu, als er ihr einen Kurzvortrag über vernünftige Ernährung hielt. »Du solltest auch«, stellte er fest, »täglich ein Vitamin-B-Komplex-Mittel einnehmen. Außerdem jeden Tag einige Minuten einfache Übungen wie Beugen und Strecken der Wirbelsäule.«

Als wir aufbrachen, eilte Mrs. Katina zum Schlafzimmer hin, und nach wenigen Augenblicken kehrte sie mit El Grecos Bild zurück.
»Bitte«, sprach sie zu Daskalos, »nimm dies als Zeichen meiner Dankbarkeit für das, was du mir getan hast.«
»Nein, nein«, widersprach Daskalos mit Nachdruck und wehrte ab. »Danke, aber wir dürfen kein Geld oder Geschenke annehmen.«
»Bitte, nimm es«, beharrte Mrs. Katina und versuchte, Daskalos das Bild zu überreichen. »Es ist kein Geschenk, es ist nur ein kleines Zeichen meiner Dankbarkeit.«
»Daskale«, sagte ich in dem Bemühen, für Mrs. Katina einen Ausweg aus Daskalos' Kompromißlosigkeit zu finden, »die Dame hat recht. Du solltest es als ein Andenken akzeptieren. Es ist schließlich nur ein Druck.«
Anscheinend hatte meine Intervention Erfolg. Daskalos schüttelte den Kopf und nahm zögernd das Bild an. Scheinbar noch unsicher, ob es recht war, was er tat, murmelte er vor sich hin, daß er keine Geschenke annehmen sollte. Mrs. Katina strahlte über das ganze Gesicht.
Später an diesem Tage, nachdem der erstaunte Gatte und andere Angehörige von dem »Wunder« erfahren hatten, wurde ein Fest gefeiert, das bis in die frühen Morgenstunden dauerte. Inzwischen hatte Mrs. Katina, die ihre Heilung selbst noch kaum fassen konnte, ihren Radiologen aufgesucht. Zur großen Verwunderung des Arztes zeigten nach der Behandlung aufgenommene Röntgenbilder drastische Unterschiede im Vergleich zu den Aufnahmen, die erst eine Woche vor Daskalos' Besuch entstanden waren. Die neuen Röntgenbilder zeigten eine normale Wirbelsäule.
Ich suchte Mrs. Katina mehrere Tage nach diesem Ereignis noch einmal auf. Sie schien sich bester Gesundheit zu erfreuen, und von ihrem früheren Leiden war keine Spur mehr zu erkennen. Es war kaum vorstellbar, daß diese Frau vor Daskalos' Hausbesuch sich noch nicht einmal im Bett aufsetzen konnte. Mrs. Katina

war mehr als bereit, mit mir in Einzelheiten über die medizinische Vorgeschichte und ihr Erleben der Behandlung durch Daskalos zu sprechen.

»Was hast du gespürt«, fragte ich sie, »als Daskalos dich berührte?«

»Ich fühlte etwas sehr Eigenartiges entlang meiner Wirbelsäule«, antwortete sie. »Es war wie ein elektrischer Strom, wie kleine Ameisen, die meinen Rücken auf- und abgingen. Zuerst verspannte ich mich, weil ich daran dachte, wieviel Schmerzen ich schon ertragen mußte, als man mir die Wirbelsäule verdreht hat, und so fürchtete ich, daß dies wieder geschehen werde. Als Daskalos meine Angst bemerkte, forderte er mich auf zu entspannen.«

Ich war neugierig zu erfahren, wie weit Mrs. Katina daran geglaubt hatte, daß Daskalos sie heilen könne. Ich wollte wissen, ob bei ihrer wundersamen Genesung der Faktor Autosuggestion eine Rolle gespielt hatte. Ich fragte sie also, ob sie Daskalos früher schon begegnet sei.

»Ja, allerdings«, erzählte sie mir, »vor vielen Jahren. Ich ging zu ihm, als mein Sohn, der damals zwei Jahre alt war, Pusteln am ganzen Körper bekam. Wir hatten schon viele Spezialisten konsultiert, alle vorstellbaren Diäten probiert, alle möglichen Analysen machen lassen und alle erdenklichen Salben verwendet. Nichts hatte geholfen. Bis uns ein Freund zu Daskalos brachte. Sobald der einen Blick auf meinen Sohn geworfen hatte, sagte er, daß ihm nichts fehle. Er sagte, das Kind sei einfach allergisch gegen Milch und Süßigkeiten, die es aß. ›Hört mit beidem auf‹, riet er uns.«

»Und das sagte er, nachdem er das Kind nur angeschaut hatte?« fragte ich.

»Ja, er hat ihn nur angesehen. Ich ging zum Arzt zurück und erzählte ihm das. Der Arzt sagte: ›Warum sollten wir das nicht versuchen? Wir werden es ja sehen.‹ Wir machten Schluß mit Milch und Süßigkeiten, und nach vier Tagen waren die Pusteln restlos verschwunden. Am fünften Tag sagte der Arzt: ›Geben

wir ihm noch einmal Milch, und beobachten wir, was passiert.‹ Nach zwei Tagen waren die Pusteln wieder da. Dann hörten wir endgültig mit der Milch auf, und die Haut blieb rein.
Ich ging abermals zu Daskalos«, fuhr sie fort, »als meine Mutter krank wurde und Leukämie bekam. Wir wußten nicht einmal, daß es Leukämie war. Sie hatte es schon lange Zeit gehabt. Ihre Milz war sehr vergrößert, und die Niere versagte. Die Ärzte konnten nichts mehr für sie tun, weil wir seinerzeit hier auf der Insel keine Spezialisten zur Verfügung hatten. Man riet uns, meine Mutter nach Griechenland oder nach England zu schikken. Ich ging zu Daskalos, als meine Mutter bereits in Griechenland war. Er sagte, als er ihr Bild einen Augenblick in der Hand gehalten hatte: ›Deine Mutter hat es an der Milz. Ihre Milz produziert die weißen Blutkörperchen.‹ Er sagte, ich solle mir keine Sorgen machen. Hier in Zypern hatten uns die Ärzte keine Hoffnung mehr gelassen. Sie hatten festgestellt, daß die Zahl der weißen Blutkörperchen auf 187000 erhöht war; normalerweise sind es 8000 bis 10000. Daskalos sagte: ›Deine Mutter wird in Athen behandelt werden, und sie kommt zurück.‹ Und genau das geschah auch. Sie lebte noch weitere acht Jahre. Dann erlitt sie einen seelischen Schock, als mein Schwager krank wurde. Wieder vergrößerte sich ihre Milz rasch. Wir brachten sie abermals nach Griechenland zur Behandlung, aber die Ärzte dort teilten uns mit, daß man nichts mehr für sie tun könne. Wieder ging ich zu Daskalos. Er sagte: ›Es tut mir leid. Ich glaube, das ist ihr Ende.‹ Zwei Tage danach starb sie. Alles, was er uns gesagt hat, hat sich bewahrheitet.«
»Als Daskalos«, fragte ich sie nun, »neulich zu dir kam: Glaubtest du, daß er die Kraft hätte, dich zu heilen?« Mrs. Katina zögerte einen Augenblick und dachte nach.
»Tatsächlich könnte ich nicht sagen, daß ich das ganz glaubte, denn als man ihn mir empfahl, dachte ich, er sei nur gut im Diagnostizieren von Krankheiten, aber ich wußte nicht, daß er auch ein Heiler ist. So sagte ich mir: Was habe ich zu verlieren? Laßt es uns versuchen und abwarten.«

Mrs. Katina brachte die Röntgenaufnahmen, und wir studierten sie gemeinsam. Ich fragte, ob ich die Bilder einige Tage behalten dürfe. Sie war so zuversichtlich, daß ihre Leidenszeit nun vorüber war, daß sie mir die Bilder sogar schenken wollte. Sie gab mir auch alle medizinischen Dokumente und Arztberichte über ihre Krankheitsgeschichte. Ich versprach ihr, daß sie alle Unterlagen wieder zurückbekommen werde, falls sie sie je wieder benötigte. Soweit ich weiß, hatte Mrs. Katina keinen Rückfall. Als ich sie das letztemal sah, war dies im Hause Daskalos', einen Monat nach ihrer Heilung. Sie hatte eine Freundin mitgebracht, die auch ein Rückenleiden hatte. Obwohl ich ihrer Behandlung nicht beiwohnte, hörte ich, daß Daskalos auch sie heilte. Sie war Engländerin, konnte ihre Bewegungen nicht koordinieren und nicht gerade gehen. Auch hier konnten die Ärzte nicht mehr helfen, trotz mehrerer Operationen.

Schon früher einmal war ich Zeuge einer ähnlich eindrucksvollen Heilung bei einer siebzigjährigen Frau. Die Ärzte hatten sie aufgegeben wie Mrs. Katina. Die Verbindung mit Daskalos hatte ich eingefädelt. Da die Patientin nicht gehen konnte, mußten wir sie auf unseren Armen tragen. Nach der Behandlung ging sie frei und ohne Hilfe umher. Obwohl eine vollständige Genesung, wie Daskalos feststellte, wegen ihres Alters unmöglich war, konnten doch 80 Prozent ihrer Beschwerden behoben werden. Nachdem sie fast vollständig gelähmt gewesen war, konnte die Patientin jetzt sogar an den Strand zum Schwimmen gehen.

Solche Heilungsphänomene werden trotz guter Dokumentation von Wissenschaftlern häufig ignoriert. Es scheint keine wissenschaftliche Theorie zu geben, die sie erklären oder vom Tisch argumentieren könnte. Allmählich wurde mir klar, daß das, was ich im Falle von Mrs. Katina miterlebt hatte, im Rahmen des derzeitigen wissenschaftlichen Denkens nicht verstanden werden kann. So scheint beispielsweise der Faktor Autosuggestion bei ihrer Genesung keine große Rolle gespielt zu haben.

Viele, die sich mit nicht-medizinischen Behandlungsweisen beschäftigt und auseinandergesetzt haben, brachten vor, daß solche Phänomene sich am besten als eine Form von Suggestion und Autosuggestion erklären ließen, die innerhalb eines gemeinsamen kulturellen Rahmens von Verstehen und Glauben wirkten, den Behandler und Klient teilten. Die meisten Praktiker traditioneller Heilweisen oder Glaubensheiler wirken in der Regel in einem kulturellen Umfeld, das ihrer Tätigkeit Unterstützung bietet, und Heilungsrituale sind häufig von reichlich dramatischen und emotionalen Elementen durchzogen. Daskalos jedoch handelte eher wie ein Einzelgänger im Verhältnis zu seinem kulturellen Umfeld, das alles andere als unterstützend wirkte für seine Arbeit oder Weltanschauung. Häufig genug hielten die Patienten selbst vor ihren Freunden und Angehörigen die Besuche beim »Magus von Strovolos« geheim. Daskalos bemerkte mir gegenüber einmal etwas traurig, er habe manchmal das Gefühl, ein karges, steiniges Land zu pflügen.

Aus meiner Sicht war Mrs. Katina ein Sonderfall, nicht nur wegen der Umstände ihrer plötzlichen Genesung, sondern vor allem, weil sich ihre Fallgeschichte und die Röntgenbilder in meinem Besitz befinden. Dies war jene Sorte empirischer Beweismittel, die selbst den eifrigsten Skeptiker verunsichern könnte. Ich dachte, Mrs. Katinas Fall sei geeignet, jenen wenigen Beispielen zugeordnet zu werden, die Jerome Frank, eine Autorität im Bereich nicht-medizinischer Heilung, als »echte Wunder« bezeichnet. In seinem Werk *Persuasion and Healing* schreibt er, daß manche Menschen eine Heilungsgabe zu besitzen scheinen, die über jede wissenschaftliche Erklärung erhaben ist. Er fährt fort und sagt, daß man die Möglichkeit nicht ausschließen sollte – Beweise gebe es reichlich –, daß einige Heiler als eine Art Vermittler der Heilungskraft im Universum dienen, die zuweilen als die »Lebenskraft« bezeichnet wird. In Ermangelung eines besseren Begriffes schlägt er vor, diese »übernatürlich« zu nennen.

Daskalos traf ich am Tage nach meinem Besuch bei Mrs. Katina anläßlich einer der regelmäßigen Zusammenkünfte mit seinen Schülern. Zufällig war das Thema Heilen an der Tagesordnung, und es wurde über die Rolle des Seelenbehandlers gesprochen.

»Alle Krankheiten«, begann Daskalos, nachdem er ein kurzes Gebet gesprochen hatte, »sind die Folge psychonoetischer Umstände. Ihr werdet euch nun fragen, wie es um die Folgen oder Auswirkungen von Viren stehe. Wie aber die medizinische Wissenschaft zeigt, existieren Viren und Mikroorganismen in Hülle und Fülle im Körper jedes Menschenwesens. Warum sollten dann einige von uns eine bessere Immunität gegen diese Organismen besitzen, während andere so anfällig sind? Die ätherische Energie, die gebraucht wird, um den Körper im Gleichgewicht zu halten, sinkt beträchtlich, wenn wir nicht richtig schwingen. Ein gewisses Maß an ätherischen Schwingungen – sagen wir einmal: einhundert – ist notwendig, damit der Heilige Geist Zellen, Gewebe und die verschiedenen Organe des materiellen Körpers erhalten kann. Unsere ätherische Energie sinkt ab, wenn wir Wünsche und Gedanken hegen, die in uns Schwingungen von Furchtsamkeit, Niedergeschlagenheit, Sturheit, Zorn, Haß und ähnliche krankhafte Emotionen erzeugen. Das heißt, wir haben nur noch achtzig oder sechzig Einheiten von den hundert, die wir nach unserem Modell an ätherischer Energie benötigen, um den Körper im Gleichgewicht zu erhalten. Automatisch können wir dann feststellen, daß die anfälligsten Teile unseres Körpers allmählich einen Mangel an ausreichender Vitalitätszufuhr zeigen.

Wenn ein Mensch genügend ätherische Energie erhält – das geschieht durch vernünftige Ernährung, Atmung, Lebensweise –, dann sollte sich seine Persönlichkeit völliger Gesundheit erfreuen können. Die Aura eines solchen Menschen strahlt über ein weiteres Feld aus und wird häufig von jenen aufgenommen, die sie brauchen. Diese profitieren schon von der bloßen Anwesenheit eines Wahrheitsforschers.

Ihr wißt vermutlich bereits, daß gewisse Menschen in uns positive Schwingungen erzeugen, andere wiederum genau das Gegenteil. Die Freude, die uns bei der Anwesenheit gewisser Menschen erfüllt, ist deren überreiches Maß ätherischer Vitalität, das sie ausstrahlen. Andere, die einen Vitalitätsmangel besitzen, ziehen aus unserem eigenen Reservoir ätherischer Energie etwas ab. Ein Wahrheitsforscher, der sich dem Dienst am Nächsten weiht, muß dafür sorgen, daß seine Aura klar und ausstrahlend bleibt. Selbst wenn er sich matt und erschöpft fühlt durch einen Mitmenschen, der sich seiner Vitalität bedient, sollte er ihn nicht abweisen. Das sind jene Menschen, die unsere Hilfe am nötigsten brauchen.

Die ätherische Vitalität also erhält uns bei guter Gesundheit, und wir müssen bereit sein, sie jenen zur Verfügung zu stellen, die sie brauchen. Wenn wir zu Gott beten und um ›unser täglich Brot‹ bitten, dann bitten wir in Wirklichkeit um lebenspendenden Äther. Es ist nicht das Brot, wonach wir verlangen. Ätherische Vitalität brauchen wir, nicht nur um den materiellen Körper bei guter Gesundheit zu erhalten, sondern auch um unseren psychischen und noetischen Körper zu erhalten.« Daskalos hielt kurz inne, um Fragen aus der Zuhörerschaft abzuwarten.

»Welche Rolle spielt das Gebet«, fragte jemand, »als Vorbereitung für eine Therapie?«

»Ich möchte die Wichtigkeit des Gebets nicht unterschätzen. Es könnte eine Methode der Selbstkonzentration sein, die es dem Heiler erleichtert, den Gemütszustand zu erreichen, der ihm ein besseres Helfen ermöglicht. Was mich angeht, so genügt es mir, wenn ich denke ›Dein Wille geschehe...‹ und dann die Behandlung beginne. Andererseits sollte ein Wahrheitsforscher ohne Unterlaß beten. Jeder seiner Gedanken sollte eine ständige Danksagung an den Absoluten sein. Jede seiner Handlungen muß Ausdruck des Gebetes sein. Das hatte Paulus im Sinne, als er uns aufrief: ›Betet ohne Unterlaß!‹ Der Psychotherapeut oder Seelenbehandler, der Wahrheitsforscher, muß ohne Unterlaß beten in seinem Tun, Denken und Fühlen. Wenn wir eingestimmt sind auf das Göttliche, brauchen wir vor einer Behandlung keine besondere Zeit des Gebetes. Merkt euch also: Echtes Gebet sind nicht Worte. Für sich allein bedeuten Worte nichts. Was zählt, sind Taten und unsere Bereitschaft zu dienen. Wenn wir als Wahrheitsforscher geloben, jeden Abend einige Minuten der Selbstanalyse zu widmen, ist das nicht eigentlich eine Form des Gebetes?

Unsere Selbstanalyse sollte jedoch nicht verbunden sein mit masochistischen Selbstbestrafungsneigungen und Schuldgefühlen. Sowie der Wahrheitsforscher sich schuldig und sündig fühlt, ist er nicht mehr imstande, anderen zu helfen. Ich sage euch, daß solche masochistischen Tendenzen, wie wir sie bei vielen abergläubisch religiösen Menschen feststellen können, nichts anderes sind als eine mentale Krankheit. In unserer Selbstanalyse müssen wir fähig sein, solche Neigungen zu identifizieren und sie auszumerzen. Wir müssen unseren Verstand gebrauchen und solche Illusionen und Vorurteile bekämpfen. Denn wenn ihr als derzeitige Persönlichkeiten nicht ein gewisses Maß an Ausgeglichenheit im Leben erreicht – wie wollt ihr erwarten, einem problembeladenen Mitmenschen helfen zu können, der in einem Chaos aus Verzweiflung und Illusion lebt? Unsere Arbeit als Behandler beschränkt sich nicht auf das ätherische Doppel des grobstofflichen Körpers. Wir sollten auch bereit sein, Schmerzen zu lindern, die auf der psychonoetischen Ebene quälen.

Viele Heiler glauben, daß sie nur einer bestimmten Zahl von Menschen pro Tag helfen können. Sie sind der Meinung, daß ihre ätherische Energie begrenzt sei und daher erschöpft werden könne. Das ist eine Illusion. Indem sie sich das einreden, erzeugen diese Leute ein Elemental, das ihre Möglichkeiten zu heilen behindert. Ich versichere euch: Je mehr Menschen ihr helft, desto mehr werdet ihr selbst erfüllt von Vitalität – solange ihr Liebe in eurem Herzen habt.«

Daskalos teilte uns weiter mit, daß ein Hellsichtiger an der Aura eines Menschen »sehen« kann, wo der Vitalitätsmangel vorliegt. Mit der richtigen Konzentration kann der Heiler dann die Stelle im ätherischen Doppel des Patienten auffüllen, wo sich der Mangel zeigte. Weiterhin, unterrichtete er uns, sei es einem Heiler möglich, einen solchen Mangel im ätherischen Doppel des Patienten schon zu sehen, bevor sich auf der grobstofflichen, materiell-körperlichen Ebene Beschwerden eingestellt haben. Dementsprechend ist es ihm möglich, die Manifestation körperlicher Leiden vorauszusehen und damit zu verhüten. So kann ein Problem in der Aura eines künftigen Patienten, schon lange bevor es sich auf den materiellen Körper auswirkt, erscheinen. Dann erzählte Daskalos von einer Begegnung mit einem Sufi, der nach Zypern kam, um ihn zu besuchen.

»Wir unterhielten uns im Wohnzimmer, als er plötzlich unterbrach und sagte, daß draußen auf der Straße eine Katze sei. Er konzentrierte sich auf das Tier und brachte es mit seinen Gedanken bis vor die Türschwelle. Dann, mit einer plötzlichen Kopfbewegung, bewirkte er, daß die Katze tot umfiel. Ich protestierte und verlangte eine Erklärung, warum er das arme Tier getötet habe. Er teilte mir mit, daß er in der Aura der Katze eine gefährliche ansteckende Krankheit bemerkt habe. Indem er die Katze tötete, verhinderte er, daß sich die Seuche ausbreitete. Was mich besonders beeindruckte, war seine Kraft, die negative Möglichkeit, die sich erst im Bereich der Aura der Katze aufhielt, vorherzusehen. Die Leiche des Tieres zeigte keine Anzeichen von Krankheit. Ich bewunderte diesen Sufi. Wir haben sehr viel voneinander gelernt.«

Ich fragte Daskalos, ob er im voraus feststellen könne, ob ein bestimmter Fall sich heilen lasse oder nicht. Ich stellte diese Frage, weil ich von seinen Erfolgen als Heiler besonders beeindruckt war. Ich hatte mir Gedanken darüber gemacht, ob er behaupten werde, in der Lage zu sein vorauszusehen, ob das Karma eines Patienten eine Heilung zulasse, um dann entsprechend zu handeln. Ich erinnere mich an keinen einzigen Fall, in dem Daskalos eingriff, ohne nicht zumindest einen Teilerfolg zu bewirken. Im Falle von Mrs. Katina beispielsweise war ich sicher, daß er schon im voraus wußte, daß sie noch am selben Morgen wieder auf ihren Füßen stehen und gehen könne. Bei anderen Gelegenheiten hatte Daskalos schon rundheraus gesagt, daß der Fall hoffnungslos sei, aber er hatte es trotzdem versucht zu helfen. In der Regel erwiesen sich seine Voraussagen in beiden Fällen als korrekt.

»Du mußt dir immer im klaren darüber sein, daß jeder Heilungsakt eine Einstellung auf den Heiligen Geist voraussetzt. Wir sind nur die Vermittler des göttlichen Planes. Der Erfolg liegt nicht in unseren Händen. Der Wahrheitsforscher muß deshalb die egoistische Neigung überwinden, eine Heilung zu erwarten, wann immer er einem Patienten die Hände auflegt. Alles, was wir tun können, ist zu versuchen zu helfen und weiterhin unseren Pflichten und Verantwortlichkeiten nachzukommen. Gelegentlich erlebst du ein Heilungsphänomen, das dich glatt an deinem Verstand zweifeln läßt. Da legst du einfach die Hand auf die Wunde, und dann beschleunigt sich der Heilungsvorgang, und innerhalb weniger Augenblicke ist die Wunde verheilt. Aber es ist auch möglich, daß wir nicht gestattet bekommen, die einfachste Form der Heilung zu bewirken. Aber es entspricht mehr der Regel, daß eine Heilung erreicht wird, als daß sich kein Erfolg einstellt. Es ist leichter, Erfolg zu haben, weil es dem Wunsch des Absoluten und des Heiligen Geistes entspricht. Wenn eine Heilung nicht eintritt, bedeutet dies, daß eine karmische Schuld vorliegt, die nicht überwunden ist.«

»Ist es nicht möglich, gleich von Anfang an zu wissen, ob das Karma eine Heilung zuläßt, und dann zu handeln?« fragte ich weiter.

»Nein, das ist nicht zulässig. Wie ich bereits erklärt habe, liegt die Entscheidung, ob eine Heilung stattfinden wird oder nicht, jenseits unseres Vermögens. Wir als Behandler sollten immer bereit sein, unsere ätherische Energie zur Verfügung zu stellen, um jemandem zu helfen, der ihrer bedarf. Durch unseren bloßen Wunsch zu helfen, erzeugen wir automatisch ein therapeutisches Elemental, das an der Aura des Patienten bleibt. Vielleicht bemerkt dieser keine sofortigen Resultate der Behandlung, aber das Elemental wird an seiner Aura bleiben. Die karmische Schuld kann irgendwann in der Zukunft abgetragen sein. Wenn dies eintritt, wird das Elemental aktiviert und kann die Heilung einleiten. Aus diesem Grunde gilt: Ganz gleich, wie oft ein Patient um eine Behandlung zu euch kommt, verweigert sie niemals. Wir müssen willens und bereit sein, die gleiche Arbeit zu wiederholen, ohne uns darum zu kümmern, ob eine Heilung stattfindet oder nicht. Durch unsere Bereitschaft, einem Menschen zu helfen, stellen wir zusätzliche ätherische Energie zur Verfügung, die das therapeutische Elemental stärkt, das sich in der Aura des Patienten aufhält. Es ist noch nie vorgekommen, daß ein Behandler mit dem echten Wunsch, einem anderen Menschen zu helfen, dies nicht im körperlichen oder psychischen Aspekt erreichte.«

»Skeptiker würden sagen, daß die Heilung nur möglich ist, weil der Patient selbst an den Heiler glaubt, und daß eine Genesung dann die Folge starker Suggestion und Autosuggestion ist. Was erwiderst du auf dieses Argument?« fragte ich.

»In gewissem Maße ist es korrekt. Suggestion und Autosuggestion sind häufig die notwendigen Voraussetzungen, die eine Behandlung ermöglichen können. Schließlich ist unser Gesundheitszustand das Produkt unserer Gedanken und Emotionen. Ich stehe zur Zeit vor großen Schwierigkeiten bei dem Versuch, einem Polizisten zu helfen, der seit 25 Jahren Polio hat. Sein Hang zum Phantasieren führt häufig zu schädlichen Autosuggestionen, die sein körperliches Wohlbefinden unterminieren. Wir sehen uns jede Woche, aber was auch immer ich schaffe, zerstört er wieder mit seiner Gereiztheit. Ich versuche, ihm klarzumachen, daß seine Einstellung all seine ätherische Energie auffrißt und somit eine Heilung verhindert. Er bezweifelt, daß er rasch genesen könnte. Der Zweifel wirkt als eine Art negative Autosuggestion, die seine Gesundung verzögert.

Doch diesen Fall möchte ich jetzt vergleichen mit dem eines ungebildeten Bauern. Dieser gibt an, daß er eines Tages, als er mit dem Traktor fuhr, von etwas Bösem berührt worden sei. Infolge dieser selbstauferlegten negativen Suggestion wurde er gelähmt. Die Ärzte diagnostizierten sein Problem als multiple Sklerose. Unsinn! Immer wenn sie die wahre Ursache nicht finden können, suchen sie sich einen wohlklingenden medizinischen Begriff aus und belassen es dabei. Drei Jahre verbrachte dieser Mann im Rollstuhl. Er war seelisch ein Wrack. Er hatte fünf Kinder zu ernähren, und sein Bruder, der den Traktor übernahm, gab ihm nur sehr wenig Geld. Schließlich lehnte der Bauer sich auf. Eines Nachts, als er schlief, nahm sein Unterbewußtsein Verbindung mit meinem auf. Er sah im Traum mein Gesicht, und eine Stimme drängte ihn, zum ›Magus von Strovolos‹ zu gehen, der ihn heilen würde. Ich erinnere mich, daß es ein Uhr nachts war, als ich ein Klopfen an der Tür hörte. Er war im Rollstuhl gekommen, begleitet von seiner Frau, seinem Bruder und dem ältesten Sohn. Er starrte mich unverwandt an. ›Das ist er!‹ rief er völlig bestürzt. ›Was willst du von mir?‹ fragte ich ihn. ›Hier, mein Bruder, dieser Hundesohn‹, erklärte er mir, ›hat mich drei Jahre lang ausgenützt. Er fährt mit meinem Traktor und gibt mir nur ein paar Brotkrumen. Ich will arbeiten für meine Kinder. Ich möchte wieder wie früher auf den Traktor steigen und arbeiten können. Ich will ihm auch Arbeit geben und nicht auf seine Spenden angewiesen sein. Ich will gesund werden. Ich weiß, daß ich gesund werde. Deshalb bin ich hier.‹ Er war voller Vertrauen und Begeisterung, daß er tatsächlich geheilt würde. Eine solche Gelegenheit darf sich kein Heiler entgehen lassen. Also sagte ich: ›Natürlich wirst du gesund. Kannst du mir auch sagen, wie? Ich weiß es selbst, aber ich möchte, daß du es mir sagst.‹ – ›Komm etwas näher‹, bat er mich. ›Lege die linke Hand auf meine Schulter und die andere darunter, damit ich aufstehen kann, und ich werde aufstehen.‹ Ohne auch nur einen Augenblick Zeit zu verlieren, tat ich genau, was er gesagt hatte. Als ich ihn aufforderte: ›Stehe auf und gehe‹, erhob er sich aus seinem Rollstuhl und ging auf eigenen Füßen. Er ging ein paar Schritte geradewegs auf seinen Bruder zu und schlug ihn mit der Faust aufs Knie. ›Ich gehe jetzt wieder, du Hundesohn‹, rief er dazu. ›Morgen sitze ich wieder auf dem Traktor.‹ Er sah mich an und fragte: ›Was soll ich jetzt tun?‹ – ›Hör zu, mein Freund‹, antwortete ich. ›Heute nacht, bevor du schlafen gehst, möchte ich, daß du dich in die Kirche begibst und eine Kerze anzündest vor dem Bild der heiligen Jungfrau und der Christusikone.‹ – ›Warum ist das nötig?‹ fragte er überrascht. ›Ja. Sie haben dich gesund gemacht‹, erwiderte ich. Mir war es lieber, daß er seinen Glauben auf etwas richtete, was über dem Menschlichen stand, über mir, auf etwas Transzendentes. Das wäre gut für sein Unterbewußtsein. Tatsächlich ist es ja auch so. Am nächsten Tag stieg er auf seinen Traktor. Seit drei Jahren arbeitet er jetzt wieder, und er hatte keine Beschwerden mehr. Wo bleibt da die multiple Sklerose?« schloß Daskalos spöttisch.

»Ist es möglich, auch jemanden zu heilen, der nicht glaubt oder Zweifel hat?« fragte ich.

»Ja, vorausgesetzt, daß sein Unterbewußtes sich nicht dagegen wehrt. Ich ziehe es jedoch vor, daß ein solcher Mensch nichts von meinem Versuch weiß, ihn zu behandeln. Wenn er sich in einem friedlichen und empfänglichen Gemütszustand befindet, kann ich auf die gleiche Weise einen Einfluß auf ihn haben, wie der Heilige Geist seinen Körper beeinflußt beim Heilen einer Wunde. Du wirst noch lernen, daß in der Regel jene, die leiden, dir bei der Behandlung überhaupt keine Hilfe sind. In der großen Mehrzahl der Fälle haben sie Zweifel. ›Wie kann das möglich sein?‹ ist ihre erste Reaktion. Laß ihnen gar keine Zeit, sich diesen Zweifeln hinzugeben. Häufig wirst du die Behandlung durchführen müssen, während sie gar nicht gewahr werden, was du tatsächlich tust.«

Daskalos erwähnte, daß sich ein Patient, wenn er nicht offen oder in empfänglicher Verfassung ist, mit Elementalen umgibt, die die Heilungsenergie davon abhalten, seine Aura zu durchdringen. Er riet seinen Schülern, bei jeder Behandlung darauf zu achten, daß keine Nichtgläubigen oder ablehnenden Menschen anwesend seien, denn diese schaffen mit ihren Gedanken negative Elementale, die der Heilung im Wege stehen können. Wenn andererseits Menschen einer Behandlung beiwohnen, die sie mit ihren Gedanken unterstützen, so können sie Schwingungen erzeugen, die dem Heiler bei der Behandlung eine Hilfe bedeuten können. Wenn der Seelenheiler genügend Kraft hat, ist er unter Umständen in der Lage, negative Elementale zu neutralisieren, die vom Patienten oder von anderen Anwesenden erzeugt worden sind. Doch ist es immer besser, daß der Patient sich in eine empfängliche Gemütshaltung begibt, sei sie herbeigeführt durch entsprechende Worte des Heilers oder durch Autosuggestion auf seiten des Patienten selbst. Ich hatte schon früher von einem Fall erfahren, in dem Daskalos einen Krüppel geheilt hatte, den er zufällig in der Sommerfrische kennengelernt hatte. Daskalos und Theophanis verbrachten einen Tag am Strand. Als sie in der Sonne lagen, bemerkten sie einen Mann im Rollstuhl, der zum Horizont blickte. Sie gingen auf ihn zu und verwickelten ihn in ein längeres Gespräch. Nachdem sie ihn davon überzeugt hatten, daß sie die Kraft besaßen, ihn zu heilen, machten sie sich an Ort und Stelle ans Werk und brachten ihn aus seinem Rollstuhl heraus. Seine Behinderung war verschwunden, so daß er zu Fuß nach Hause ging.

Daskalos erklärte weiter, daß man, um ein erfolgreicher Heiler zu werden, zuerst die verschiedenen Eigenschaften des ätherischen Doppels beherrschen lernen muß. Ohne diese Voraussetzung, behauptete er, kann man nur zu begrenztem Erfolg gelangen. Viele Heiler sind sich dessen, was sie tun, nicht bewußt, und häufig scheinen sie sich während einer Heilbehandlung geradezu hysterisch zu verhalten. Sie tappen eben im dunkeln. Daskalos achtete die Bedeutung des »blinden Glaubens« beim Heilen nicht gering. Aber, sagte er, als Wahrheitsforscher müßten wir wissen, was wir tun.

»Ich möchte euch erzählen, was ich mit einer Engländerin erlebt habe, die in London als Heilerin arbeitet und mich jüngst besuchte. Sie war dabei, als jemand, der unter akuter Arthritis litt, mich um Hilfe aufsuchte. Sie bat, daß ich ihr gestatte, sich dieses Falles anzunehmen. Ich antwortete: ›Gut, nur zu. Das kannst du auch tun.‹ Die Hand des Patienten war geschwollen, und seine Finger schmerzten sehr. Die Engländerin schloß die Augen und begann, ihre eigene Hand hysterisch auf und ab zu bewegen. Vielleicht war das ihre Methode, um Vertrauen und Mut zu gewinnen. ›Geh aus dem Weg, Daskale‹, verlangte sie, ›denn ich will das Böse abschütteln.‹ Sie glaubte, daß sie das Böse von der kranken Hand ›abschütteln‹ werde. Es gelang ihr, den Mann zu heilen. Nachdem er uns verlassen hatte, bat ich sie, mir zu erklären, was sie getan habe. ›Ich habe das Böse beseitigt‹, stellte sie fest. Sie wußte nicht, daß sie in Wirklichkeit, dank der kinetischen Eigenschaft des Äthers, ätherische Energie übertragen hatte. Sie versetzte sich selbst in einen halbhypnotischen Zustand, ohne dessen gewahr zu sein. Vielleicht war der Patient, der sie mit offenem Mund beobachtet hatte, auch halb hypnotisiert. ›Warum hast du deine Hand geschüttelt?‹ fragte ich sie. ›Oh‹, gab sie zur Antwort, ›ich mußte doch das Böse wegschleudern.‹ – ›Aber wohin? Auf den Fußboden, in die Steinplatten?‹ – Sie hatte Erfolg, aber sie wußte nicht, warum.

Als Wahrheitsforscher müssen wir uns all dessen, was wir tun, voll bewußt sein. Das ist eine wesentlich mächtigere und erfolgreichere Behandlungsmethode als solche hysterischen Praktiken, die vielleicht Heilungsphänomene auslösen, aber auch unnötige Verwirrung im Unterbewußten verursachen können. Die meisten Heiler in Europa und anderswo kennen sich nicht aus mit dem Wesen und den Funktionen des ätherischen Doppels. Sie arbeiten buchstäblich in blindem Glauben. Deshalb sind ihre Heilungserfolge oft begrenzt. Um beispielsweise eine gebrochene Wirbelsäule zu heilen, muß man nicht nur die verschiedenen Eigenschaften und Möglichkeiten des Äthers kennen, sondern auch die menschliche Anatomie beherrschen. Erst heute habe ich die Wirbelsäulenbeschwerden einer Patientin behandelt. Zwei Schwestern (Schüler) waren anwesend und halfen mir dabei.«

Offenbar spielte Daskalos auf einen Fall an, der ähnlich jenem war, den ich beobachtet hatte. Die beiden Schwestern, auf die er sich bezogen hatte, waren im Raume und nickten als Bestätigung.

»Die Wirbel dieser Patientin waren verlagert, und sie hatte schlimme Schmerzen in beiden Beinen. In so einem Fall ist das meiste, was ein Glaubensheiler vielleicht erreichen kann, daß die

Schmerzen einige Tage verschwinden. Es wäre sehr schwierig, einen solchen Befund mit blindem Glauben allein zu behandeln. Es wäre unmöglich, die Wirbel zurechtzurücken, solange man nicht klares Wissen darüber besitzt, wie ätherische Vitalität einzusetzen ist und wie die Struktur der Wirbelsäule beschaffen ist.

In diesem Falle konnten wir durch die Prägeeigenschaft des Äthers zwei ätherische Hände erzeugen und sie ins Körperinnere der Patientin plazieren. Durch Beherrschung der Sinneseigenschaft des Äthers konnten wir dann mit den Spitzen unserer ätherischen Finger fühlen, was die Wirbelsäule brauchte, und die Wirbel in Reih und Glied bringen. Jetzt waren also vier Hände am Werk: die materiellen Hände außerhalb des Körpers und die ätherischen Hände im Innern.«

Daskalos hatte schon wiederholt darüber gesprochen, daß die Ätherenergie vier Eigenschaften besitzt, die gleichzeitig aktiv sind: die kinetische, die sinnliche, die prägende und die kreative. Die kinetische Eigenschaft ist jene, die die Fähigkeit zur Bewegung ermöglicht, also zum Beispiel den Fluß des Blutes, den Herzschlag, das Pumpen der Lungen, die Bewegung der Glieder, des Stoffwechsels und so weiter. Die Sinneseigenschaft ist jener Aspekt des Äthers, der die Existenz von Sinneseindrücken ermöglicht, von Gefühlen und Empfindungen. Die prägende Eigenschaft befähigt uns zur Erschaffung noetischer Bilder, das heißt, sie macht sowohl das Denken als auch Phänomene wie Telepathie, Telekinese und Eksomatose möglich. Die kreative Eigenschaft des Äthers erlaubt den Aufbau und die Erhaltung des Körpers.

Ohne die kreative Eigenschaft des Äthers, fuhr Daskalos fort zu erklären, könne keine Behandlung stattfinden. Er wies seine Schüler an, sich vorläufig nicht mit dieser kreativen Eigenschaft des Äthers zu beschäftigen, die, so sagte er, unter die unmittelbare Aufsicht und Kontrolle des Heiligen Geistes falle. Statt dessen empfahl er ihnen, zuerst die prägende, kinetische und sinnliche Eigenschaft der ätherischen Vitalität zu studieren und beherrschen zu lernen.

»Ihr solltet diese Eigenschaften beherrschen lernen, indem ihr euch übt in der Erschaffung lebendiger und mächtiger Bilder, die bei der Behandlung verwendet werden können. In dem Augenblick, da ihr ein solches wohlwollendes Elemental erschafft, wird es automatisch mit den kreativen Eigenschaften des Äthers geladen, die dem Heiligen Geist und dem Christus-Logos unterstehen. Die nächsten fünfzehn Tage bitte ich euch, die folgende Übung zu praktizieren: Schließt die Augen, und seht mit euren ätherischen Augen, wir ihr in der Rechten eine leuchtende Kugel weißen Lichtes haltet, die die Größe eines Tennisballes hat. Jetzt übt ihr die prägende Eigenschaft des Äthers. Fühlt die Kugel in eurer Hand. Sie ist mit Leben erfüllt und vibriert in ihrer Leuchtkraft. Das wird euch helfen, die Sinneseigenschaft des Äthers kennenzulernen. Was ihr dabei geschaffen habt, ist ein Elemental eines Gedankenwunsches, das sich für eine Behandlung auf Entfernung verwenden läßt. Denkt an einen Menschen, der an einer Krankheit leidet, und schickt diese Lichtkugel zu ihm; stellt euch vor, wie sie seinen ganzen Körper einhüllt. Damit übt ihr euch im Umgang mit der kinetischen Eigenschaft des Äthers. Je mehr eure Fähigkeit wächst, euch auf die Erschaffung dieses Elementals zu konzentrieren, desto größer ist dessen therapeutischer Wert. Der Heilige Geist wird diese Lichtkugel automatisch mit schöpferischer Energie erfüllen.«

Daskalos erklärte im folgenden, daß es entscheidend sei, die Sinneseigenschaft des Äthers zu beherrschen, um das Problem eines Patienten auch aus der Entfernung feststellen zu können. So ist es möglich, wenn man ein Foto des Kranken in der Hand hält, mit dessen Magnetismus in Verbindung zu treten und die Schwingungen zu »spüren«, die er aussendet. Eine Diagnose des Problems kann darauf folgen.

Daskalos beendete seinen Vortrag. Die Kassettenrecorder wurden abgestellt, und die Zuhörer machten Anstalten, nach Hause zu gehen. Ich hatte noch eine letzte Frage, und die Recorder wurden wieder eingeschaltet. Mit ging es um die Rolle, die Farben bei einer Behandlung spielen. Daskalos hatte schon wiederholt erwähnt, daß eine Behandlung aus der Ferne möglich sei, indem man Elementale verschiedener Farben erzeugt, die man den Patienten schicken kann. Ich nahm an, daß es für jede Krankheit eine spezifische Farbe gebe, die der Heiler durch seine Gedanken aussenden könne.

»Besitzen Farben«, fragte ich also, »an sich schon therapeutische Eigenschaften, oder bringen sie therapeutische Wirkungen hervor, weil der Heiler sie mit Heilungskraft auflädt?«

»Zunächst sei einmal gesagt, daß es Farben nicht gibt«, erwiderte Daskalos bestimmt. »Es gibt nur Ätherschwingungen, die uns den Eindruck von Farben vermitteln. Farbe ist auch Ton, Licht, Bewegung und eine Reihe weiterer Dinge.

Wenn ich zum Beispiel sage: Diese Farbe ist Rot, so bedeutet das einfach, daß meine Augen einen Reiz dieser Frequenz von Schwingungen aufnehmen, der einen Teil meines Gehirns anspricht. Die derzeitige selbstbewußte Persönlichkeit interpretiert dann diesen Reiz als rote Farbe. Und alles, was in unserer Umgebung die gleiche Schwingungsfrequenz aussendet, wird uns genau den gleichen Eindruck roter Farbe vermitteln. Alles, was existiert, ist das Resultat von Schwingungsfrequenzen, einschließlich der Zusammensetzung der Materie.

Wir haben festgestellt, daß bestimmte Schwingungsfrequenzen und darauf ansprechende Gehirnzentren gewisse Resultate erzeugen, sagen wir, Ruhe und Gelassenheit. Wir schließen daraus, daß diese bestimmte Farbe solche Eigenschaften hat. Wir haben beispielsweise beobachtet, daß es einen Zusammenhang gibt zwischen dem Empfinden altruistischer Liebe und der Schwingung, die uns den Eindruck weißlichrosa Lichtes vermittelt. Wenn du mich aber fragst, warum die Schwingungsfrequenz, die uns als weißlich-rosafarbenes Licht erscheint, mich beunruhigt, dann kann ich das nicht beantworten. Ich glaube nicht, daß sonst jemand eine solche Frage beantworten kann. Aber ich muß noch etwas hinzufügen: Eine Farbe, die den einen beruhigt, kann auf einen anderen Menschen die gegenteilige Wirkung haben. Aber trotzdem können wir sagen, daß allgemein eine weißlichrosa Farbe einen beruhigenden Effekt auf die meisten Menschen haben kann. Wenn du aber einen ganzen Raum in dieser Farbe streichst oder tapezierst und einen sehr nervösen Menschen hineinsetzt, dann wird er noch unruhiger werden. Ich erinnere mich an einen Fall, da hat ein Paar sich fast scheiden lassen, weil die Frau das Schlafzimmer in einer solchen Farbe gestrichen hatte. Warum regte die Farbe ihren Mann so auf? Ich nahm wahr, daß er früher ein Mädchen geliebt hatte, das ihm eine duftende Rose zu schenken pflegte. Später zerbrach jene Beziehung. Aber die rosa Farbe erinnerte ihn unterbewußt noch immer an das Leid, das er durch die Trennung damals erlebt hatte.

Um deine Frage zu beantworten, würde ich also sagen, daß es in Wirklichkeit nicht nur die Schwingungen sind, die eine bestimmte Wirkung nach sich ziehen, sondern es auch darauf ankommt, wie wir die Dinge wahrnehmen. Im allgemeinen aber, das können wir sagen, haben bestimmte Farben auf die Mehrzahl der Menschen eine gewisse, entsprechende Wirkung. In Situationen, in denen du nicht sicher weißt, welche Farbe du ausstrahlen solltest, schickst du dem Patienten am besten eine Kugel weißen Lichtes. Diese Lichtkugel kann Teile seines Körpers oder den ganzen Leib umgeben. Wenn wir es mit einer bestimmten Krankheit zu tun haben und die geeignete Farbe kennen, dann sollten wir diese gezielt einsetzen. So könnten wir beispielsweise in Fällen von Anämie in Gedanken weißlichrosa oder orange Licht aussenden. Niemals aber sendet Rot aus. Rot wird Nervosität, Verwirrung und Verzweiflung bewirken. Wir sollten Rot auch niemandem schicken, der einen hohen Blutdruck hat. Ein dunkles Rot ist nur in gewissen Fällen und in kleinen Dosierungen zulässig. Im Falle von Krebskrankheit werden wir eine Kugel strahlend violetten Lichtes aussenden und sie ins Zentrum des Tumors schicken. Dort lassen wir sie, bis sie die Geschwulst zerstört hat. Dann müssen wir unser Farbelemental entfernen und auflösen. Als Faustregel für alle Fälle könnten wir sagen, daß ihr wissen solltet, daß Weiß die sicherste Farbe bei jeder Behandlung ist. Wir werden nie jemandem Schaden zufügen, wenn wir ihm eine strahlende Kugel weißen Lichtes zusenden.«

Daskalos schloß seine Ausführungen mit der Aufforderung an seine Schüler, ihre Meditationsübungen zu praktizieren und systematisch jeden Abend einige Minuten der Selbstanalyse zu widmen. »Ihr müßt jede Spur von Egoismus in eurer Persönlichkeit ausmerzen.« Das war eine Ermahnung, die Daskalos mit ausgesprochener Beharrlichkeit zu wiederholen pflegte.

Ich vereinbarte mit Daskalos, ihn am folgenden Tage aufzusuchen, um das Gespräch über das Heilen fortzusetzen. Ich hatte noch eine lange Reihe weiterer Fragen zu diesem Thema, besonders in bezug auf den Fall von Mrs. Katina. Daskalos sagte mir diesen »Privatunterricht« immer bereitwillig zu.

13

Materialisation und Dematerialisation

Als ich Daskalos besuchte, war es neun Uhr am Morgen. Er goß gerade seine Pflanzen. Daskalos hatte vermutlich die vielfältigste und exotischste Kakteensammlung auf der ganzen Insel, und er liebte sie sehr. »Dieser Kaktus«, teilte er mir stolz mit, »kommt vom Amazonas, er ist das Geschenk von einem befreundeten Anthropologen. Dieser dort ist aus Arizona, jener aus Afrika...« Ich folgte ihm und seinem Vortrag über die vielen verschiedenen Arten und Eigenschaften der Kakteen. »Dieser Kaktus«, sagte er und deutete auf ein großes, rundes, bedrohlich aussehendes Geschöpf, »könnte dir weh tun, wenn du ihn berührst – es sei denn, du zeigst ihm deine Zuneigung.« Daskalos beschrieb dann fröhlich, wie er diese Pflanze einmal in ein Blumengeschäft mitnahm, um einen speziellen Nährstoff für sie zu finden. Der Inhaber warnte ihn, er dürfe diesen Kaktus nie berühren, weil er lebendig sei; in dem Augenblick, in dem man ihn berühre, durchbohren seine Stacheln die Haut. Daskalos ergriff vor den Augen des entsetzten Floristen mit bloßer Hand den Kaktus und hielt ihn einige Minuten lang. Mit sanfter Stimme bat er die Pflanze dann: »Laß mich jetzt los, mein Lieber«, und der Kaktus öffnete sich und gab Daskalos' Hand unverletzt frei. Nachdem die Pflanzen gewässert waren, setzten wir uns, und ich begann, meine Fragen über die Wunderheilung zu stellen, deren Zeuge ich vor einigen Tagen geworden war.

»Du mußt verstehen«, antwortete er, »daß es an diesem Fall nichts Wunderbares gab. Wenn du das ein Wunder nennst, dann sollte man alles Leben als ein Wunder betrachten. Ich habe lediglich gelernt, einige Naturkräfte zu beherrschen, die ich für die Heilung nutzbar machte. Ich bin das Kabel geworden, durch das die Überintelligenz, der Heilige Geist, wirkt.« Dann erwähnte Daskalos, daß der Fall, den ich beobachtet hatte, beispielsweise Materialisation und Dematerialisation erforderte. »Materialisation bedeutet, die Substanz, aus der Materie gebildet wird, sich nutzbar zu machen und zu verfestigen. Was ist das für eine Substanz? Die Wissenschaftler nennen sie Energie, wir nennen sie Vitalität, die Hindus sprechen von Prana. Dematerialisation hingegen bedeutet die Umwandlung von fester Materie in Energie oder Vitalität. Sie ist also die Freisetzung von gebundener, verfestigter Vitalität. Wissenschaftler können inzwischen Materie in Energie verwandeln. Wir Mystiker haben unsere eigenen Methoden. Wir erreichen solche Dinge durch bloße Willenskraft. Materialisation und Dematerialisation erlebte man zu allen Zeiten und an allen Ecken und Enden der Erde. Über die Jahrhunderte hinweg waren Mystiker imstande, Gegenstände zu materialisieren und zu dematerialisieren. Wir stoßen auf solche Fälle in der Bibel, im Alten Testament, in den heiligen Schriften Asiens, Amerikas, der Azteken ... Das heißt, daß diese Phänomene nicht die Folge von Betrug oder Aberglauben sind. Sie sind Teil der Wirklichkeit. Die meisten Wunder Jesu Christi waren Fälle von Materialisation und Dematerialisation. Ein solcher Fall war, daß er Energie aus dem Universum gebunden und zu Fisch und Brot verfestigt hat, um die Menge zu speisen.«

»Wenn du sagst, Jesus habe Energie aus dem Universum verfestigt, beziehst du dich dann auf das dreidimensionale Universum?«

»Nein. Ich meine alle Universen. Wir dürfen die Energie nicht auf die unsichtbare Materie oder Substanz der dreidimensionalen Welt beschränken. Denn selbst unsichtbare Materie gehört zu der dreidimensionalen Welt. Wir haben auch das vierdimensionale, fünfdimensionale, sechsdimensionale und siebendimensionale Universum; der Mystiker wirkt mit seinem Überbewußtsein von diesen höheren Dimensionen aus. Deshalb muß man, um Materialisation und Dematerialisation zu beherrschen, sein eigenes Überbewußtsein entwickeln und meistern lernen. Um die grobstoffliche Materie zu beeinflussen, mußt du von einer höheren Dimension aus tätig werden.«

»Willst du damit sagen, daß man, um diese Vitalität zu binden und in feste Materie zu verwandeln, von der vierdimensionalen oder psychischen Welt aus arbeiten muß?«

»Nicht ganz. Vitalität existiert in allen Dimensionen der Wirklichkeit. Du kannst sie von überall her bekommen und dann in grobstoffliche Materie verwandeln.«

»Wie?«

»Du mußt anfangen, von den höchsten Dimensionen aus zu arbeiten, und durch die tieferen Ebenen hinabsteigen, bis du die grobstoffliche Ebene erreichst. Du mußt also in der höheren noetischen Welt beginnen, in der Welt der Urbilder, Gesetze, Ursachen, in der Welt der Noumena*. Von dort aus gehst du daran, die Schwingungen zu vermindern. Du begibst dich durch die niedere noetische Welt, die Welt der Bilder und Gestalten. Dann erreichst du die psychische Ebene und noch weiter unten dann das Reich der festen Materie.«

Daskalos erwähnte, daß er selbst seine Fähigkeiten aus früheren Inkarnationen mitgebracht habe. Er hat sie nicht im derzeitigen Leben erworben. Doch der erste Schritt zur Beherrschung solcher Fähigkeiten setzt voraus, daß man lernt, sich zu konzentrieren und seinen Egoismus zu überwinden.

»Man muß seine derzeitige Persönlichkeit, die sich egoistisch zeigt, in den Hintergrund stellen und das wahre Selbst im Innern finden. Man muß auch Herr seines materiellen Körpers und dessen ätherischen Doppels werden. Man muß lernen, wie man am ätherischen Doppel arbeiten kann, welches der unsichtbare Teil von uns ist. Der Wahrheitsforscher muß die verschiedenen Eigenschaften des Äthers oder der Vitalität beherrschen, das heißt die kinetische, die sinnliche, die prägende und die kreative Eigenschaft, wobei die letztere am schwierigsten ist. So mußt du beispielsweise lernen, wie man durch die prägende Eigenschaft des ätherischen Doppels noetische Bilder erschafft. Das schließt auch ein, wie man die formlose Vitalität oder Geistsubstanz, die überall in den Universen ist, in Gedankenformen verwandelt. Solange du nicht Herr des Gedankens bist, kannst du nichts erreichen. Das bedeutet, daß du die Kraft der Konzentration beherrschen mußt. Wenn du einen Gegenstand materialisieren willst, mußt du ihn zuerst in deinem Denken konstruieren und durch absolut ruhige, intensive Konzentration mit ätherischer Vitalität aufladen. Bei der geringsten Unsicherheit oder Ablenkung, beim geringsten Nachlassen der Konzentration löst die Materialisation sich auf und verschwindet. Du mußt wissen, daß der Schlüssel zur Meisterschaft über die Materie in der Konzentration liegt.«

»Sie ist die wichtigste Eigenschaft unseres Geistes«, bemerkte ich. »Ohne Konzentration kann man nichts in diesem Leben erreichen.«

»Gut. Das gilt in noch größerem Maße in anderen Dimensionen der Existenz, und sie ist Grundvoraussetzung, wenn du ein Seelenbehandler, ein Psychotherapeut, werden willst.«

Im weiteren sprach Daskalos über die Unterschiede zwischen Hellsehen, Eksomatose und »Ausbreitung« als verschiedenen Fähigkeiten des Mystikers, die beim Heilen eine Rolle spielen. Ich hatte die Gelegenheit, schon zu einem früheren Zeitpunkt mit ihm über das Thema Hellsehen und Eksomatose zu sprechen, aber nicht über jene »Expansion*«. So bat ich ihn um Aufklärung in diesem Punkte.

»Hellsehen bedeutet, Schwingungen von irgendwoher zu empfangen, die dann in ›Seh-Eindrücke‹ übertragen werden. Man kann beispielsweise ganz deutlich ein Geschehnis wahrnehmen, das in London stattfindet. Man nimmt es ähnlich wahr wie eine Fernsehsendung aus London. Hellsehen bedeutet, sich einzustimmen auf Schwingungen noetischen oder astralen Lichtes, was die Wahrnehmung von Szenen entfernter Orte möglich macht.

Ein fortgeschrittenerer Mystiker hat andere Mittel, an Informationen zu gelangen. Er kann sich im Raum ausdehnen. All dies geschieht in seinem Bewußtsein. Was immer er empfängt und wahrnimmt, ist aus ihm selbst. Das nennen wir Ausbreitung oder Expansion.«

»Wie unterscheidet sich die Expansion von der Eksomatose?« wollte ich wissen.

»Die Ausbreitung ist eine Form von Eksomatose, aber sie besitzt eine andere Qualität. Bei der gewöhnlichen Eksomatose transportiert ein Meister sein Bewußtsein an den Ort, wo er arbeiten oder Erfahrungen erlangen möchte. Bei der Expansion jedoch breitet er sein Bewußtsein aus und holt alles in sich selbst herein. Auch wenn er dabei eine Entfernung überspannt, ist diese Entfernung doch in ihm. Wir könnten es, wenn wir keinen besseren Begriff wüßten, auch Eksomatose nennen, aber ich bevorzuge das Wort Expansion. In einem solchen Bewußtseinszustand kann der Mystiker gleichzeitig Schwingungen von mehreren Orten empfangen, sie alle erleben, sie alle fühlen, ohne Verwirrung. Das ist eine Form des Überbewußtseins.

Hellsehen, Eksomatose und Expansion«, erklärte Daskalos weiter, »sind verschiedene Fähigkeiten und Stufen in der Entwicklung des Mystikers. Manche Mystiker können alle drei Arten des psychischen Erfahrens einsetzen, andere die erste oder die zweite. Die schwierigste und höchste der drei Stufen ist die Expansion. Belebte oder unbelebte Materie zu beeinflussen setzt die Entfaltung und Meisterung der dritten Stufe der psychischen Fähigkeiten voraus.«

Vor vielen Jahren hatte Daskalos durch Expansion versucht, experimentell Metalle zu verwandeln. Ich nahm an, daß dies eine Art von Alchemie war, aber Daskalos verneinte es.

»Ich wollte den zwanzigkarätigen Ehering meiner Frau in Silber verwandeln. Ich legte den Ring auf den Tisch und daneben ein Stück Silber, genauer gesagt, eine Zwei-Schilling-Münze. Dann verließ ich meinen Körper und unterbrach die Verbindung zwischen meinem psychonoetischen und dem materiellen Körper.«

»Warum war es notwendig, dies zu tun?«
»Weil die durch meine Willenskraft erzeugten Schwingungen so intensiv waren, daß mein Körper dabei hätte verbrennen können. Deshalb mußte ich vorübergehend die Kommunikation zwischen dem materiellen Körper und dem psychonoetischen abbrechen. Außerdem mußte ich meinen psychischen Körper aufgeben und nur mit dem noetischen arbeiten. Ich brauchte nicht weiter hinaufzusteigen, ich befand mich immer noch in der Welt der Formen und Bilder. Durch meinen noetischen Körper pflanzte ich mein Bewußtsein in den Ring ein und beobachtete das Verhalten seiner Atome. Das ist eine Art der Bewußtseinsexpansion, eine weitere Fähigkeit des Mystikers. Er kann aus seinem Körper aussteigen, sich auf dem Blütenblatt einer Blume niederlassen und es als eine Wiese wahrnehmen, als eine lange Straße oder die Startbahn eines Flughafens. Er kann kleiner werden als ein Atom und dessen Verhalten studieren, und doch bleibt er dabei immer er selbst, ganz und vollständig. Auf ähnliche Weise kann er sich über eine Stadt ausdehnen und alles wissen und erfahren, erleben, was in ihr geschieht. Er kann sich sogar durch das ganze Sonnensystem ausbreiten und noch weiter hinaus und verliert dabei doch nichts von sich selbst. Er wird dadurch nicht größer oder kleiner. Also gibt es keine Angst, sich zu verlieren, größer oder kleiner zu werden. Durch Konzentration auf ein Sandkorn geschieht nichts anderes als durch Wahrnehmen oder Ausbreiten über einen Planeten. Verstehst du jetzt, was es bedeutet, wenn sie in der Kirche singen ›in Seinen Universen‹? Der pan-universale Logos ist vollkommen und vollständig in seinem absoluten Überbewußtsein sowohl in einem Sandkorn als auch in einer Milchstraße.
Als ich mich ins Innere des Ringes begab, beobachtete ich also das Verhalten der Atome. Ich sah den Kern des Atoms viel deutlicher, als es mir je ein wissenschaftliches Gerät hätte zeigen können. Ich nahm alles wahr, die Geschwindigkeit der Elektronen, ihre Anzahl in jedem Gold-Atom und ihre Abstände voneinander. Dann kam ich aus dem Goldring heraus und stieg in

die Silbermünze. Ich stellte die gleichen Beobachtungen an und merkte mir den Unterschied zwischen der atomaren Struktur von Gold und Silber. Durch Verwandeln eines einzigen Atoms wurde eine Kettenreaktion ausgelöst, und am Ende verwandelten sich alle Atome in die gleiche Richtung. Dann ging ich wieder zurück in die Silbermünze und verwandelte ein Silberatom in Gold. Glaube mir, durch Phantasie kannst du so etwas nicht erreichen. Das geschieht durch Beobachtung und die Macht des schöpferischen Denkens.

Als ich aus dem Ring schlüpfte und in meinen Körper zurückstieg, waren der goldene Ring immer noch aus Gold und die Silbermünze immer noch aus Silber. Mehrere meiner Schüler waren Zeugen dieses Experiments. Sie wiesen mich darauf hin, daß nichts passiert sei. ›Nein‹, erwiderte ich, ›der Goldring verwandelt sich jetzt in Silber. Wartet noch ein wenig.‹ Sie nahmen den Ring in die Hand. Er war immer noch golden. Nach einigen Sekunden forderte ich sie auf, den Ring fallen zu lassen und sich auf den Klang beim Aufschlag zu konzentrieren. Sie folgten meinen Anweisungen, und nach mehreren Wiederholungen konnten sie einen merklichen Unterschied im Klang des Ringes feststellen. Der goldene Ring wurde in ihren Händen allmählich zu Silber, und die Silbermünze verwandelte sich in Gold. Am Tag darauf verwandelte ich beide Gegenstände zurück in ihren ursprünglichen Zustand. Du siehst also, daß die Verwandlung von Gold in Silber oder umgekehrt ein vorübergehender Zustand ist. Am Ende verwandeln sich die Metalle in ihren ursprünglichen Zustand zurück.«

»Warum tun sie das?«

»Ich weiß es nicht. Stellen wir uns vor, ich hätte den Ring in seinem silbernen Zustand erhalten. Nach ein, zwei Jahren wäre er wieder zu Gold geworden. Das wäre so geschehen, weil er den Gesetzen des materiellen Universums folgt.«

»Aber du sagtest doch vorhin, daß du innerhalb der Gesetze des Universums arbeitest?«

»Genau. In diesem Falle bedeutet das Gesetz, daß, wenn man Silber in Gold oder Gold in Silber verwandelt, am Ende die Metalle sich wieder in ihren ursprünglichen Zustand begeben. Warum das so ist? Ich habe keine Ahnung.«

Dann erzählte Daskalos noch humorvoll, daß ein Bekannter von ihm, der von jenem Experiment erfahren hatte, bald darauf an seine Tür klopfte: Er hatte mehrere Barren Blei bei sich. Er wollte, daß Daskalos sie in Gold verwandelte. Daskalos wurde zornig und schickte ihn fort.

»Bei einer anderen Gelegenheit«, fuhr Daskalos fort, »wollte ich mit belebter Materie experimentieren und sie in unbelebte Substanz verwandeln. Wenn das erreicht ist, kann die belebte Materie nicht mehr in ihre ursprüngliche Form zurückgelangen. Wenn beispielsweise eine Pflanze in ein Stück Messing verwandelt wird, kann man sie nie wieder zum Leben erwecken. Sie wird immer Messing bleiben. Ich nahm ein kleines Zweigchen vom Ölbaum und ein Stückchen vom Rosenbusch. Ich legte neben sie ein Stück Messing, eine Piastermünze. Dann ging ich genauso vor wie bei dem schon geschilderten Experiment. Als ich erwachte, war der Olivenzweig noch immer ein solcher, und das Stückchen Rosenbusch war immer noch ein Stück vom Rosenbusch. Aber innerhalb weniger Minuten verwandelten sie sich in Messing. Ich hatte belebte in unbelebte Materie verwandelt. In Wirklichkeit gibt es natürlich so etwas wie unbelebte Materie nicht. Genaugenommen, ist alle Materie belebt. Alles, was existiert und Schwingungen hat, ist belebt.

Einige Tage danach besuchte mich ein Schüler; er unterrichtete Physik am Gymnasium. Meine Frau, die die Gewohnheit hatte, zuviel zu reden, hatte ihm gegenüber erwähnt, was geschehen war, und zeigte ihm die Zweiglein, die in Messing verwandelt waren. Er verlor keine weitere Zeit. Er buchte einen Flug nach Athen, um dort bei einem Professor für Chemie an der Universität vorzusprechen. Die Blätter aus Messing nahm er mit. Er erklärte dem Professor, was er gesehen und gehört hatte. Der Chemiker antwortete: ›Dein Meister ist ein guter Hypnotiseur und Taschenspieler und hat dich dazu gebracht zu sehen, was du sehen solltest.‹ Der Professor dachte, daß er einen Beweis in Händen hätte, mit dem er einen Betrüger entlarven könnte. Er beschloß, die Blätter zu untersuchen, und hatte dabei folgenden Gedanken: Falls die Untersuchungen ergaben, daß Chlorophyll in Messing verwandelt worden war, dann würde das bedeuten, daß die Blätter echt waren. Andernfalls wären sie nichts weiter als eine gute Handwerkerarbeit. Er war schockiert, herauszufinden, daß die Blätter tatsächlich echt waren. Er eilte nach Zypern, um mich aufzusuchen. ›Mein Herr‹, sprach er, ›im Namen der Wissenschaft verlange ich eine Erklärung.‹ – ›Und ich, mein Herr‹, erwiderte ich, ›zeige Ihnen hiermit die Türe und bitte Sie, mich zu verlassen.‹«

»Warum hast du das getan, Daskalos?« protestierte ich.

»›Sie sind blind in Ihrem Geiste‹, sagte ich zu ihm. ›Trotz Ihres Stolzes und Rufes können Sie nicht die Bedeutung dieses Phänomens für das Göttliche erkennen.‹«

»Du hättest ihn mit deinen Argumenten überzeugen können«, warf ich ein.

»Er hätte sich andere Erklärungen und Idiotien zurechtgezimmert. ›Was hat Gott damit zu tun?‹ fragte er. ›Wenn Sie nicht verstehen können, was Leben ist‹, antwortete ich, ›dann kann ich Ihnen nicht erklären, was geschehen ist.‹ Ich hätte ihm eine Erklärung bieten können, die er aber vermutlich mißverstanden oder aber als Unsinn abgelehnt hätte. Ich hatte einfach etwas gegen seine Arroganz und Selbstherrlichkeit.«

»Hast du nicht vor einiger Zeit gesagt, du würdest solche Dinge lieber mit rationalen und wohlwollenden Atheisten besprechen als mit religiösen Fanatikern?«

»Mit wohlwollenden Atheisten – ja. Aber er war keiner von ihnen. Er war ein fanatischer Atheist, fast ein religiöser Eiferer. Er war nicht in der Lage zu verstehen. Ich hätte ihn nicht von der Existenz Gottes überzeugen können, selbst wenn ich Gott vor ihm auf den Tisch gesetzt hätte. ›Erzähle mir doch nichts von Gott‹, sagte er. ›Was bedeutet schon Gott? Das sind Mysterien über die Eigenschaften der Materie, die unsere Wissenschaft eines Tages aufklären wird. Alles andere ist Zufall. Das ist, wie wenn ein Glas von allein zerbricht und wir nicht erklären können, warum.‹

Da er unfähig war zu verstehen, konnte er nicht erkennen, daß Gesetze der Natur am Wirken waren. Er war blind. Er hätte selbst zu der Erkenntnis gelangen sollen, daß Gott Realität ist, nachdem er sich mit dem Phänomen beschäftigt hatte. Wäre er ein Mensch gewesen, der zu mir kam, nicht mit Demut mir gegenüber, aber mit Demut angesichts des Phänomens, das er erlebt hatte, hätte ich ihm helfen können zu verstehen. Ich konnte von ihm nicht verlangen, einen Christus zu akzeptieren, der in einem Stall zwischen Ochse und Esel geboren wurde, oder eine abergläubische Form von Religion zu unterstützen. Ich erwartete auch nicht von ihm, daß er an einen Gott in Menschengestalt glaubte, der oben auf den Wolken thront. Aber aufgrund dessen, was ich sah, ging ich nicht davon aus, daß er sich der Möglichkeit einer absoluten Intelligenz öffnen könnte, die hinter der Welt der Phänomene steht. Deshalb mußte ich ihn fortschicken. Man kann Menschen nicht durch Phänomene von der Realität des Absoluten überzeugen. Ein Mystiker sollte es vermeiden, seine Kräfte zu demonstrieren. Zauberer können mit Hilfe von Tricks nachahmen, was ein Meister tut. Aber kein Zauberer kann eine Wunde heilen, einen Tumor entfernen oder eine gebrochene Wirbelsäule kurieren. Es hat keinen Sinn, auf einen Menschen zuzugehen, der nicht eine gewisse Stufe erreicht hat in seiner geistigen Entwicklung, solange er also nicht selbst das Bedürfnis empfindet, die Wahrheit kennenzulernen. Wenn Menschen diesen Bewußtseinszustand erreichen, werden sie von sich aus zu dir kommen. Man hetzt nicht die Leute herum und zwingt sie, ein Glas Wasser zu trinken. Wenn sie durstig sind, werden sie von selbst darum bitten. Deshalb besteht keine Notwendigkeit, Leuten, die keine andere Motivation besitzen als bloße Neugier, solche Phänomene zu erklären. Jene, die nur neugierig sind, schicke ich wieder fort, Wer ein echtes Verlangen nach Wissen hat, den nehme ich an der Hand und führe ihn in die

Mysterien ein, je nach seinen Fähigkeiten und seiner Ebene des Verstehens.«

Nach einer halbstündigen Pause, in der Daskalos jemanden am Telefon beraten mußte, nahmen wir unser Gespräch wieder auf. Ich fragte Daskalos, ob der Fall von Mrs. Katina auch eine Form von Materialisation und Dematerialisation erforderlich gemacht habe.

»Das war der Fall – und noch mehr«, erwiderte er.

Daskalos gebrauchte hier seine ätherischen Hände, um kleine Knochenwucherungen (Exostosen) zu dematerialisieren, die sich um die Wirbel gebildet hatten und starke Schmerzen verursachten.

»Durch die Bildung der ätherischen Hände konnte ich diese kleinen Verknöcherungen fühlen und dann dematerialisieren. Ich mußte aber auch neue Knochensubstanz erschaffen, weil – du hast es vielleicht auf der Röntgenaufnahme gesehen – ihre Wirbelsäule an verschiedenen Stellen schon recht porös geworden war. Die Knochen waren am Zerfallen. Durch Materialisation schuf ich feste Knochensubstanz, eine Art belebter Materie.«

»Bevor du diese Art von Materialisation durchführtest – hattest du eine genaue Vorstellung von dem, was du erschaffen mußtest?« fragte ich ihn.

»Aber gewiß. Ich mußte also zunächst – durch ihre Haut – sehen, worin ihr Problem bestand. Wie, wirst du jetzt fragen, habe ich das gesehen? Mit meinen Augen? Nein. Wenn ich wollte, könnte ich auch mit geschlossenen Augen in ihren Körper Einblick nehmen. Ich kann mich ausdehnen, ins Innere des Patienten begeben und alles in ihm von allen Seiten zugleich betrachten. Ich kann beispielsweise die Augen schließen, meine Hände an die Seiten des Patienten legen und den Zustand der Nieren untersuchen. Sind dann die Moleküle meiner Hände Augen, mit denen ich sehen kann? Nein. Aber ich kann trotzdem durch sie sehen, jeden Punkt, auf den ich mich konzentriere, sei es im Körper des Patienten oder irgendeines anderen Menschen.«

»Dann kann also jedes Molekül deines Körpers zum Auge werden?« folgerte ich.

»Genau. Aber damit nicht genug. Ich kann meine Augen konzentrieren und in dich eintreten. Ich kann mich ausdehnen und dich in mich aufnehmen. Ich kann mich über diesen Raum ausbreiten, und alles, was sich in ihm befindet, wird dann in meinem Inneren sein, und ich kann es in mir von allen Seiten betrachten.

Menschen kommen zu mir und erzählen mir ihre Probleme. Sie sitzen auf einem Stuhl vor mir, sie reden, und ich höre zu. Dabei breite ich mich aus. Ich nehme sie in mich auf, und so kann ich alles fühlen und beobachten, was ich in ihrem Körper untersuchen möchte, und so herausfinden, worin ihre Probleme bestehen. Das ist genau die Methode, nach der ich deinen Freund geheilt habe, der einen Unfall hatte.«

Stelios, ein guter Freund von mir, hatte einen Autounfall, der ihn fast das Leben kostete. Als ich ihn mit Daskalos aufsuchte, war er schon aus dem Krankenhaus entlassen und erholte sich zu Hause. Er klagte über ständige Schmerzen rechts unterhalb des Nabels. Während Stelios Daskalos seine Beschwerden schilderte, schien dieser ihn zu fixieren. Dann erklärte er, die Schmerzen kämen von einer gequetschten Drüse, die entfernt werden müßte, bevor sie sich krebsartig veränderte. Darauf erhob sich Daskalos abrupt und forderte mich auf, ihm in den benachbarten Raum zu folgen. »Da du gerne Phänomene erleben möchtest«, meinte er schelmisch, »will ich dir jetzt eines zeigen.« Er öffnete seinen Gürtel, zog sein Hemd hoch und schob die Hose auf der rechten Seite etwas nach unten. Dann forderte er mich auf, die Stelle an seinem Körper zu berühren, an der Stelios Schmerzen hatte. Ich spürte eine stark geschwollene Drüse, rechts unterhalb von Daskalos' Nabel. Das sei Stelios' Drüse, erklärte er, die er aus dem Körper meines Freundes dematerialisiert und in seinen eigenen übertragen habe. »Stelios ist jetzt von seinem Problem befreit«, stellte er fest. »Seine verkrebste Drüse ist jetzt meine. Ich werde sie allmählich nach meiner Art loswerden.«

Natürlich konnte ich auf keine Weise feststellen, ob es tatsächlich die Drüse meines Freundes war, die sich nun in Daskalos' Leib befand! Im Gegensatz zum Fall von Mrs. Katina, dessen empirische Dokumentation ich besaß, gab es hier keine Möglichkeit, zu untersuchen und sicherzustellen, ob Daskalos' Diagnose von Stelios' Problem korrekt war und ob tatsächlich eine Heilung stattgefunden hatte. Daskalos jedoch machte sich nicht im geringsten Gedanken oder gar Sorgen darüber, ob ich überzeugt war oder nicht. Ich gebe zu, daß mir Gedanken durch den Kopf gingen, die mir sagten, daß die geschwollene Drüse schon vorher in Daskalos' Körper gewesen sein könnte und alles reiner Zufall war. Aber eines steht fest: Mein Freund hatte nach unserem Besuch keine Beschwerden mehr. Darüber hinaus hatte ich nicht den geringsten Verdacht, daß Daskalos versuchte, mich mit scheinbaren Phänomenen zum Narren zu halten oder zu täuschen, um mich zu beeindrucken. Ich hatte ihn bei zu vielen Heilungen beobachtet, um noch übermäßig mißtrauisch zu sein, wie ich es zu Beginn unserer Bekanntschaft gewesen war. In der Zwischenzeit hatte ich großen Respekt und tiefe Bewunderung gegenüber Daskalos' Heilungskraft entwickelt.

In bezug auf den Fall meines Freundes Stelios fuhr Daskalos fort: »Ich habe die krebsartig veränderte Drüse während unseres Gesprächs bemerkt. Während ich zu dir sprach, war ein Teil meines Bewußtseins auf dich konzentriert. Zur gleichen Zeit aber befand sich ein anderer Teil meines Bewußtseins in seinem Körper und betrachtete und untersuchte alles. Wie viele Menschen wissen schon, was im Innern ihres eigenen Körpers stattfindet? Durch die Expansion kann ich nicht nur im Innern meines Körpers, sondern auch in deinem Körper, in jedermanns Körper sein. Als ich die Drüse entdeckte, mußte ich sie in seinem Körper dematerialisieren und dann in meinen übertragen, um sie hier im Laufe der Zeit schrittweise aufzulösen.«

»Warum war es nötig, sie in deinen Körper aufzunehmen?« wunderte ich mich.

»Hätte ich sie im gleichen Augenblick dematerialisiert, in dem ich sie entdeckte, hätte ich sie nicht vollständig auflösen können.

Höchstwahrscheinlich wäre sie zu einem späteren Zeitpunkt wieder aufgetaucht. Ich mußte sie in mich aufnehmen, wo ich sie in aller Stille allmählich dematerialisieren konnte. Viele Heiler kennen nicht die richtige Methode, um krebsartige Geschwulste zu dematerialisieren. Vielleicht bewirken sie eine Heilung, aber im Laufe der Zeit kommt das Problem wieder zum Vorschein. Man muß die richtige Methode lernen. Das versuchen wir den künftigen Seelenbehandlern beizubringen. Wie ich schon gesagt habe, ist die schwierigste, aber auch erfolgreichste Heilmethode jene durch Expansion, indem ich nämlich den ganzen Körper des Patienten in mein Bewußtsein aufnehme und von innen heraus bearbeite. Die andere Methode bedeutet, eine ätherische Hand zu projizieren, sie ins Innere des Patientenkörpers zu senden und dann die Dematerialisation vorzunehmen. Das ist aber nicht die sicherste und wirkungsvollste Methode. Ich ziehe es vor, die Expansion zu praktizieren und von allen Seiten zugleich zu arbeiten.« Daskalos lehnte sich in seinem Sessel zurück und hielt einen Augenblick inne.

Von einem Augenzeugen hatte ich erfahren, daß Daskalos einmal eine Krebsgeschwulst aus dem Körper einer Patientin entfernt und auf seinen linken Daumen übertragen habe. Seine Verwandten wollten ihn eilends ins Krankenhaus bringen, um den Daumen amputieren zu lassen. Er versicherte ihnen aber, daß der Krebs binnen weniger Tage verschwinden werde. Und tatsächlich war nach zwei Tagen der Tumor von seinem Finger verschwunden.

Daskalos sagte, eine der Voraussetzungen, um durch Expansion heilen zu können, sei die Fähigkeit, seinen Mitmenschen wirklich zu lieben. »Du mußt jenen Bewußtseinszustand erreichen«, forderte er, »durch den du ›deinen Nächsten liebst wie dich selbst‹. Wenn du diesen Zustand erlangt hast, ist das Heilen einfach. Aber solange du nicht echt liebst, kannst du nicht heilen und auch nicht viel auf dem Gebiet erreichen, das die Menschen das Paranormale nennen.«

»Ich nehme an«, bemerkte ich, »daß dies eine Art Sicherheitsventil ist, das bestimmt, wieviel Böses ein Schwarzmagier anrichten kann.«

»Das Wort ›Böses‹ sagt mir nicht viel«, entgegnete Daskalos barsch. »Wer ist denn schon wirklich ein Schwarzmagier, wenn nicht ein unwissender Bursche, der gewisse Naturkräfte zu meistern gelernt hat und sie mißbraucht? Was als Böses bezeichnet wird, ist in Wirklichkeit der falsche Gebrauch göttlicher Kräfte. Deshalb halte ich den Begriff ›Böses‹ für unangebracht. Wenn ich vom Bösen spreche, ziehe ich es vor zu sagen, daß einer sich in törichter Manier Ausdruck verleiht. Im Laufe der Zeit lernt man durch das Gesetz von Ursache und Wirkung.«

»Dann, denke ich«, wagte ich hinzuzufügen, »hat Sokrates dies im Sinne gehabt, als er behauptete, daß keiner wissentlich Böses tue?«

»Ganz genau. Böses ist Unwissenheit.«

»Daskale«, fragte ich und lenkte unser Gespräch damit wieder zum Thema Materialisation zurück, »ist es einem fortgeschrittenen Mystiker möglich, sich selbst zu dematerialisieren und an einem anderen Ort wieder zu materialisieren?« Ich stellte diese Frage, weil der Begriff der Teleportation – wie bizarr er auch klingen mag – in der okkulten Literatur als Tatsache angenommen wird. So berichtete beispielsweise Castaneda, daß er ein solches Phänomen erlebte, während er bei Don Juan in die Lehre ging. Ich lernte auch einen indischen Professor für Musik – den Gatten der indischen Botschafterin eines europäischen Staates – kennen, der mir allen Ernstes anvertraute, daß er einen indischen Yogi beobachtet habe, als dieser sich selbst teleportierte.

»Ja, es ist möglich, sich zu dematerialisieren und dann an einem anderen Ort wieder zu materialisieren«, antwortete Daskalos, »aber wozu sollte man das tun? Warum nicht einen weiteren Körper konstruieren und materialisieren aus der Energie, die aus dem universalen Äther zu beziehen ist?«

»Du meinst, so könntest du einfach plötzlich vor mir erscheinen, einfach so?« fragte ich lächelnd.

»Freilich«, antwortete Daskalos ernst, als sei dies ein alltägliches

Phänomen. »Du kannst mich sehen, mir die Hand schütteln und mit mir sprechen, als sei ich körperlich anwesend. Aber ich kann mich nur materialisieren, wenn die Meister von oben es erlauben. Dazu bedarf es eines ernsten Grundes. Ich bräuchte dabei nicht einmal zu unterbrechen, was ich vielleicht im Augenblick gerade tue. Wenn du eine gewisse Stufe des Überbewußtseins erreichst, kannst du dir an mehreren Orten zugleich Ausdruck geben.«

»Hast du Erfahrungen in dieser Hinsicht?«

»Ja, zahlreiche.«

»Wie kannst du dich selbst davon überzeugen, daß es echte Erlebnisse waren?«

»Menschen sahen mich und kamen, um mir Fragen zu stellen. Ich habe wiederholte Erlebnisse dieser Art.«

Auf mein weiteres Fragen hin zeigte sich Daskalos bereit, ein solches Erlebnis wiederzugeben: »Eines Tages schrieb ich gerade einen Brief, als ich fühlte, daß jemand in Karpasia, gut hundert Kilometer entfernt, in Not war und den Entschluß faßte, Selbstmord zu begehen. Ich empfing seine Schwingungen im Unterbewußtsein. Ich sah ihn, wie er das Café verließ und langsam auf den Kai zuging. Er hatte die Absicht, sich ins Wasser zu stürzen. Das Meer war stürmisch an diesem Tage. Starke Böen kamen herein, und die Wellen krachten gegen den Pier. Der Mann brauchte nur wenige Minuten, um sein Ziel zu erreichen, und in dieser Zeit erfuhr ich alles über ihn und die Gründe, die ihn an den Rand des Selbstmordes getrieben hatten. Indem ich mich auf ihn einstellte, fand ich heraus, daß er mit einer Griechin von einer anderen Insel verheiratet war; sie hatten drei Kinder. Die jüngere Schwester seiner Frau hatte während ihres Zypernbesuches eine Affäre mit ihm angefangen. Sie war hübscher und verführerischer als seine Frau. Die jüngere Schwester hatte keine Skrupel, ihren eigenen Schwager zu verführen. Ja, sie wollte, daß er sich von ihrer Schwester scheiden lasse und dann sie heirate. Sie überredete ihn, sich von Frau und Kindern zu trennen und mit ihr nach Griechenland zu kommen. Seine Frau wußte von der Beziehung und von dem Plan fortzulaufen. Sie war verzweifelt. Der Mann wußte nicht, was er tun sollte, denn er liebte seine Familie, und kam zu dem törichten Schluß, seinem Leben ein Ende zu setzen. Das wurde mir in jenen wenigen Momenten ganz klar vor Augen geführt. Du siehst, man muß zuerst die Fähigkeit entwickeln, sich einzufühlen und in einem einzigen Augenblick Informationen aufzunehmen, deren Übermittlung Stunden herkömmlicher Gespräche verlangen würde. Als unsichtbarer Helfer kann man auf der Stelle erfahren, wie es um einen Menschen steht, um dann rasch zu handeln.«

»Hattest du die an dieser Geschichte Beteiligten denn niemals kennengelernt?« fragte ich.

»Nein, nie.«

»Wie sollten jene Eindrücke dich dann erreicht haben?«

»Ich weiß es nicht. Höchstwahrscheinlich haben andere Mächte sie mir eingegeben, damit ich rasch intervenieren und sein Leben retten könnte. Ich mußte sofort handeln. Da gab es keine Zeit zu verlieren. Ich materialisierte mich am Rande der Hafenmauer, und so erschien ich ganz plötzlich vor den Augen des Mannes. Ich stand da und trug mein weißes Gewand. Ich hob die Arme und rief ihm entgegen: ›Was tust du da?‹ Er erschrak zutiefst und wurde bleich. Er traute seinen Augen nicht. Wie konnte ein Mann plötzlich aus dem Nichts auf dem Rand des Piers auftauchen, in einer stürmischen Nacht, während die Wogen gegen den Kai rollten und die Mauer überspülten? ›Ich weiß nicht, was ich tun soll‹, antwortete er verwirrt. ›Geh zurück zu Frau und Kindern‹, befahl ich ihm, ›und schick die andere Frau fort.‹ Er hielt sich die Hand vor die Augen, wandte sich um und ging zurück. Ich dematerialisierte mich auf der Stelle. Bald darauf schickte er seine Schwägerin zurück nach Griechenland und lebte mit seiner Familie wieder in Frieden.

Etliche Monate nach dieser Begebenheit baten Freunde diesen selben Mann, sie nach Nikosia zu fahren, wo sie den ›Magus von Strovolos‹ aufsuchen wollten. Seine Freunde fürchteten, ihr

Kind hätte Epilepsie. Sie irrten sich. Das Kind hatte nur Würmer im Gedärm. Wir heilten das Kind. Als sie vor unserem Haus ankamen, öffnete meine Frau die Tür. Ich saß in meinem Arbeitszimmer, als das Kind hereingebracht wurde. Ich trug an jenem Tage zufällig das weiße Gewand. Als der Mann mich erblickte, verschlug es ihm den Atem, und er fing an zu zittern. ›Was ist denn los?‹ fragte ich ihn. ›Warst *du* das?‹ fragte er. Ich bat ihn, darüber zu schweigen; wir könnten später unter vier Augen miteinander sprechen. Als ich mit der Behandlung des Kindes fertig war, nahm ich ihn am Arm, und wir gingen in ein anderes Zimmer. ›Jetzt‹, teilte ich ihm mit, ›bist du wieder bei Frau und Kindern. Alles ist gut, und die andere Frau hast du fortgeschickt; ist es nicht so?‹ Er fiel mir um den Hals und fing an zu weinen. ›Ich dachte, du wärst ein Engel, den Gott geschickt hatte, um mein Leben für die Liebe meiner Kinder zu retten‹, sagte er schluchzend. Ich erklärte ihm die Art unserer Arbeit und sprach über die unsichtbaren Helfer. ›Wenn Gott‹, fügte ich hinzu, ›Engel schickt, um den Menschen zu helfen, warum sollte er dann nicht auch Menschen schicken, um ihren eigenen Geschwistern zu helfen?‹ Jener Mann wurde einer unserer hingebungsvollsten Schüler in den Zirkeln der Wahrheitsforscher. Jetzt lebt er mit seiner Familie in Südafrika. Die Kinder sind bereits erwachsen.

Aufgrund meiner eigenen Erfahrung«, sprach Daskalos nach einer halbstündigen Pause weiter, »konnte ich drei Typen von Materialisation unterscheiden. Erstens die unsichtbare und greifbare Materialisation. Zweitens die sichtbare, aber nicht greifbare Materialisation. Drittens die sichtbare und greifbare oder feste Materialisation. Zum ersten Typ gehört die Erzeugung fester, aber unsichtbarer Substanz. Das ist die Art der Materialisation, die die größte Kraft birgt, wenn wir in der dreidimensionalen Welt arbeiten. Man kann zum Beispiel Gegenstände bewegen, die normalerweise die vereinte Kraft mehrerer Menschen erfordern würde, wie etwa ein schweres Möbelstück. Die Hand oder Kraft jedoch, die die Bewegung möglich macht, bleibt dem materiellen Auge unsichtbar. Das ist jene Art der Materialisation, die ich in dem Fall, den du kennst, gebrauchte, in dem Fall der versteckten Schere.«

»Hätte, Daskale, damals jemand deine Hand sehen können, wie sie die Schere von dem Schrank herunterstieß?«

»Vermutlich nicht. Sie war unsichtbar, aber greifbar materialisiert, eine Materialisation, wie man sie aus den Séancen in Europa kennt.

Der zweite Typ der Materialisation – das heißt: sichtbar, aber nicht faßbar – hat keine Kraft, feste Gegenstände zu beeinflussen. Da kann man eine Hand erscheinen oder ein Geistwesen auftauchen sehen. Das sieht aus wie ein Nebel in Gestalt fester Materie. Aber man kann mit der Hand hindurchfahren, ohne die Materialisation zu spüren.

Die dritte Art von Materialisation ist sichtbar und greifbar. Sie ist nicht immer die geeignetste oder beste Art, weil sie dem materiellen Körper schaden kann. Wenn du beispielsweise eine sichtbare und feste Materialisation deines Körpers an einem anderen Ort schaffst und jemand sie verletzt, dann wird die Wunde an deinem materiellen Körper erscheinen, ganz gleich, wie groß die Entfernung auch ist. Was immer der Materialisation zustößt oder begegnet, wird auf den eigenen Körper übertragen. Dieses Risiko besteht übrigens auch im Falle unsichtbarer, aber greifbarer Materialisation. Deshalb sollte man sicherstellen, daß die Verbindung zwischen der Materialisation und dem eigenen Leib unterbrochen ist. Wenn du dich beispielsweise auf einem Schlachtfeld materialisierst und unsichtbar bist, mußt du die Materialisation vom Ätherkörper trennen, damit Geschosse, die die Materialisation durchdringen, nicht Verletzungen an deinem materiellen Körper verursachen.

Es gibt auch Möglichkeiten, die Kommunikation zwischen dem eigenen Körper und einer sicht- und greifbaren Materialisation zu unterbrechen. Wenn das einmal erreicht ist, kann dem materiellen Körper nichts zustoßen – sonst wäre es sehr gefährlich. Bei mehreren Anlässen vergaß ich, die Verbindung zwischen Körper und Materialisation zu unterbrechen, und hatte in der

Folge unter Verletzungen zu leiden, die der Materialisation beigebracht worden waren. Eines Nachts, zum Beispiel, saß ich mit meiner Frau in unserem Wohnzimmer. Es war Mitternacht, und ich begann mich unwohl zu fühlen. Ich sah, daß in einer Entfernung von gut hundertfünfzig Kilometern ein Schiff in Not war. Es war ein kleiner Frachter, der Güter in Nachbarländer brachte. Einer der beiden Masten war gebrochen, und die Schraube arbeitete nicht mehr richtig. Die Besatzung versuchte verzweifelt, ihr Schiff zu manövrieren und in die neue Richtung zu bringen. Ich fand mich dort rechtzeitig ein, um helfen zu können. Der Kapitän war nicht in der Lage, seine Hand ruhig am Steuer zu halten, und so materialisierte ich zwei Hände, die ihm helfen sollten. Der Mann sah sie und fragte sich, ob er wache oder träume. Ich hatte viel mehr Kraft in meinen Händen als der Kapitän. In diesem Falle setzte ich sowohl sichtbare als auch unsichtbare greifbare Materialisationen ein. Er sah meine Hände wieder und wieder erscheinen und verschwinden. In Wirklichkeit waren meine Hände immer da und hielten das Steuer fest.«

»Wie hast du das vollbracht?« fragte ich, und Daskalos lachte heraus.

»Ich habe es eben geschafft, aber frage mich nicht, wie. Das Wasser, das du trinkst, wird in deinem Körper zu Fleisch und Blut. Kannst du mir erzählen, wie das bewerkstelligt wird? Und trotzdem geschieht es. Zum Teil weiß ich, wie Materialisationen geschaffen werden, aber nicht durch Wissen, sondern durch die Praxis. Ich weiß es instinktiv, wie ich auch weiß, wie man Wasser trinkt, das später Blut wird. Im Falle der Materialisation sind gewaltige Willenskraft und Konzentration erforderlich.

Als die Gefahr vorüber war«, erzählte Daskalos weiter, »gedachte ich zu meinem Körper zurückzukehren. Die Schiffsbesatzung war inzwischen in der Lage, ihr Fahrzeug zu einem Hafen zu manövrieren. Plötzlich aber brach der andere Mast und fiel mit einem gewaltigen Krachen auf das Deck. Ich war voll materialisiert, aber mein Körper war unsichtbar. Ein Teil des Mastes traf meine Materialisation ins Gesicht. Ich hatte die Materialisa-

tion nicht vom grobstofflichen Körper getrennt, der in Trance war. Als ich aufwachte, merkte ich, daß ich am Mund blutete und schreckliche Kopfschmerzen hatte.
Wenn wir unseren Körper verlassen und uns an einem anderen Ort materialisieren, müssen wir die Tür hinter uns schließen. Wir müssen den Körper von der Materialisation trennen.«

»Aber wenn du das tust, ist das dann nicht so ähnlich, als ob du stirbst? Mußt du nicht unbedingt eine Verbindung behalten?« fragte ich.

»Nein. Du hast wohl die Verbindung, aber nicht die bewußte Verbindung. Wenn du deinen Körper verläßt, nimmst du, glaube ich, einen Teil der ätherischen Substanz mit, aber nicht das ätherische Doppel. Das ätherische Doppel kann den Körper nicht verlassen, sonst würde dieser sterben. Wenn du dich außerhalb des Körpers befindest, hast du immer einen Teil der ätherischen Substanz bei dir.«

»Warum?«

»Damit dein Geist mit dem Körper verbunden bleibt. Damit du dich erinnern und zurückkehren kannst. Wie wir schon häufig gesagt haben, ist es das Ätherfeld, das es uns ermöglicht, Elementale aus Wünschen und Gedanken auszusenden. Aber wenn du mehr ätherische Substanz mitnimmst, als du für die Rückkehr benötigst, wird die Verbindung zwischen deinem Körper und der Materialisation weit offen bleiben.«

»Wenn du sagst, du warst auf dem Schiff vollständig materialisiert, warst du für die anderen doch unsichtbar. Aber du warst dort, und was dich getroffen hat, war dann der ätherische Teil des Mastes«, bemerkte ich.

»Nein. Der Mast selbst war es.«

»Aber wenn du unsichtbar warst, warum konnte der Mast dann nicht durch dich hindurchfallen, ohne dich zu verletzen?«

»Sichtbar oder nicht, das spielt keine Rolle. Getroffen werde ich in beiden Fällen. Ich sagte, wenn du dich im Zustand unsichtbarer, aber greifbarer Materialisation befindest, wirst du die Auswirkungen im materiellen Körper erhalten, wenn du nicht Vor-

sorge triffst. Das gilt ebenso für die sichtbare und greifbare Materialisation. Nur bei sichtbaren, aber unfaßbaren Materialisationen kann das nicht geschehen.«
»Welche Maßnahmen kannst du ergreifen, um deinen Körper zu schützen?«
»Während deiner Abwesenheit trennst du dich von ihm, indem du einfach denkst und deinem Unterbewußtsein einprägst, daß deinem materiellen Körper nichts zustoßen wird. Du sagst zu dir selbst: ›Ganz gleich, was ich auch erleben werde: Nichts wird meinem materiellen Körper zustoßen.‹ Alles wird dann auf der unterbewußten Ebene geregelt. Das Unterbewußtsein ist der Herrscher des materiellen Körpers. Ob du dich innerhalb oder außerhalb des materiellen Körpers aufhältst, du kannst dein Unterbewußtsein dazu bringen, Dinge durchzuführen, die übermenschlich erscheinen. Zum Beispiel kann ein schwerer Gegenstand bewegt werden, wozu normalerweise die Kraft mehrerer Menschen notwendig wäre. Aber wenn ich dich in einen bestimmten Trance- oder Hypnosezustand versetze (es gibt viele verschiedene Ebenen von Trancezuständen), bist du imstande, ihn mit einer Hand hochzuheben. Du wirst fragen, wie das möglich sei. Ich glaube, daß dieser Akt in Wirklichkeit nicht von deiner Hand, sondern einer in ihr materialisierten Kraft vollbracht wird. Die Knochen und Muskeln des einzelnen Menschen können hier kaum ins Gewicht fallen. Ich müßte dieses Phänomen eingehender studieren. Aber ich kann dir sagen: Es ist sehr faszinierend für mich, weiterzuforschen. Doch die Schmerzensrufe um uns sind so viele und so laut, daß ich mir nicht die Zeit nehmen kann, meinen Wissensdurst zu stillen.«
»Ist es möglich, daß ein großer Meister jemanden dematerialisiert und an einem anderen Ort wieder materialisiert?« fragte ich und dachte dabei an das Erlebnis, das Carlos Castaneda angeblich während seiner Lehrzeit bei Don Juan hatte.
»Ja. Aber nur ein großer Meister kann das tun. Nicht einfach ein Meister. Jedenfalls: Ich kann so etwas nicht selbst tun.«
»Und du kannst es nicht mit dir selbst tun«, ergänzte ich.

»Ich kann es mit mir selbst tun, wenn ich will. Aber wozu? Nur in einem äußersten Notfall würde ich so etwas praktizieren. Wenn ich mich beispielsweise irgendwo materialisieren muß, und ich könnte meinen materiellen Körper nicht ungefährdet zurücklassen, weil andere ihn zerstören könnten, dann wäre ich auch fähig, ihn zu dematerialisieren.«

»Hast du das jemals getan?«

»Nein. Ich befand mich noch nie in einem solchen Notfall. Angenommen, ich müßte sofort aus einem bestimmten Grund eine große Entfernung überwinden. Da besteht kein Grund, meinen Körper hier zu dematerialisieren. Ich kann einen Körper dort materialisieren, wo ich ihn brauche, indem ich ätherische Energie aus der Quelle selbst beziehe, die überall im Universum ist. Dazu braucht man nicht den Vorrat an Vitalität im eigenen Körper zu berauben.«

Ich berichtete Daskalos in groben Zügen über das Werk Carlos Castanedas. Besonders erwähnte ich das in einem der Bücher geschilderte Erlebnis, bei dem Don Juan Castaneda angeblich einen Stoß gegeben hatte, woraufhin der letztere sich im gleichen Augenblick drei Kilometer entfernt gehend fand. »Ist das möglich?« fragte ich.

»Ja. Aber wie kommst du auf den Gedanken, daß Don Juan tatsächlich den Körper Castanedas dematerialisierte und drei Kilometer entfernt wieder rematerialisierte? Es könnte ja sein, daß Don Juan Castanedas Bewußtsein versetzt hat und seinen Körper für die Blicke von Passanten unsichtbar machte. Es ist nicht notwendig, einen Körper zu dematerialisieren, um ihn unsichtbar werden zu lassen. Vielleicht setzte der Meister seinen Schüler auf einen Stuhl und schuf ihm in drei Kilometern Entfernung einen neuen Ätherleib, in den er seine Selbstbewußtheit verpflanzte. Es gibt Möglichkeiten, einen materiellen Gegenstand, auch einen menschlichen Körper, den Blicken anderer zu entziehen.«

»Wie erreicht man das?« fragte ich etwas ungläubig. Daskalos antwortete mir auf seine Art: Er erzählte mir eine Geschichte.

»Ein englischer Wissenschaftler besuchte mich einmal. ›Ich war in Indien und bin sehr enttäuscht und desillusioniert‹, beklagte er sich. ›Warum?‹ fragte ich ihn. ›Ich habe auf der Straße einen halbnackten Fakir und einen kleinen Jungen getroffen, der vor sich ein Stück Seil und einen Teller hatte, in den man Geld legen sollte. Ungefähr zwanzig Menschen hatten sich um sie versammelt. Der Fakir fing an, eine Melodie auf seiner Flöte zu spielen. Plötzlich rührte sich das Seil und bewegte sich aufwärts, bis es wie eine Stange dastand. Dann kletterte der Knabe das Seil hinauf. Dort blieb er einige Minuten, lächelte, winkte mit den Händen und kletterte dann wieder herunter. Das Seil kam ebenfalls herunter und legte sich ordentlich an seinen Platz. Am nächsten Tag besuchte ich diesen Fakir zusammen mit einem Freund. Wir brachten eine Kamera mit. Als das gleiche Kunststück wieder begann, machten wir Fotos. Als wir die Bilder entwickelten, zeigten sie, daß der Junge am Boden saß und das Seil sich nicht von der Stelle rührte. Der Fakir hatte uns getäuscht, aber die Kamera konnte er nicht hinters Licht führen.‹

Ich lachte, als ich seine Geschichte hörte. ›Ist das der Grund, warum du enttäuscht bist?‹ fragte ich ihn. ›Warum hast du dich nicht mit dem Phänomen beschäftigt, dessen du zweimal Zeuge geworden bist? Wieso bist du nicht darauf gekommen, nach dem Wie oder Woher zu fragen? Was ist tatsächlich geschehen?‹ – ›Ich werde darüber nachdenken‹, meinte er.

Ich sagte ihm, wenn der Fakir, den er beobachtet hatte, ein viel weiter fortgeschrittener Yogi gewesen wäre, hätte er das Seil tatsächlich hochsteigen lassen und daran emporklettern können. Und es gab auch schon solche Phänomene, die auch fotografiert worden sind. Ich erklärte ihm, was wohl geschehen war: ›Der Fakir breitete seine Aura aus und nahm seine Zuschauer in sie auf. Dann fing er ganz intensiv an zu denken und erzeugte in seinem Geist all die Bilder, die ihr gesehen habt.‹«

»Ich denke, Daskale«, folgerte ich, »daß er das Elemental des Kindes erzeugte, das das Seil emporkletterte.«

»Genau. ›Sehen‹ bedeutet, daß Licht auf etwas trifft, zurück in unsere Augen fällt und über den Sehnerv einen Reiz in einem bestimmten Gehirnzentrum verursacht. Das heißt, daß jener Fakir diesen Reiz auf das Gehirnzentrum der Anwesenden durch seine Methode intensiver Konzentration erzeugen konnte. ›Warum sollte man dieses Phänomen nicht sorgfältig studieren‹, schlug ich dem Engländer vor, ›anstatt es als einen Trick abzutun? Warum nicht das Wesen des Gedankens, des konkreten Denkens studieren? Jener Fakir hat etwas Substantielles vollbracht, das ernsthafter Beschäftigung würdig ist.‹«

»Warum könnten wir nicht sagen, Daskale, daß der Fakir sein Publikum hypnotisiert hat und ihm suggerierte, daß es etwas ›sah‹, was nicht stattgefunden hat?« schlug ich vor.

»Hypnose ist wieder ein ganz anderes Thema. Bei der Hypnose macht der Hypnotiseur Gebrauch von Suggestionen – sei es durch Worte oder mit Hilfe eines Werkzeuges –, wobei sein Publikum dafür offen und bereit ist zu kooperieren. Der Fakir gebrauchte die Macht seines Denkens, um ein Publikum, das sich dessen nicht bewußt war, telepathisch zu beeinflussen, daß es Dinge ›sah‹, die gar nicht existierten auf der grobstofflichen Ebene. Ich kenne keinen konventionellen Hypnotiseur, der das tun kann. Aber wenn wir es Hypnose nennen wollen – auch gut. Es ist jedoch nicht Hypnose, wie man sie gemeinhin versteht oder mißversteht.«

Dann schloß Daskalos mit der Bemerkung, daß es – wie es möglich sei, Menschen Dinge ›sehen‹ zu lassen, die in Wirklichkeit gar nicht existieren – auch möglich sei, auf ähnliche Weise Leute etwas (Gegenstände oder menschliche Körper) *nicht* sehen zu lassen, was tatsächlich vorhanden ist.

»Ich wüßte zu gerne, was aus jenem englischen Wissenschaftler geworden ist«, bemerkte ich.

»Er reiste nach Indien zurück, um weitere Studien anzustellen«, antwortete Daskalos laut lachend.

»Ich kann dir sagen«, sprach Daskalos weiter: »Tausende solcher Phänomene finden ständig statt, in Asien, Indien, Tibet, überall, selbst in Griechenland. Ich traf in Athen einen Lama, der seinen

Körper unsichtbar machen kann. Er kann auch anderen beibringen zu levitieren – nachdem sie ihm eine gewisse Summe dafür bezahlt haben. Ich persönlich bin gegen so etwas. Eine meiner Schülerinnen bezahlte dreihundert Pfund, um die Levitation zu lernen. Dieser Lama isolierte eine Gruppe von Menschen – einschließlich meiner Schülerin – fünfzehn Tage lang; es gab keinerlei Kontakt zur Außenwelt. Sie aßen und tranken, was er ihnen gab. Sie meditierten ununterbrochen, benutzten ein bestimmtes Mantra, und am fünfzehnten Tage konnten die meisten von ihnen levitieren. Er hatte sie während dieser fünfzehn Tage in einen halb-hypnotischen Zustand versetzt und ihrem Unterbewußtsein den Glauben eingepflanzt, daß ihnen die Levitation gelingen werde. Das Unterbewußtsein ist es also, was diese Levitation möglich macht. Der Lama hatte Erfolg – aber in welcher Hinsicht? Für ein paar Sekunden vom Erdboden abzuheben, um dann wieder auf ihm zu landen – was soll das? Ich sagte meiner Schülerin, daß sie die dreihundert Pfund genausogut hätte zum Fenster hinauswerfen können. Sie hätte damit so vielen Menschen in Not helfen können, statt nur ihre Neugier zu befriedigen.«

Ich warf ein, daß durch die Levitation die Gesetze des materiellen Universums auf den Kopf gestellt würden. Ich fragte Daskalos deshalb, ob bei der Levitation ein ähnliches Prinzip zur Anwendung gelange wie beim Antrieb einer Rakete, das heißt, daß Energie verbraucht wird.

»Nein«, antwortete er. »Bei der Levitation wird der Körper leichter als Luft.«

»Wenn du in deinem Unterbewußtsein einen solchen Glauben verankerst, kannst du buchstäblich sogenannte Wunder vollbringen«, fuhr Daskalos fort. »Das war es, was Jesus Christus meinte, als er sagte, man brauche nur so viel Glauben wie die Größe eines Senfkornes, um Berge zu versetzen. ›Aber wie macht man das?‹ werden nun manche fragen. Ich weiß, wie, aber es ist nicht leicht, es andere zu lehren, besonders wenn ihr Interesse nicht weit über bloße Neugier hinausgeht.«

»Willst du, Daskale, damit sagen, daß du Berge versetzen kannst?« fragte ich im Spaß.

»Warum sollte ich? Warum sollte ich sie nicht auf normalem Wege überqueren? Es ist praktischer«, erwiderte er lachend. »Alles, was ich wirklich tue, ist der Einsatz und die Anwendung gewisser Kräfte der Natur, die dem gewöhnlichen Menschen unbekannt sind.«

Ich merkte, daß ich nun schon mehrere Stunden mit Daskalos gesprochen hatte. Seine elfjährige Enkelin kam ins Zimmer und gab bekannt, daß ihre Mutter jetzt ungeduldig würde. Sie wartete darauf, daß Daskalos zu ihrem Haus herüberkomme und einige Dinge erledige. Das Mädchen saß auf dem Schoß des Großvaters, als ich meine letzte Frage stellte. Daskalos hatte einmal im Spaß zu einem der anderen Schüler gesagt, ich sei ein unheilbarer Fragesteller. Ich würde nie aufhören mit meinen Fragen. »Nicht einmal auf der psychischen Ebene«, sagte er, »wir treffen uns dort häufig, und er bekommt seinen Privatunterricht.«

»Ich frage mich oft«, sagte ich, »wie erfreulich und faszinierend es sein muß, all die wundersamen Dinge zu tun, die du vollbringst: den Körper zu verlassen, zu materialisieren, zu dematerialisieren ... Wäre ich imstande, selbst solche Erlebnisse zu haben, wäre die Welt wirklich ein zauberhafter Ort, ein echter ›Zaubergarten.‹« Daskalos schwieg einen Augenblick und dachte über meine Bemerkung nach, während er seiner Enkelin übers Haar strich.

»Als ich ein junger Mann war, haben mich diese Erlebnisse sehr fasziniert und erfreut. Ich erinnere mich, daß ich mich nach Afrika zu begeben pflegte und von der anderen Seite aus wunderschöne exotische Blumen und Bäume betrachten und studieren konnte. Eines Tages breitete ich mich über den Norden Kanadas aus, bis in die Nähe des Pols, und ich sah die Eskimos, wie sie Löcher ins Eis schlugen, um zu angeln. Ich hatte noch nie gehört, daß so etwas möglich ist. Ich erfuhr diese Dinge durch die Eksomatose.

Als ich jünger war, experimentierte ich viel. Ich wollte mehr und mehr lernen, und meine Neugier brachte mich oft in Schwierigkeiten. Diese Erfahrungen waren faszinierend. Aber etwas, was mir als jungem Mann größte Freude geschenkt hatte, ist mir vielleicht heute gar nicht mehr wichtig. Im Laufe der Zeit gewinnt man neue Wertvorstellungen im Leben. Statt Befriedigung zu finden im Sehen, Wahrnehmen und Genießen neuer Phänomene, empfinde ich heute die größte Freude darin, meinen Mitmenschen zu dienen. Was nur Genuß und Vergnügen bringt, lege ich heute beiseite, um mich in erster Linie mit dem zu beschäftigen, was notwendig ist, um das Leid zu lindern, das mich umgibt.«

14

Nachgedanken

Zwei Jahre sind ins Land gegangen, seit ich im Sommer 1981 Daskalos zuletzt gesehen habe. Im Januar 1983 wurde er ernstlich krank. Er mußte sich mehreren Operationen am rechten Fuß unterziehen und war ans Bett gebunden. Eine fünfzigjährige Hausfrau aus seinem engeren Schülerkreis teilte mir am Telefon mit, daß die Tage Daskalos', so traurig es sei, gezählt seien. Die Wunde an seinem Fuß wollte nicht heilen.

Im Juni 1983, sobald das Semester vorbei war, flog ich nach Zypern. Am Tage nach meiner Ankunft – ich hatte noch meine Schwierigkeiten, die acht Stunden Zeitunterschied mit ihren Nebenwirkungen zu bewältigen – suchte ich Daskalos in Strovolos auf. Unter dem Arm trug ich das Manuskript zu diesem Buch, das fast vollständig war.

Ich klopfte leise an die halbgeöffnete Tür, um ihn nicht zu wekken, falls er schliefe. Es schien niemand im Haus zu sein.

»Komm schon herein«, hörte ich seine Stimme. Ich trat ein, schloß die Tür hinter mir und ging zu seinem Schlafzimmer.

»Willkommen«, sagte Daskalos und lächelte, als er mir die Hand entgegenstreckte. Er lag im Bett und trug nur ein Unterhemd und eine Schlafanzughose. Es war Mitte Juni, und die Temperatur stieg allmählich an. Sein rechter Fuß war in Verbandmull gehüllt. Ich schüttelte ihm die Hand, beugte mich über ihn und küßte ihn auf beide unrasierten Wangen.

»Man sagte mir, du seist ernstlich in Schwierigkeiten«, sagte ich, »und da bin ich gekommen, um dich zu besuchen.«

»Oh... sie wissen nicht, worüber sie reden«, erwiderte Daskalos und winkte ungeduldig ab. »Ich bin in Ordnung. Das Karma ist bezahlt. Ich verspreche dir, daß ich in einer Woche wieder auf den Beinen sein werde.«

Ich war nicht sicher, ob Daskalos mir nur Mut machen wollte oder ob er tatsächlich meinte, was er sprach. Kostas, mit dem ich vor einiger Zeit telefoniert hatte, klagte verbittert, daß Daskalos unbesonnen sei und seine Krankheit nicht ernst nehme. Aber Daskalos schien alles andere als an der Schwelle des Todes zu stehen, wie man mich glauben gemacht hatte. Er war guten Mutes und nur zu bereit, endlose Gespräche zu führen und heitere Anekdoten zum besten zu geben.

»Wie hast du es geschafft, so lange Zeit im Bett zu bleiben?« fragte ich in dem Versuch, seine Unbeschwertheit zu parieren.

»Wer hat gesagt, daß ich all diese Monate im Bett gewesen sei?« entgegnete Daskalos mit Stirnrunzeln. »Glaube mir: Wenn ich sechs Monate im Bett geblieben wäre, wäre ich doch verrückt geworden. Mein Körper war im Bett, ja. Aber ich war nur die wenigste Zeit darin.«

»Aha, ich verstehe...«, meinte ich lächelnd. »Daskale«, fuhr ich fort, »ich bin jetzt fast fertig mit dem Buch. Hier ist es.«

Er nahm das Manuskript, las den Titel und blätterte ein paar Sekunden darin. »Du sagtest, daß du es tun würdest, und du hast es also getan«, murmelte er und gab es mir zurück. Ich hatte nicht erwartet, daß er sich die Mühe machen wollte, es zu lesen, aber er bat um ein Exemplar des Buches, sobald es veröffentlicht sei. Ich fragte ihn, warum er sich noch nicht darum gekümmert habe, seine Lehren selbst zu Papier zu bringen, warum er erst auf einen akademischen ›Faulenzer‹ wie mich wartete, der das für ihn übernähme. Daskalos antwortete, daß er wichtigere Aufgaben in diesem Leben zu erfüllen habe, als Bücher zu schreiben. »Außerdem«, meinte er, »ist das deine Aufgabe.«

Dann sprach er über seine Krankheit und die Operationen, die er hinter sich hatte. Der Chirurg hatte bereits eine Zehe amputiert, und es war noch völlig offen, ob das Bein verschont bleiben würde. Er hatte strenge Anweisung, sein Bein nicht zu belasten

und auf unbestimmte Zeit im Bett zu bleiben, bis die Wunde verheilt sei.
Bevor ich eine Chance hatte, weitere Fragen über seinen Zustand und das Thema Heilung im allgemeinen zu stellen, kamen zwei Krankenschwestern ins Haus. Ich dachte mir, sie kämen, um Daskalos medizinisch zu versorgen. Statt dessen waren sie zur Unterweisung gekommen, und zwar nicht in bezug auf die jenseitige Welt, sondern auf einem wesentlich weltlicheren Gebiet: Sie wollten Englischunterricht! Als Gegenleistung für die gute Pflege, die die beiden Krankenschwestern Daskalos in der Klinik hatten angedeihen lassen, bot er ihnen an, Englischunterricht zu geben, damit sie ihre Ausbildung in England fortsetzen könnten.
Als ich am nächsten Morgen nach Strovolos fuhr, saß Daskalos frisch rasiert im Bett. Neben ihm saß Marios mit seinen Rollschuhen an den Füßen und hörte aufmerksam den Märchen zu, die sein Großvater ihm erzählte. Er war nun im siebten Lebensjahr und hatte selbst eine Zystenoperation hinter sich – was für sein Alter ungewöhnlich war –, von der er sich erst vor kurzem erholt hatte. Ich nahm auf einem Stuhl Platz und wartete und hörte Daskalos' Erzählen zu. Dann rollte der Knabe geräuschvoll aus dem Haus und sauste in die Nachbarschaft, um mit Freunden zu spielen.
»Es ist eigenartig«, bemerkte ich, »daß ein Heiler solche Schmerzen erleiden muß. Du heilst andere, aber nicht dich selbst. Und Marios hatte selbst die Schmerzen einer Operation durchzumachen. Warum konntest du nicht euch beide heilen? Warum brauchtet ihr die Operationen? Einer meiner Kollegen in Amerika«, fuhr ich fort, »wünscht etwas über die Grenzen eines Heilers zu erfahren und möchte zudem wissen, was ein herkömmlicher Arzt tun kann, das ein Heiler nicht zu vollbringen vermag.«
»Erinnerst du dich, was ich dir früher einmal gesagt habe? Daß ich plante, das Karma meines Schwiegersohnes zu übernehmen? Da ist es«, antwortete Daskalos lächelnd und deutete triumphie-

rend auf seinen verbundenen Fuß. »Hätte ich das nicht getan, wäre mein Schwiegersohn inzwischen tot, das kannst du mir glauben. Warum, meinst du, hatte Marios eine so ungewöhnliche Operation? Er hat selbst einen Teil des Karmas seines Vaters auf sich genommen. Ich diagnostizierte die Krankheit meines Enkels zu einem Zeitpunkt, als der Arzt noch darauf beharrte, daß die Wahrscheinlichkeit, daß das Kind einen solchen Befund zeigen werde, verschwindend gering sei. Dann bewiesen die Tests, daß meine Diagnose richtig war. Aber ich konnte nichts tun, um das Kind zu heilen. Es mußte das Leid der Operation durchstehen, weil hier karmische Gesetze am Wirken sind. Was mich selbst betrifft, so konnte ich Heilungskräfte einsetzen, selbst in dem Zustand, in dem ich mich jetzt befinde, um anderen zu helfen, aber für mich selbst würde ich es nicht tun. Wenn ich mich jetzt heile, bevor die karmische Schuld ganz abgetragen ist, wird die Krankheit automatisch auf meinen Schwiegersohn übertragen. Um also die Frage deines Kollegen zu beantworten, würde ich dies sagen: Es gibt nichts, was ein Arzt tun kann, das ein Heiler, der Materialisation und Dematerialisation beherrscht, nicht auch tun könnte. Die Grenzen des Heilers liegen aber immer in der Beschaffenheit des Karmas seines Patienten. Ganz gleich, wie überragend ein Heiler auch ist: Wenn die heilige Vorsehung es nicht zuläßt, wird keine Heilung eintreten. Ähnlich gilt: Ein Arzt kann tun, was seine Wissenschaft ihm ermöglicht, und nichts weiter. Aber wieder kann auch er nur heilen, wenn die heilige Vorsehung es erlaubt.«

»Warum war es notwendig, das Karma deines Schwiegersohnes zu übernehmen?« fragte ich.

»Weil sein Karma zu schwer war. Es wäre ihm unmöglich gewesen, es allein zu tragen. Es hätte ihn umgebracht«, antwortete Daskalos und wiederholte damit, was er mir schon in früheren Gesprächen darüber mitgeteilt hatte, wie und unter welchen Umständen man das Karma eines anderen auf sich nimmt. Dann sprach er weiter und stellte fest, daß er im Falle seines Schwiegersohnes »spirituelle Heilung« praktizierte, im Unterschied zur

»Psychotherapie« (»Seelenbehandlung«) oder dem, was man gemeinhin als »psychische« oder »mediale« Heilung bezeichnete. Ich erwähnte, daß ich ihn zum ersten Male diese Begriffe gegeneinanderstellen hörte, und bat ihn, näher auf die Unterschiede einzugehen.

»Bei der psychischen Heilung überträgt der Behandler Energie von seinem eigenen ätherischen Doppel auf das des Patienten mit dem Wunsch, daß er geheilt werde. In einem solchen Fall ist der größte Teil des Karmas des Patienten abgetragen, und dann wird eine Heilung einfach. Jeder kann so zum psychischen Heiler werden.

Bei der spirituellen Heilung dagegen teilt der Heiler das Karma des Patienten und leidet infolgedessen. Mein Enkel begab sich unter das Messer des Chirurgen, um seinen Vater zu retten. Ich bin sechs Monate aus dem gleichen Grund im Bett geblieben. Man bezahlt niemals für einen anderen, wenn man es nicht freiwillig tut. Und die Kraft, die einen dazu bringt, die Last eines anderen auf die Schulter zu nehmen, ist immer die Liebe.«

»Ist es möglich«, fragte ich, »daß man das Karma eines anderen auf sich nimmt, ohne dessen gewahr zu sein?«

»Nein! Du teilst das Karma eines anderen nur überbewußt.«

»Aber ich dachte, du sagtest einmal, daß man tatsächlich das Karma eines geliebten Menschen unterbewußt übernehmen kann.«

»Ja, man könnte das tun, aber nicht als Behandler. Bei der spirituellen Heilung ist sich der Behandler all dessen voll bewußt, was er durch sein Überbewußtsein tut.«

Nach weiteren Fragen meinerseits erklärte Daskalos, daß er im Falle von Mrs. Katina – jener Patientin mit dem Wirbelsäulenleiden – »einfach« Methoden der psychischen Heilung eingesetzt habe. In ihrem Falle nahm Daskalos kein Karma ab. Das gleiche gilt auch für meinen Freund Stelios. Daskalos sagte, die »Übertragung« der potentiell verkrebsten Drüse in seinen eigenen Körper sei nichts weiter gewesen als eine bessere Technik, sie zu dematerialisieren. Er nahm damit nicht die karmische Schuld von Stelios auf sich.

»Ich möchte dir zeigen, was ich unter einem Phänomen verstehe«, sagte Daskalos unvermittelt. »Denke aber daran, daß ich normalerweise keine Phänomene produzieren darf, aber ich mache jetzt eine Ausnahme.«
Ich sah an seinem schelmischen Blick, daß er etwas tun wollte, was ich nie begreifen würde. Ich starrte Daskalos einige Sekunden lang an und wußte nicht, was ich nun erwarten sollte.
»Der Arzt hat gesagt«, sprach Daskalos – und was er von dem hielt, was der Arzt gesagt hatte, verriet sein ironischer Tonfall nur allzu deutlich – »daß ich im Bett bleiben sollte und nie, unter keinen Umständen, mit meinem rechten Fuß auftreten dürfe, weil sonst die Wunde sich wieder öffnen würde. Ich bin jetzt sechs Monate nicht mehr aus diesem scheußlichen Bett herausgekommen. Jetzt werde ich mich dieses Karmas ein Weilchen entledigen.«
Daskalos schloß die Augen, begab sich tief in die Meditation und strich mit der Hand über sein rechtes Bein. Nach ungefähr einer Minute öffnete er die Augen, und ohne auch nur einen Augenblick zu zögern, stieg er aus dem Bett.
»Was tust du da?!« stammelte ich und erschrak. Ich spürte, daß Daskalos eine Dummheit machte. Meine Intuition hatte mich nicht getäuscht. Er stellte sich auf, und ohne mir Zeit zu lassen, Luft zu holen, fing er an, auf seinem kranken Bein durchs Zimmer zu hüpfen.
»Setz dich wieder, um Gottes willen!« schrie ich und war nahe daran, ihn an der Hüfte zu packen und ins Bett zurück zu zwingen. Kostas' Worte über Daskalos' Unbesonnenheit kamen mir in den Sinn. Ich dachte einen Moment, daß der alte Mann vielleicht den Verstand verloren habe. Er hüpfte weiter – etwa schon eine halbe Minute – im Zimmer umher, lächelte und schien meine Seelennot und Appelle an seine Vernunft gänzlich zu ignorieren. Dann stieg er wieder ins Bett zurück und legte sich hin, als sei nichts geschehen.
»Jetzt muß ich das Karma wieder zurückholen«, sagte Daskalos und schloß die Augen. Er atmete einige Sekunden lang tief ein

und aus und strich langsam mit der Hand über das operierte Bein. Nach einer Minute öffnete er die Augen.
»Keine Angst«, versicherte er mir, als er meine entsetzte Miene wahrnahm, »meinem Bein ist nichts passiert. Jetzt, da ich das Karma wieder zurückhabe, könnte ich unmöglich tun, was du gerade gesehen hast. Verstehst du nun?«
»Ich habe Qualen ausgestanden«, murmelte ich hilflos und einigermaßen erleichtert, daß Daskalos' schauspielerische Einlage nun vorüber war. Sein Fuß schien keinen Schaden genommen zu haben.
»Du hättest erst einmal sehen sollen, wie entsetzt Harry Edwards war, als er in unsere Kreise eingeweiht und in die spirituelle Heilung eingeführt wurde.« Daskalos sprach weiter und kicherte, als er sich an den Engländer zurückerinnerte.
Ich hatte von Harry Edwards zum erstenmal erfahren, als ich mir beiläufig einen Stapel alter Bilder ansah, die auf Daskalos' Küchenschrank lagen. Meine Augen blickten auf einen blonden, britisch aussehenden, kräftigen Mann in den Fünfzigern. Er stand nachdenklich neben Daskalos, der noch von anderen Schülern umgeben war. Als ich Daskalos fragte, wer dieser Mann sei, erklärte er mir, daß er das (unter Esoterikern) wohlbekannte englische Medium sei. Edwards besuchte die Insel Zypern, um in Daskalos' inneren Kreis eingeweiht zu werden. Das Bild wurde während des Rituals aufgenommen. Es trug das Datum des 1. April 1954. Als ich in die Vereinigten Staaten zurückkehrte, kam mir zufällig ein Buch mit dem Portrait von Harry Edwards in die Hände. Es zeigte denselben Mann, den ich auf Daskalos' altem Foto gesehen hatte.
»Daskale«, fuhr ich fort, »mein Kollege in Amerika hat noch einige weitere Fragen, die er gerne beantwortet bekäme.«
»Ich höre.«
»Er war verwundert über das, was du mit dem Dämon gemacht hattest, der deine Blumen beschützt. ›Wie ist es möglich‹, fragte er, ›daß ein böser Geist in ein wohlwollendes Wesen verwandelt werden kann?‹«

»Erinnere dich, was ich dir schon früher gesagt habe: Das Böse existiert in Wirklichkeit *nicht*. Ich will dir ein Beispiel nennen: Stelle dir vor, du mischst Wasser und Erde; am Ende erhältst du einen übelriechenden Schlamm. Das ist ein vorübergehendes Phänomen. Feuer, das als Element auf einer höheren Ebene steht als Wasser, wird Wärme erzeugen und diesen übelriechenden Schlamm zurückverwandeln in reines Wasser und Erde. Dann gibt es keinen übelriechenden Schlamm mehr. Aber das Wasser und die Erde existieren weiter in einer anderen Form.
Entsprechend ist auch das Böse ein vorübergehendes Phänomen. Ein böser Gedanke oder eine böse Emotion sind beide Geist verschiedener Schwingungsfrequenzen. Höhere Faktoren wie Liebe und Vernunft können böse Gedanken und böse Gefühle wieder zurückverwandeln in reine Geistsubstanz. Wie du siehst, gibt es in Wirklichkeit keine bösen Menschen. Es sind Menschenwesen, deren Gehirne Gedanken und Gefühle in einer Weise zusammensetzen, die an den übelriechenden Schlamm erinnert. Vernunft und Liebe können all das verwandeln.
Das gleiche Prinzip gilt auch im Bereich der sogenannten bösen Geister oder Dämonen. Nach der Heiligen Schrift sind böse Geister gefallene Engel. Wenn das möglich ist, warum können wir dann nicht akzeptieren, daß diese bösen Geister wieder zurückkehren und aufsteigen können in das Engelreich? Wenn wir der Menschheit die Vorstellung von Erlösung und Vergeistigung und Rückkehr gönnen, warum sollte nicht das gleiche auch für andere Emanationen Gottes gelten?«
»Ich glaube, deine Erklärung wird meinen Freund zufriedenstellen«, bemerkte ich. »Aber er hat noch eine andere Frage: ›Wozu ist das Böse notwendig?‹ «
Daskalos setzte sich vorsichtig im Bett auf, um seinen rechten Fuß nicht zu belasten, und schickte sich an, meine Frage zu beantworten. Er schwieg einige Augenblicke und sprach dann: »Ein Maler verwendet verschiedene Farben, um auf einer zweidimensionalen Oberfläche eine Landschaft der dreidimensionalen Welt darzustellen. Um diesem Bild Leben und den Eindruck

von Tiefe zu geben, würde der Maler auch die Farbe Schwarz verwenden. Was er malt, existiert aber in der dreidimensionalen Örtlichkeit nicht. Und doch vermittelt die schwarze Farbe den Eindruck einer dreidimensionalen Realität auf dem Gemälde. Gleichermaßen ist die Vorstellung des Bösen notwendig, um der dreidimensionalen Welt der Materie und des Lebens einen Eindruck von der Realität zu geben. Wie ich dir schon bei früheren Gelegenheiten erklärt habe, erlebt man in den grobstofflichen, psychischen und noetischen Welten nur relative Realität. Diese Dimensionen der Wirklichkeit, die uns einen Sinn des Verstehens erwecken, zeigen uns auch ein Gefühl des Bösen, das in der letzten, höchsten Wirklichkeit überhaupt nicht existiert. Der Eindruck des Bösen existiert nur in den Welten von Emotionen und Gedanken.«

Als ich Daskalos' Haus verließ, versicherte er mir nochmals, daß das Karma abgetragen sei und daß er binnen einer Woche wieder gehen könne. Er hielt sein Versprechen. Als ich ihn sechs Tage später wieder besuchte, stand er im Atelier und vollendete ein Gemälde, das er vor seiner Erkrankung angefangen hatte. Er ging vorsichtig, um den rechten Fuß nicht unnötig zu belasten. Einige Tage später war er völlig wiederhergestellt. Er bewegte sich in seiner normalen Gangart und schmiedete Pläne für seine jährliche Reise nach Griechenland, wo er Vorträge in seinen Zirkeln in Athen und Saloniki halten wollte. Das Karma seines Schwiegersohnes war abgezahlt.

Die folgende Woche verbrachte ich zeltend und mit der Harpune fischend in Lara, einem entlegenen Strand an der südwestlichen Küste der Insel, weit entfernt von Touristen, Beton und Verkehr. Ich war zusammen mit Neophytos, einem in Amerika ausgebildeten zypriotischen Soziologen und früheren Kollegen am zypriotischen Sozialforschungszentrum. In den Pausen zwischen unseren laienhaften und erfolglosen Jagdabenteuern erzählte ich ihm zum erstenmal von meiner Forschungs- und Recherchiertätigkeit der letzten vier Jahre. Fasziniert lauschte er meiner Geschichte. Auch er wußte von den Legenden, die sich um den »Magus von Strovolos« rankten, aber er war ihm nie begegnet. Wie ich selbst, war auch Neophytos daran, sich vom wissenschaftlichen Materialismus desillusioniert zu fühlen, und öffnete sich mehr und mehr alternativen Vorstellungen der Realität.

»Jetzt sage mir«, fragte mein Freund, »glaubst du an das, was Daskalos lehrt? Hat sich dein Leben verändert, seit du ihm begegnet bist?«

»Es ist nicht das erstemal, daß mir diese Frage gestellt wird«, bemerkte ich, »und es ist eine Frage, über die ich mir oft selbst Gedanken mache. Die Antwort ist nicht so einfach.«

Ich berichtete, daß ich, seit ich Daskalos kennengelernt habe, mich über die verschiedensten Zufälle gewundert habe, was mich nach einiger Zeit darauf brachte, mich zu fragen, ob es überhaupt Zufälle seien. Dann schilderte ich Neophytos einige der zahlreichen Erlebnisse, die mich nachdenken machten.

Einmal sah ich im Traume Daskalos, der zu mir sprach. Plötzlich verschwand er. Ich wandte mich um und sah ihn von hinten auf mich zukommen. Als ich ihm am nächsten Morgen begegnete, erwähnte ich, daß ich ihn nachts im Traum gesehen hatte. Weitere Einzelheiten nannte ich nicht. »O ja«, bestätigte er, »ich gab dir eine Lektion über das Wesen des Raumes in der vierten Dimension.«

Bei einer anderen Gelegenheit beschrieb mir Daskalos bis in die verblüffendsten Einzelheiten das Innere unseres Hauses in Maine, USA. Soweit ich wußte, gab es keinerlei Möglichkeit für ihn, diese Details zu erfahren. Er hatte uns, gab er an, viele Male »besucht«, besonders wenn ich intensiv an ihn dachte.

Eines Tages suchten Iacovos und ich ganz Larnaka nach ihm ab. Er war nirgends zu finden. Wir nahmen an, daß er schon bei Theano war, wo eine Zusammenkunft geplant war. Als wir auf ihr Haus zugingen, bemerkte ich im Spaß zu Iacovos, daß er vielleicht irgendeine Geliebte aufgesucht habe und wir ihn deshalb nicht finden konnten. Als wir bei Theano anlangten, war Daskalos schon dort, umgeben von einigen seiner Schüler. »Daskale«,

rief ich, »wir haben die ganze Stadt nach dir abgesucht. Wo bist du gewesen?« – »Bei meiner Geliebten«, antwortete er ironisch lachend. »Euer dummes Gerede habe ich gehört«, erklärte er.
Als wir nach Amerika zurückkehrten, bekam Emily starke Schmerzen im rechten Knie. Eines Tages erhielten wir einen Brief von Iacovos. Er empfahl, daß Emily einen Arzt konsultieren solle, um das rechte Knie untersuchen zu lassen, weil er und Daskalos »gesehen« hätten, daß da etwas nicht stimme! Er versicherte uns, daß er und Daskalos sich darum kümmern würden, Emily sollte aber auf alle Fälle einen Arzt aufsuchen. Wir hatten keinem in Zypern je etwas über diese Beschwerden mitgeteilt. Emilys Schmerzen waren wenige Tage nach der Ankunft von Iacovos' Brief verschwunden. Sie brauchte nie deswegen zum Arzt zu gehen.
Ich berichtete Neophytos auch von einem Erlebnis, das sich, am Tag bevor ich nach Zypern flog, zugetragen hatte. Ein Kollege von der University of Maine, ein Hellenist, erklärte mir die ursprüngliche Bedeutung meines Namens. Ich hatte angenommen, daß er von *kýrios* abgeleitet sei, was »Herr« bedeutet, wie im »Kyrie eleison«, das man im Gottesdienst singt. »Das trifft nicht zu«, versicherte mir mein Kollege, ein Experte der altgriechischen Sprache. Er verwies mich auf das Liddell/Scottsche griechisch-englische Wörterbuch. Basierend auf einem magischen Papyrus, den man in Ägypten gefunden hatte, hieß es dort, daß »Kyriakos« bedeutete: »ein in der Magie angerufener Geist«.
»Einer Sache bin ich mir bei Daskalos ganz sicher«, sagte ich zu meinem Freund: »Er besitzt außergewöhnliche Fähigkeiten, Krankheit zu diagnostizieren und zu heilen. Durch Daskalos«, fuhr ich fort, »bin ich dazu gelangt, konkreter zu erkennen, was Philosophen, Mystiker, einige moderne Physiker und Gehirnforscher behaupten: daß der Geist Macht über die Materie hat. Es ist nichts andersherum, wie die Materialisten aller politischen und wissenschaftlichen Couleurs seit 200 Jahren mit soviel Verbissenheit und religiösem Eifer behaupten.

In bezug auf die Einzelheiten seiner Lehren kann ich keine Aussage machen. Ich bleibe ein zweifelnder Thomas, der aber zumindest bereit ist, seinen Finger auf die Wunde des Meisters zu legen, um ihre Echtheit zu prüfen und zu erfahren.

Wenn man sich selbst gegenüber ehrlich ist«, fuhr ich fort, »ist es unmöglich, mit Daskalos einige Zeit zusammenzusein und nicht über die Möglichkeit nachzudenken, daß die empirische, beobachtbare Welt tatsächlich eine Hierophanie, ein Ausdruck einer höheren Wirklichkeit, ist, die dem gewöhnlichen Bewußtsein verborgen ist.«

Dann zitierte ich eine Äußerung von Philip Slater, einem Soziologen, der sich der Mystik zuwandte: »Alle Irrtümer und Torheiten von Magie, Religion und mystischen Traditionen werden aufgewogen durch die eine große Weisheit, die sie enthalten: das Gewahrsein des organischen Eingebettetseins des Menschen in ein komplexes natürliches System.« – »Es ist unumgänglich«, sagte ich zu meinem Freund, »daß dieses Gewahrsein zum Leitgedanken im alltäglichen Bewußtsein wird. Das Überleben der Menschheit hängt davon ab.«

Neophytos paffte einige Züge aus seiner Pfeife und blickte aufs Meer hinaus. Er dachte nach über das, worüber wir die letzten Tage gesprochen hatten.

»Ich würde Daskalos gerne kennenlernen«, sagte er mit Bestimmtheit, als hätte er mit einem Mal ein Kindheitstabu überwunden.

Als ich die beiden Männer miteinander bekannt machte, brach Daskalos in lautes Lachen aus. Neophytos stand einige Sekunden lang mit weitgeöffneten Augen und Mund da, als er erfuhr, daß sein verstorbener Vater, ein weithin bewunderter Richter, ein enger Freund, insgeheimer Schüler und Vetter ersten Grades von Daskalos war. Der »Magus von Strovolos« war Onkel meines Freundes!

Bevor ich Zypern verließ, ging ich zu Daskalos, um ihm Lebewohl zu sagen. Er küßte mich auf die Stirn und murmelte ein Gebet, als er das Zeichen des Kreuzes über meinem Kopf beschrieb.

»Wann immer du mich brauchst«, versicherte er mir, »denke intensiv an mich, und ich werde bei dir sein.«
»Das werde ich tun«, antwortete ich und stieg ins Taxi, das mich zum Flughafen von Larnaka bringen sollte.

Glossar

Zahlreiche im Text vorkommende Begriffe stammen aus der griechischen Muttersprache des Verfassers und haben im Amerikanisch des Originals eine leicht abgewandelte Bedeutung. Einige Termini (z. B. Engel, Heiliger Geist) werden zudem anders verstanden als im abendländischen Christentum. Aufgabe dieses Glossars ist es, sie verständlich zu machen – in der Weise, wie sie im Griechischen, vor allem von Daskalos, gebraucht werden und gemeint sind. Zu diesem Zweck wurde das folgende Wörterverzeichnis überarbeitet und an einigen Stellen ergänzt.

Karl Friedrich Hörner

Akasha-Chronik: Universales Gedächtnis, in dem alles gespeichert wird, was war, ist und sein wird.

ätherisches Doppel: Das Energiefeld, das die drei Körper des Menschen (→ *grobstofflicher*, → *psychischer* und → *noetischer Körper*) am Leben erhält und miteinander verbindet. Jedes Teilchen des menschlichen Körpers hat eine Entsprechung im ätherischen Doppel.

ätherische Energie, auch *ätherische Vitalität*: Macht Heilungen möglich (s. Kap. 12). Das Universum ist voll von ätherischer Energie. Sie kann von einer Person auf eine andere übertragen werden und wird über die → *Chakras* aufgenommen.

ätherische Vitalität: → *ätherische Energie*

Chakra: Psychonoetisches Zentrum im → *ätherischen Doppel* des Menschen. Über die Chakras nimmt die menschliche Persönlichkeit die → *ätherische Energie* auf, die sie zu ihrer Erhaltung braucht. Durch rechte Disziplin und geeignete Meditationsübungen versucht der Mystiker, seine Chakras für das Erlangen psychonoetischer Kräfte zu öffnen. Ein Hellsehender nimmt die Chakras wie rotierende Scheiben wahr.

Christus-Logos: → *Logos*

Dämon: Emanation, → *Elemental* von Erzengelwesen der Gegenseite der → *Existenz*. Stellt sich gegen das Wirken der Engel und kann den Menschen über dessen Logik beeinflussen (s. Ende von Kap. 11).

derzeitige Persönlichkeit, auch: gegenwärtige P.: Was wir gemeinhin als die Persönlichkeit des einzelnen verstehen. Sie besteht aus den → *noetischen*, → *psychischen* und → *grobstofflichen Körpern*. Die derzeitige Persönlichkeit ist der niederste Ausdruck unserer selbst, der sich ständig weiterentwickelt und danach strebt, eins mit der → *permanenten Persönlichkeit* zu werden.

Eksomatose (von griech. ἐκ = außerhalb und σῶμα = Körper): Die Fähigkeit, sich auf eigenen Wunsch vom Körper zu lösen, vollbewußt in den psychonoetischen Dimensionen zu leben und danach in den Körper zurückzukehren. Hierzu gehört auch die Erinnerung an alles, was man in dem Zustand außerhalb des Körpers erlebt.

Elemental: Gedankenform. Jedes Gefühl, jeder Gedanke, den der einzelne aussendet, ist ein Elemental. Elementale besitzen Gestalt und eigenes Leben, unabhängig von dem, der sie ausgesandt hat.

Engel: Emanation, → *Elemental* eines Erzengelwesens, kann von seinem göttlichen Ziel nicht abweichen (s. Ende von Kap. 11).

Erzengel: Nie manifestiertes Engel-System mit bestimmten Aufgaben, auch im Bereich der Schöpfung.

Existenz: Manifestation des Göttlichen durch die Übersubstanz (→ *Geist*). Existenz bezieht sich also auf die Welt der → *Phänomene*, auf die Reflexion des Seienden. Alles, was existiert, hat Anfang und Ende.

Expansion (von lat. expansio = Ausdehnung): Ausbreitung des Bewußtseins. Alles, worüber die Expansion sich erstreckt, wird in das Bewußtsein aufgenommen und kann in diesem gleichzeitig erlebt und wahrgenommen werden. Expansion ist in jedem Maßstab möglich, Expansion über ein Atom bis hin über Universen (s. Kap. 13).

Geist: Hierdurch gibt das nicht-manifestierte Absolute sich Ausdruck. Geist ist die Übersubstanz, durch die alle Universen, alle Dimensionen der Existenz, aufgebaut werden. Alles ist Geist.

Gesetz von Ursache und Wirkung: → *Karma*

grobstofflicher Körper: Einer der drei Körper, die die → *derzeitige Persönlichkeit* (oder gegenwärtige selbstbewußte P.) bilden. Der materielle, physische Leib des Menschen. Der Teil der Persönlichkeit, der in der grobstofflichen Welt, der dreidimensionalen Welt, lebt. Der niederste Ausdruck des Selbst. Die Mitte des grobstofflichen Körpers ist das → *Chakra* des Solarplexus (Sonnengeflecht).

heilig-geistig: Alles, was sich allein auf den → *Heiligen Geist* bezieht. Tiere leben in einem heilig-geistigen Zustand. Sie besitzen nicht den → *Logos*-Aspekt des Absoluten, das heißt, sie kennen keine Selbstbewußtheit. Der Mensch hat sowohl den heilig-geistigen als auch den → *Logos*-Aspekt.

heilige Monade: Bestandteil des Absoluten. Jede heilige Monade strömt Myriaden von Strahlen aus, die durch verschiedene Archetypen (→ *Urbilder*) gehen und Gestalt und phänomenale → *Existenz* annehmen. Wenn eine solche Ausstrahlung das → *Urbild* des Menschen passiert, entsteht eine menschliche Persönlichkeit. Menschen, die Emanationen derselben heiligen Monade sind, verbindet eine gewisse Verwandtschaft.

heilige Scheibe: → Chakra

Heiliger Geist: Das unpersönliche Überbewußtsein, das der Macht des Absoluten Ausdruck gibt und die Erschaffung des Universums ermöglicht. Der dynamische Aspekt des Absoluten.

höhere noetische Welt: Die Welt der Urbilder, der Archetypen. Die Welt der ursächlichen Prinzipien und Gesetze, die den Urgrund, die Grundlage aller phänomenalen (Erscheinungs-)Realität bildet.

Karma: Das Gesetz von Ursache und Wirkung. Die Summe der Taten, Gedanken und Gefühle einer Person, die deren weitere Existenzbedingungen bestimmen. Jeder ist selbst voll verantwortlich für die Schaffung seines Karmas, seines Schicksals.

Logos: Der Teil des Absoluten, der die Existenz von Selbstbewußtsein und freiem Willen ermöglicht. Als ewige Wesen besitzen die Menschen sowohl den → *heilig-geistigen* als auch den Logos-Aspekt des Absoluten. Tiere hingegen haben nur den heilig-geistigen Teil. Jesus als der Christus-Logos repräsentiert den vollständigsten Ausdruck des Logos-Aspektes des Absoluten. Je weiter sich das Menschenwesen geistig entwickelt, desto mehr wird der Logos-Aspekt in ihm in den Vordergrund treten.

Magus (von griech. μάγος): Wahrsager, Weiser, Sterndeuter, im Geheimwissen Bewanderter, ursprünglich Angehöriger der Priesterklasse bei Persern und Medern. Im Urtext wurden die drei Weisen mit diesem Begriff bezeichnet, die (s. Matthäus-Evangelium) dem neugeborenen Jesuskinde huldigten (und nur der Legende nach Könige waren).

noetische Welt: Die fünfte Dimension. In der noetischen Welt sind Zeit und Raum überwunden. Ein Menschenwesen, das in der noetischen Welt lebt, kann augenblicklich über jede Entfernung in Raum und Zeit reisen.

noetischer Körper (gespr.: no-étischer K., von griech. νοῦς = der Sinn, der Verstand): Einer der drei Körper, die die → *derzeitige Persönlichkeit* oder gegenwärtige selbstbewußte Persönlichkeit bilden. Der Körper der Gedanken. Der noetische Leib existiert in der → *noetischen Welt*, der fünften Dimension. Sein Bild ist identisch mit den beiden anderen Körpern. Das Zentrum des noetischen Körpers ist das Kopfchakra.

Noumena (Mehrzahl von Noumenon – von griech. νούμενον = das Erdachte): Das mit dem Geist zu Erkennende im Gegensatz zu dem mit den Augen zu Sehenden, → *Welt der Urbilder*.

permanente Persönlichkeit: Der Teil von uns, in dem die Erfahrungen der Inkarnationen aufgezeichnet werden und der sie von einem Leben ins nächste weiterträgt. Unser inneres Selbst.

Phänomene (von griech. φαινόμενον = das Erscheinende): Erscheinungen in der Welt von Raum und Zeit (→ *Existenz*).

psychische Welt: Die vierte Dimension. In der psychischen Welt ist der Raum überwunden. Wer sich in der psychischen Welt aufhält, kann augenblicklich große Entfernungen überwinden.

psychischer Körper (von griech. ψυχή = Seele): Einer der drei Körper, die die → *derzeitige Persönlichkeit* oder gegenwärtige selbstbewußte Persönlichkeit bilden. Der Körper der Gefühle und Empfindungen hat sein Zentrum im Herzchakra. Der psychische Leib lebt in der → *psychischen Welt*, der vierten Dimension. Sein Bild ist identisch mit dem der beiden anderen Körper, dem → *grobstofflichen* und dem → *noetischen*.

Psychotherapeut: Hier der Seelenarzt, der Seelenbehandler und -heiler, der die Psychotherapie (Dienst/Pflege für die Seele) ausübt.

Seele: Der Teil von uns, der rein und ungetrübt durch irdische Erfahrungen ist. Die Seele steht über dem → *Urbild des Menschen*, jenseits aller Manifestation. Sie wurde nie geboren und wird nie sterben. Sie ist jener Teil von uns, der qualitativ identisch mit dem Absoluten ist. Die Seele ist unser göttlicher Wesenskern, unveränderlich und ewig.

Sein, Seinsheit: Realität, unmanifestierte, jenseits von Raum und Zeit, ohne Anfang und Ende. Alles *ist*, bevor es in die → *Existenz* tritt.

Theose (von griech. θεός = Gott): Die letzte Stufe in der Entwicklung des Selbst, nachdem es die Erfahrung der grobstofflichen Materie durch aufeinanderfolgende Inkarnationen hinter sich hat. Wieder-Vereinigung mit der Gottheit.

universales Gedächtnis: → *Akasha-Chronik*

unsichtbare Helfer: Meister, die in den → *psychischen* und → *noetischen Welten* leben und den materiellen, körperlichen Augen unsichtbar sind. Ebenfalls Meister, die in der grobstofflichen Dimension leben, sich jedoch in der → *Eksomatose* befinden und dem menschlichen Leben in der grobstofflichen ebenso wie in anderen Dimensionen helfen.

Urbild des Menschen (im Original: *idea of man*. Da das Wort »Idee« im Deutschen nicht mehr dem Sinn des zugrundeliegenden, der griechischen Philosophie entstammenden und hier gemeinten Begriffes entspricht, sondern vielmehr dem Archetypus, wurde statt dessen im Deutschen das Wort Urbild gebraucht): Ein ewiger Archetypus innerhalb des Absoluten. Wenn eine Emanation einer → *heiligen Monade* das Urbild des Menschen passiert, nimmt menschliche → *Existenz* ihren Anfang.

Welt der Urbilder: → *höhere noetische Welt.*

Knaur

Musashi, Miyamoto
Das Buch der fünf Ringe
»Das Buch der fünf Ringe« ist eine klassische Anleitung zur Strategie – ein exzellentes Destillat der fernöstlichen Philosophien. 144 S. [4129]

Rajneesh, Bhagwan Shree
Komm und folge mir
Bhagwan spricht über Jesus. Seine Gedanken über das Leben und die Lehren Jesu enthalten Dimensionen, wie wir sie weder von der Kirche noch von westlichen Denkern kennen. 360 S. mit zahlr. z.T. farb. Abb. [4120]

Dowman, Keith
Der heilige Narr
Das liederliche Leben und die lästerlichen Gesänge des tantrischen Meisters Drugpa Künleg. 224 S. mit 1 Karte [4122]

Brunton, Paul
Von Yogis, Magiern und Fakiren
Begegnungen in Indien. Der amerikanische Journalist Paul Brunton bereiste in den dreißiger Jahren Indien. Seine Erlebnisse eröffnen das ganze Spektrum indischer Spiritualität. 368 S. und 12 S. Tafeln. [4113]

Deshimaru-Roshi, Taisen
Zen in den Kampfkünsten Japans
Deshimaru-Roshi demonstriert, wie die Kampfkünste zu Methoden geistiger Vervollkommnung werden. 192 S. mit 19 s/w-Abb. [4130]

Brugger, Karl
Die Chronik von Akakor
Erzählt von Tatunca Nara, dem Häuptling der Ugha Mongulala. Der Journalist und Südamerika-Experte Karl Brugger hat einen ihm mündlich übermittelten Bericht aufgezeichnet, der ihm nach anfänglicher Skepsis absolut authentisch erschien: die Chronik von Akakor.
272 S., Abb. [4161]

Rawson, Philip
Tantra
Der indische Kult der Ekstase. Diese Methode, die zur inneren Erleuchtung führt, erobert heute in zunehmendem Maße die westliche Welt.
192 S. mit 198 z.T. farb. Abb. [3663]

Rawson, Philip / Legeza, Laszlo
Tao
Die Philosophie von Sein und Werden. Mit ungewöhnlicher Eindringlichkeit und großer Sachkenntnis erschließt sich hier den westlichen Menschen die Vorstellungswelt des chinesischen Volkes. 192 S. mit 202 Abb. [3673]

ESOTERIK